재미있는
법률
여행
4

재미있는 법률여행 4
형사소송법

초판 1쇄 발행 1997. 8. 13.
개정판 1쇄 발행 2014. 11. 14.
개정판 6쇄 발행 2023. 1. 26.

지은이 한기찬

발행인 고세규
편집 조혜영 | 디자인 안희정
발행처 김영사
등록 1979년 5월 17일 (제406-2003-036호)
주소 경기도 파주시 문발로 197(문발동) 우편번호 10881
전화 마케팅부 031)955-3100, 편집부 031)955-3200, 팩스 031)955-3111

값은 뒤표지에 있습니다.
ISBN 978-89-349-6933-4 04360
      978-89-349-6929-7 (set)

홈페이지 www.gimmyoung.com   블로그 blog.naver.com/gybook
인스타그램 instagram.com/gimmyoung   이메일 bestbook@gimmyoung.com

좋은 독자가 좋은 책을 만듭니다.
김영사는 독자 여러분의 의견에 항상 귀 기울이고 있습니다.

재미있는

법률
여행

형사
소송법

4

한기찬 지음

김영사

머리말

《재미있는 법률여행》 제4편에 해당하는 '형사소송법' 편이 1997년 출간된 이후 형사소송법의 대폭 개정으로, 이 책의 내용도 개정이 불가피해졌습니다.

법의 개정으로 의미를 잃게 된 종전의 사례나 해설은 개정법의 내용대로 바로잡았고, 그 밖에도 약 20여 개의 사례와 해설을 새로 추가하였습니다. 그리고 축적된 판례도 상당하므로 그중 중요하다고 생각되는 판례를 관련 부분에서 새로 소개하였습니다.

개정판을 내면서, 책의 편제와 순서도 형사소송법의 조문 순서에 따르지 아니하고 편의상 셋으로 나누어, 수사, 공판, 상소의 순서로 해보았습니다.

무엇보다도 강조하고 싶은 것은, 이 책이 어디까지나 법률을 전공하지 않은 일반 시민 독자를 염두에 두고 기획·출판한 것인 만큼 시종일관 "시민의 편에 서서" 생각하고 집필되었다는 점입니다. 왜냐하면 대한민국에서 통용되는 모든 법률은 '국민을 위한, 국민의 법률'이기 때문입니다. 이 점은 독자 여러분께서 콩트 형식을 빌려 창작해본 사례나 이를 해설하고 있는 방향을 읽어보시면 간파하시리라고 믿습니다.

아무쪼록 이 책이, 저와 김영사가 펴내는 다른 법률여행 시리즈와 함께 재미와 유익을 더하면서 시민들의 법률 상식이나 권리 의식 향상에 도움이 되어, 우리 모두가 소망하는 '법치 사회'를 이루는 데 조금이라도 이바지하였으면 하는 것이 소망입니다.

독자 여러분의 법률여행이 재미있고 흥미진진하기를 기대합니다.

2014년 11월

한기찬

차례

머리말

법률여행을 시작하려는 당신에게

형사소송법에 관하여

법률여행을 시작하려는 당신에게

1. 이 책은 실제로 어떤 법률문제에 부딪혀서 당장 실용적인 해답을 구하려는 분에게는 어울리지 않습니다.

그런 분은 여행에 나설 것이 아니라, 서점에 산처럼 쌓여 있는 법률 상담집을 구해 보거나 변호사 사무실의 문을 두드리는 것이 더 빠르고 옳은 길입니다.

2. 이 책은 전문적인 법률 서적이 아닙니다.

'재미있는'이라는 수식어가 암시하고 있듯이 전적으로 법률을 전공하지 않은 일반 시민들의 법률 공부(여행)에 도움을 주기 위한 것입니다.

3. 이 책은 법률 퀴즈 문답집이 아닙니다.

퀴즈 문답집이라면 해답만 필요하고, 구태여 해설까지는 필요치 않을 것입니다.

4. 이 책은 형사소송법 분야에서 중요하고도 기본적인 개념이나 제도 중 110여 개를 선정해서 사례화하고, 사례마다 3개 정도의 문항을 제시한 뒤 정답을 해설하고 있습니다.

• '사례'는 전부 우리 사회에서 실제로 일어나는 사건들입니다. 여

러 번 읽어 사례의 내용과 질문의 취지를 충분히 파악해보십시오. 사례에는 때로 함정도 파놓았습니다.

• 그다음, 제시된 해답 중에서 당신의 상상력과 상식을 총동원하여 정답을 구해야 합니다. 이때 이러한 수고를 생략하고 곧바로 뒷장의 정답을 찾는다면 당신은 법률여행에 동참할 자격이 없습니다. 여행의 진가는 스스로 고생해보는 데 있으니까요.

• 뒷장의 정답에서 당신이 틀렸다고 하더라도 부끄러워할 필요는 전혀 없습니다. 여행은 알지 못하던 미지의 세계에 대한 노크이기 때문입니다. 그러나 정답은 즐거운 여행의 기억처럼 오랫동안 기억해야만 합니다. 실제 상황이 벌어졌을 때 남아 있는 기억이 당신을 구원할 수도 있습니다.

• 해설은 충분히 음미해보시기 바랍니다. 정답을 확인한 것에 만족하고 해설을 음미하는 수고를 빠뜨린다면, 당신은 진짜 여행을 다녀온 것이 아닙니다.

5. 여행을 마치고 나면 법률에 대한 당신의 인식이 바뀌기를 기대해봅니다. 법률도 인간을 위해 존재하는 것이고, 인간이 만들고 해석하고 적용하는 것입니다. 산이 등산가만을 위해 존재하는 것이 아닌 것처럼 어려운 법률도 당신의 노력 여하에 따라 친구가 될 수 있습니다.

6. 끝으로 저와 김영사가 안내하는 다른 법률의 여행지에서 당신과 다시 만날 수 있기를 바랍니다.

형사소송법에 관하여

1. 형사소송법은 어떤 법인가?

사람의 무수한 행위 중에서 특정한 행위를 '범죄'라고 규정하고 이에 대해 국가가 부과할 '형벌'의 내용을 규정한 법률을 우리는 '형법'이라고 부르고 있습니다.

'형사소송법'은 구체적으로 범죄가 발생한 경우에 이를 수사하고, 기소하고, 재판하고, 확정된 형벌을 집행하는 절차를 규정한 법률입니다.

즉 형사소송법은 형법의 구체적인 실현을 위해 제정된 '절차법'입니다.

'형사절차법'이라고 법률 이름을 정하지 않고 '형사소송법'이라고 정한 데에는 이유가 있습니다. 그것은 형사 재판의 절차가 소송이라는 구조를 취하고 있기 때문입니다. 소송이란, 소를 제기한 원고와 소송을 제기당한 피고라는 대립적인 당사자의 존재를 전제로 하고, 원고와 피고의 공격·방어에 대하여 제3자의 위치에 있는 법원이 판단을 내리는 절차를 말하는데(예컨대 민사 소송), 형사 절차도 이러한 소송 구조를 갖고 있기 때문에 형사소송법이라고 이름 짓고 부르고 있는 것입니다.

형사 절차가 소송의 구조를 갖게 된 것은 인류 역사에서 그다지 오래되지 않았습니다. 주로 프랑스 대혁명 이후에 오늘날과 같은 근대적 형사 소송 제도가 만들어졌습니다. 그 이전에는 재판 기관이 직권을 발동하여 재판을 개시하는 체제였습니다. 오늘날 문명국가의 대부분은 범죄자를 소추(기소)하는 기관과 심판하는 기관을 분리하는 체제를 갖추고 있습니다.

2. 우리나라 형사소송법의 역사는?

조선 시대에도 형사소송법이라고 부를 수 있는 법은 있었습니다.

조선 왕조가 의욕적으로 펴낸 방대한 《경국대전(經國大典)》을 비롯하여 《속대전(續大典)》, 《대전통편(大典通編)》, 《대전회통(大典會通)》의 〈형전(刑典)〉이 바로 오늘날의 형사 절차법이라고 할 수 있습니다.

그러나 조선 왕조의 형사 절차는 전근대적이고, 오늘날처럼 소추 기관과 심판 기관이 분리·독립되지 않았습니다. 죄인에 대한 고문이 원칙적으로 허용되었고, 고문에 의한 자백도 유죄의 증거로 인정되었습니다. 따라서 이 시대의 형사 절차에 관한 법률을 오늘날의 형사소송법과 비교하는 것은 무리입니다.

조선 왕조 말, 즉 구한말에 이르러 자주적인 근대화가 시작되어 재판소구성법(1895년)이 제정되어 근대적 형사 절차의 도입이 시작되었으나, 1910년 일본 제국주의의 강제적 합방으로 우리 민족은 형사 절차에 있어서도 타민족인 일제의 형사소송법의 지배를 받게 되었습니다.

일제의 형사소송법은 1890년, 프랑스 나폴레옹이 만든 법을 모방하여 제정된 것으로서, 직권주의적 요소가 강한 것이었습니다.

조국이 광복되었어도 해방 이후의 혼란, 미 군정의 실시. 6·25 전쟁 등으로 숙원인 형사소송법의 제정은 미루어져 오다가 6·25 전쟁이 끝난 지 1년여 후인 1954년 9월 23일 법률 제341호로 오늘날 우리가 시행하고 있는 형사소송법이 제정되어 오늘에 이르고 있는 것입니다. 우리 형사소송법은 제정 당시에 미군정의 영향을 일부 받아 영미법적인 요소(예컨대 구속 적부 심사 제도, 영장 제도, 접견 교통권의 보장, 보석 제도 등)가 도입되었으나, 그 후 도합 15차에 걸친 개정으로 개선이 거듭되어왔습니다.

그러나 아직도 일제가 우리 민족에게 강요하였던 일본 형사소송법의 영향이 강하게 남아 있어, 민주적이고 자주적이며 세계 문명국가의 현대적인 형사 소송 제도로서 완비될 필요성이 요청되고 있는 실정입니다.

3. 형사소송법은 어떻게 구성되어 있는가?

우리나라 형사소송법은 전부 493개조의 조문과 9개조의 부칙으로 구성되어 있습니다. 그 골격을 살펴보면 다음과 같습니다.

제1편: 총칙
　　　제1장 법원의 관할
　　　제2장 법원 직원의 제척, 기피, 회피
　　　제3장 소송 행위의 대리와 보조
　　　제4장 변호
　　　제5장 재판
　　　제6장 서류
　　　제7장 송달

제5편: 재판의 집행

실제 발생한 범죄에 대하여 수사, 기소, 재판, 집행하는 온갖 절차를 규정한 형사소송법은 493개 조문만으로는 부족하여, 제정 이후 여러 가지 '특별' 형사 소송 절차에 관한 법률과 규칙들이 속속 제정되어 형사소송법상의 미흡한 부분을 보완하고 있습니다.

법원조직법, 검찰청법, 변호사법, 국가보안법, 소년법, 즉결심판에 관한 절차법, 특정범죄 가중처벌 등에 관한 법률, 특정강력범죄의 처벌에 관한 특례법, 성폭력범죄의 처벌 및 피해자 보호 등에 관한 법률 중 '형사 절차에 관한 규정'들은 넓은 의미의 형사소송법이라고 할 수 있습니다.

그 밖에도 대법원이 제정한 형사소송규칙, 검찰 사무 규칙 등도 넓은 의미의 형사 절차에 관한 법원(法源)이 되고 있습니다.

형사 절차를 규정한 기본법인 형사소송법은 이를 인수 분해하면 결국 수사 절차법, 공판 절차법, 집행 절차법이 될 것입니다.

4. 형사소송법은 왜 소중한 법인가?

형사소송법이 '수사, 재판, 집행에 관한 법률'이라고 요약하니까 어떤 분이 "그럼 형사소송법은 결국 검사, 판사, 변호사의 법이군요"라는 반응을 보이는 것을 접하고, 필자는 시민들의 형사소송법에 대한 인식이 적잖게 왜곡되어 있음을 발견했습니다.

형사소송법은 형사 재판 절차에 간여하는 검사, 판사, 변호사 들 밥 먹고살라고 만든 법이 아닙니다. 형사소송법은 바로 시민 여러분을 위하여 만들어지고, 존재하고, 기능하는 법률입니다.

누구든지 본의 아니게, 뜻하지 않게 국가(수사 기관, 재판 기관)로부터 피의자, 피고인, 참고인, 증인이 되어 형사소송법과 만날 수 있습니다.

그런데 역사를 보면 서구 사람들은 국가 권력에 의해 자행되는 부당한 인권 유린과 침해에 대하여 오랫동안 저항해왔고, 그 결과로 피의자, 피고인의 권리를 쟁취하여 이를 형사절차법에 반영해왔습니다. 인류의 역사는 어떤 의미에서 인권 쟁취의 역사이고, 이렇게 하여 쟁취한 인권을 공정한 수사와 공정한 재판을 통하여 확보하게 된 것입니다.

그리하여 형사소송법에는 인류가 바쳐온 피와 땀과 눈물 등의 거룩한 희생과 고난을 통하여 쟁취한 온갖 원칙과 그 원칙의 구체적 표현인 제도들이 고스란히 담겨 있습니다. 독자 여러분께서는 필자가 안내하는 이 형사소송법 여행을 통하여 인류가 세운 거대한 인권 쟁취의 금자탑과 만나게 될 것이고, 그때마다 새삼 형사소송법의 존재 가치에 대하여 고마움과 소중함을 깨닫게 될 것입니다.

고대 그리스의 철인 플라톤은 "그리스인으로, 자유인으로, 남자로 태어난 것을 최대의 행운으로 생각하고 감사한다"는 말을 남겼습니다.

필자는 감히 "우리는 현대의 형사소송법 제체하에서 태어나고 살아간다는 것을 감사해야 한다"고 주장합니다.

이제 우리들에게 남은 과제는 선인들이 물려준 형사소송법을 소중하게 지키고, 이를 확대 발전시키는 일일 것입니다.

일러두기

1 본문의 표기는 현행 '한글 맞춤법 규정'에 따랐으나, 법률의 명칭은 '법제처 국가법령정보센터' 사이트의 표기를 따랐음.

2 법률의 제·개정이나 판결 일자가 괄호 안에 부가적인 설명으로 들어갈 때는 '0000. 00. 00.'로 표기하였음.

3 법률 조항의 경우, 해당 권에 관한 법인 경우 법률명을 밝히지 않고 조항만 표시했음.

형사소송법

1. 광화문 네거리에서 그냥

날마다 신문에는 흉악한 범죄 기사로 가득 차 있다. 법 없이도 살 소심한 씨와 정직한 씨의 대화를 들어보자.

"세상이 말세는 말세인가 봐. 이런 흉악한 놈들을 재판해서 뭐해?"

"누가 아니래. 한 번도 아니고 1심, 2심, 3심까지 해야 될 거 아냐."

"그 수많은 경찰관, 검사, 판사, 교도관 들 봉급이 아까워. 게다가 먹이고 입히는 비용은 또 얼마야."

"그래서 흉악범은 재판도 필요 없어. 그저 광화문 네거리에서 공개적으로 사형을 해버려야 돼."

"물론이지. 그래야 이런 끔찍한 범행들을 할 생각을 못 하지."

두 사람이 말하는 것은 결국 형사 재판 무용론이다.

그럼 생각해보자. 도대체 형사 재판 제도의 목적은 무엇인가?

① 범인의 유·무죄 여부를 가려보고자 함에 있다.

② 사법부의 손으로 범인에게 형벌을 과하기 위해서 꼭 필요하다.

③ 피해자의 사적인 복수를 금지하는 대신 국가가 범죄인을 응징하기 위해서이다.

④ 공정한 재판을 통하여 범인의 인권 보장을 기하고, 유죄인 자에게 형벌을 과하기 위해서이다.

오늘 이 시간에도 전국에서는 법원마다 형사 재판이 열리고 있다. 지구 상의 모든 문명국가들도 마찬가지일 것이다.

형사 재판은 왜 존재하는 것일까?

이 문제는 인간 사회에서 법은 왜 존재하며, 법의 목적은 무엇인가라는 법철학적인 문제와 맞물려 있다. 질문의 각도를 달리하면, 이 문제는 '인류는 왜 형사 제판 제도를 만들었는가?'와 같다고 할 수 있다. 범죄자의 수사와 재판, 그리고 재판의 집행을 위해 존재하는 수많은 경찰관, 검사, 판사, 교도관, 그리고 경찰서, 검찰청, 법원, 구치소나 교도소는 모두가 국민의 세금으로 지어지고 운영되고 있지 않은가? 혹시 낭비는 아닐까?

그러나 형사 재판의 존재에 대해서 의문을 갖고 회의하는 사람은 하나만 알고 둘은 모르는 것이다. 왜냐하면 형사 재판은 범죄자를 위하여 존재하는 것이 아니라, 바로 우리 모두를 위해 꼭 필요한 제도이기 때문이다. 법이 정의를 위하여 존재하고 필요하듯이 형사 재판도 바로 이 정의를 실현하기 위해 존재하는 소중한 것이다. 형사 재판이 필요한 이유, 존재의 목적은 다음의 다섯 가지라고 할 수 있다.

첫째는 '사건의 진상을 파악'하기 위해서이다.

검사는 피고인이 죄를 지었다고 단정하고 판사에게 유죄로 인정하여 국가 형벌권을 부과, 발동시켜달라고 기소한다. 형사 재판은 바로 검사가 기소한 자가 유죄인지 무죄인지를 가려보자는 절차이고 제도이다. 유무죄를 가리기 위해서는 제일 먼저 사건의 진상 파악이 요청된다. 여기서 진상이란 실체적 진실이라고 부른다.

이렇게 실체적 진실을 발견하기 위한 것이 형사 재판의 목적이다. 죄를 지었다고 판명된 자에게 국가의 형벌권을 부과하고, 무죄인 자에 대하여 처벌하지 않는다고 선언하는 것은 실체적 진실 발견 이후의 작업에 불과하다. 이런 의미에서 형사 재판이 이루어지는 법정은 정의를 발견하고 세우는 성스러운 도장(道場)이라고 할 수 있다.

둘째는 '공정'을 기하기 위해서이다.

형사 재판에서 법원이 일방적으로 검사나 피고인 어느 한 쪽의 편을 든다면 이는 벌써 재판이 아니다. 또 지은 죄에 비해 균형이 맞지 않는 중벌이나 엄벌도 있을 수 없다. 그러므로 형사 재판의 생명은 공정성이다. 공정을 기하기 위해서 피의자·피고인에게도 자신을 방어할 수 있는 권리('방어권')를 인정하고, 법원의 판사는 철저하게 중립적 자세를 견지하도록 정치 권력으로부터 독립시키고, 불공정한 재판을 시정하도록 재판을 3회 할 수 있게 배려하는 등 갖가지 제도적 장치를 두고 있다. 현대 형사소송법은 재판이라는 미명하에, 재판이라는 형식만을 요식 행위로 삼는 것을 철저히 거부한다.

셋째는 피의자·피고인의 '인권 보장'을 위해서이다.

지금은 마녀재판 시대도 아니고, 고문이 통용되는 시대가 아니다. 죄를 지었다는 혐의만으로 유죄로 처벌되는 고대·중세가 아니다. 이제 피의자·피고인은 유죄 판결이 확정될 때까지는 단지 수사 기관에 의하여 범죄의 혐의를 받고 있는 자에 불과하고, 형사 소송의 당사자이다. 그에게 자칫 가해질 모든 인권 침해를 막아 내기 위해서 형사 재판은 절대 필요하다. 이런 의미에서 형사소송법은 피의자·피고인을 위한 마그나 카르타(Magna Carta, 대헌장)이다.

넷째는 '재판의 신속'을 위해서이다.

형사 재판은 공정하여야 하지만, 동시에 신속하여야 한다. 유무죄를 가려 내기 위해서 재판은 신중하고 오랜 기간 동안 진행하여야 하지만 이것도 능사는 아니다. 피의자·피고인을 위해서도 신속한 재판은 필요하다. 헌법 제27조 제3항은 신속하게 재판을 받을 권리를 국민의 기본적 인권의 하나로 선언·보장하고 있다.

마지막으로 '적정 절차'를 위해서이다.

판결이 제 아무리 공정하다 하더라도, 그 판결에까지 이르는 수사, 심리의 과정이 형사소송법이 정한 절차를 벗어난 것이라면 이것은 형사 재판이 존재하는 이유와 배치된다. 예를 들어 수사 기관이 위법하게 수집한 증거를 유죄의 증거로 삼아 유죄 판결을 한다면 이는 벌써 절차 위반인 것이다.

이상의 설명을 통하여 형사 재판은 우리 사회 구성원 전부와 공동선을 위하여 존재하는 것임을 깨달았으리라고 생각한다.

🔍 결론

형사 재판은 진실 발견, 공정, 신속, 인권, 적정 절차라는 5대 원리에 의하여 가동되는 제도적 장치이다. 시민들이 흉악범의 범행에 대하여 분노하는 것은 있을 수 있으나, 형사 재판이 필요 없다는 극단론의 함정을 피하는 성숙한 의식도 필요하다.

오늘날 우리가 시행하고 있는 형사 재판 제도에는 물론 결함이 있을 수 있으나, 그래도 이러한 형사 재판 제도를 확립하기 위하여 선인들이 바쳐온 고난과 희생을 기억할 필요가 있다. 결국 형사 재판 제도가 존재하는 이유와 지향하는 목적은 피의자, 피고인을 위해서는 물론이고, 언제 어떤 상황에서 피의자, 피고인이 될지도 모르는 가능성을 안고 살아가는 우리 모두를 위한 것이다.

2. 대체 어디서 재판을 해야 할꼬?

도적 장길산이 한양으로 올라오는 봉물만을 상대로 도적질을 하는지라 임금이 크게 노하였다.

"조정에 바치는 봉물을 터는 장길산이라는 도적을 필히 체포하여 대역 죄로 다스려라."

곧 전국에 검거령이 내렸다. 그동안 한양에 주민 등록을 해두고, 개성과 수원에서 주로 봉물을 털었던 장길산은 잠시 피하는 게 상책이라고 생각했다. "이럴 때 산천경개나 실컷 구경해보자"면서 설악산으로 피신하였다. 그러나 불운하게도 그의 얼굴을 알아본 한 관광객의 신고로 속초에서 체포되었다.

그렇다면 장길산은 어느 법원에서 재판하여야 하는가?

① 주민 등록지(주소지)인 서울지방법원

② 범죄지인 개성 또는 수원지방법원

③ 체포지인 속초지원

　어느 특정 지역의 법원이 구체적인 사건에 대하여 현실적으로 재판을 할 수 있는 권한을 법원의 관할권(管轄權)이라고 한다. 따라서 전국에 설치된 각 법원은 자기 법원에 관할권이 없으면 재판할 수 없고, 검사도 관할권이 있는 법원에 형사 재판을 청구, 즉 기소하여야 한다. 그런데도 만일 관할 준수의 원칙을 위반하여 기소된 경우에 법원은 관할 위반의 판결을 하게 된다.

　관할은 법률로 미리 정해 놓았는데, 사물 관할, 토지 관할, 심급 관할 등 세 가지 종류가 있다. '사물 관할'은 형사 사건을 제일 먼저 재판하는 전국의 제1심 법원 간 관할권을 사건의 경중에 따라 분배한 것이다. 즉 중한 사건은 판사 3인으로 구성한 합의부에서, 경한 사건은 단독 판사가 재판토록 하였다. 분배의 기준은 법정형이 사형, 무기 또는 단기 1년 이상의 징역이나 금고에 해당하는 사건은 합의부 관할이고, 그 밖의 사건은 단독 판사의 관할로 되어 있다(법원조직법 제32조 제1항 제3호).

　'토지 관할'은 법원의 관할 구역 내에 범죄지, 피고인의 주소, 거소, 현재지가 있는 사건을 그 법원이 재판하도록 한 것이다. '각급 법원의 설치와 관할구역에 관한 법률'이라는 법률이 법원이 관할하는 행정 구역을 정해놓았다.

　'심급 관할'은 상소 사건을 어느 법원이 재판할 것인가를 정한 것이다. 지방 법원과 지방 법원 지원의 단독 판사의 판결에 대한 상소 사건(제2심 판결)은 지방 법원 본원 합의부에서, 지방 법원 합의부의 판결에 대해서는 고등 법원이 관할하며, 대법원은 지방 법원 본원 합의부 및 고등법원의 제2심 판결에 대한 상고 사건을 최종적으로 관할하도록 되어 있다.

🔍 결론

사례에서 장길산 피고인에 대한 제1심 토지 관할은 범죄지의 법원이다(물론 피고인의 주소지의 법원도 관할권은 있다).

3. 재판 따라 팔도유람

　홍길동이 동에 번쩍, 서에 번쩍 하면서 오직 탐관오리들의 재물만을 털자, 백성들은 그 의거(?)에 통쾌해 하였다. 포도청에 비상이 걸려 검거에 나섰지만 누구 하나 신고하는 사람이 없어 수사는 장기화되고 있었다.

　그런데 현상금 1만 냥에 눈이 먼 어느 속없는 놈이 밀고하는 바람에, 홍길동은 한양지방포도청 특별 수사대에 의해 그만 체포되고 말았다. 홍길동이 기소되자 8도의 모든 지방 포도청에서는 자기들 관내에서 일어난 홍길동의 범죄를 각기 자기들 소재지 법원에 기소하였다. 몸은 하나인데, 홍길동은 8도의 모든 법원을 순회하며 재판을 받아야 하는가?

　이런 경우에 형사소송법이 준비한 제도는?

① 검사나 피고인의 병합 심리 신청 제도
② 검사의 통일적 관할 지정 신청 제도
③ 법원의 집중 심리 제도

전국의 수많은 법원은 각자 자기 법원에 관할권이 있는 지역에서 발생한 사건에 대하여서만 재판권이 있다. 이를 토지를 중심으로 한 '토지 관할권'이라고 한다. 따라서 이 사례에서처럼 전국의 각 제1심 법원은 자기 관할 구역 내에서 발생한 홍길동의 범죄에 대하여 저마다 토지 관할권이 있으므로 재판을 시작할 수 있다.

그러나 실제로 이렇게 재판을 하게 한다면 법원도, 피고인도 죽을 맛일 것이다. 이럴 때는 법원의 심리의 편의를 위해서, 또 피고인을 위해서도 하나의 법원이 심판하는 것이 필요하다. 이처럼 서로 관련이 있는 수개의 사건('관련 사건')의 토지 관할을 정하는 방법이 있다.

즉 토지 관할을 달리하는 수개의 사건이 각각 다른 법원에 기소되면 한 개의 사건에 관하여 관할권이 있는 법원이 다른 법원의 사건까지 관할할 수 있다. 그러나 전국 각각의 법원은 수개의 관련 사건이 다른 법원에 기소된 사정을 알 수 없는 경우가 보통이고, 또 알았다고 하더라도 각각 자기 법원에서 전부를 심판하겠다고 나서거나 반대로 서로 타 법원에 사건을 보내려고 하는 경우가 발생할 수 있다.

그러므로 이런 때에는 각 법원의 공통되면서 가장 가까운 상급 법원이 피고인이나 검사의 신청을 받아 한 개 법원을 지정하여 심리하도록 결정하게 된다.

'관련 사건'이 성립되는 경우는 1인이 범한 수개의 범죄, 복수 이상의 사람이 공동으로 범한 죄, 복수 이상의 사람이 동시에 동일한 장소에서 범한 죄 등이다.

⌕ 결론

1인이 범한 수개의 범죄는 관련 사건이다. 관련 사건은 결국 검사나 피고인의 신청에 의하여 한 개의 법원이 병합하여 심리하게 된다.

4. 피고가 내 조카 때렸소?

백수건달 이춘풍이 장안의 한량들과 어울려 노닐다가 하루는 물 좋다는 강남의 한 단란 주점에 갔다. 한창 분위기가 무르익을 무렵, 옆자리의 손님들과 시비가 붙었다. 이춘풍은 술기운에 그중 한 사람의 얼굴을 박치기해버렸다.

앞니 세 개가 부러진 피해자가 경찰에 고발한 것은 물으나 마나 뻔한 일. 그런데 재판을 하는 판사님이 알고 보니 피해자의 삼촌이라는 것이 아닌가?

이춘풍은 그 판사님에게 재판을 받아야 하는가?

① 판사님이 피해자가 자기 조카라는 것을 알 때까지는 도리 없이 재판을 받아야 한다.

② 무조건 다른 판사님에게 재판받을 권리가 있다.

③ 판사님이 피해자와 친족이어도 공정하게 재판을 할 것이므로, 걱정할 필요 없다.

형사소송법은 법관이 '불공정한 재판을 할 우려'가 있을 때를 대비하여 두 가지 대책을 마련해놓고 있다. 하나는 불공정한 재판을 할 우려가 있는 사유를 미리 정해놓고 이 사유에 해당되면 판사를 '당연히' 그 직무로부터 배제시키는 제척(除斥) 제도이고, 또 하나는 '소송 당사자의 신청에 의하여' 그 판사를 해당 재판으로부터 배제시키는 기피(忌避) 신청 제도이다.

당연히 배제되는 '제척 사유'로는 법관이 피해자일 때, 피고인 또는 피해자의 친족·가족이거나 이러한 관계가 있었던 때 등이다(형사소송법 제17조). 이런 법정 사유가 있으면, 사유에 해당되는 판사는 해당 사건의 진행(심리, 판결)을 할 수 없다. 이에 위반되면 그 재판은 절대적인 항소 이유나 상고 이유가 되어 상급심에서 파기하게 된다. 또 판사 자신도 이러한 사유가 있으면 스스로 소속 법원에 해당 사건을 진행할 수 없으니 다른 판사로 하여금 재판하게 해달라는 '회피' 절차를 밟게 된다.

판사에게 제척의 사유가 있는 데도 법관이 해당 사건을 진행하는 경우와, 제척의 사유는 없으나 판사가 불공정한 재판을 할 염려가 있는 경우에는 소송 당사자 쌍방, 즉 검사나 피고인(또는 변호인)이 당해 판사의 기피를 신청할 수 있다. 기피 신청을 할 수 있는 시기는 제한이 없으나, 최소한 그 판사가 해당 사건에 관하여 판결을 선고하기 전까지 해야 된다. 기피 신청은 반드시 서면으로 해야 하는 것은 아니고 법정에서 구두로도 할 수 있다.

🔍 결론

판사가 피해자의 삼촌일 경우 공정한 재판을 기대할 수 없을 것이다. 팔이 안으로 굽는다는 말처럼 피고인은 불리하게 된다. 판사가 피해자의 삼촌이라는 관계는 판사의 제척 사유에 해당된다. 따라서 판사는 제척이나 회피 또는 피고인의 기피 신청에 의하여 해당 사건의 재판에 관여할 수 없게 된다.

5. 내 이름만은 결백하다

날마다 밤 이슬을 맞으며 남의 담을 넘는 것을 업으로 하고 있는 장발장 씨는 늘 불안하였다. 전과가 여러 번 있는 데다가 상습범인지라 잡히면 끝장임을 잘 알고 있었기 때문이다.

어느 날 그는 길에서 '장손장'이라는 사람이 잃어버린 주민등록증을 줍게 되었는데 언젠가 요긴하게 쓰이겠다 싶어 잘 간직해두었다.

꼬리가 길면 밟히는 법이라고, 어느 날 밤 그의 행운도 마감되었다. 붙잡힌 그는 이때다 싶어 장손장 씨로 행세하였고 검사 역시 그를 장손장으로 믿고 기소하였다. 공소장에는 그의 이름 대신 장손장 씨 이름이 기재되었다.

이런 사례가 실제로도 없지는 않은데, 그렇다면 상습 절도범으로 기소된 피고인은 과연 누구라고 보아야 하는가?

① 장손장이라는 사람이다.

② 실제 범행을 한 장발장이다.

③ 두 사람 모두 심리를 해보아야 판명된다.

검사가 '공소를 제기한다'라는 것은 피고인의 성명, 생년월일, 주민등록번호, 본적, 주소 등 피고인의 인적 사항과 범죄 사실을 기재한 이른바 '공소장'을 법원에 접수시키는 것을 말한다.

그런데 검사가 A라는 사람을 수사하여 기소하였는데, 이 과정에서 A가 B의 성명, 주소, 생년월일 등을 대는 바람에 공소장에는 B의 인적 사항이 전부 기재된 경우, 기소된 피고인은 A인가, 아니면 B인가?

이때 만일 이 사건이 불구속으로 기소된 사건이라면 법원은 공소장에 기재된 B에게 소환장을 보내게 될 것이다. 또는 A가 구속된 상태로 기소된 경우에도 A가 끝까지 B로 행세하여 재판이 된 경우에 전과자가 되는 것은 A가 아니라 B가 될 것이다.

이처럼 피고인이 타인의 성명을 도용하여 타인 명의로 기소된 경우 누구를 '피고인으로 볼 것인가'의 문제에 대해 학설은 나누어진다. 공소장에 표시된 자를 기준으로 해야 한다는 설, 피고인으로 실제 행동한 자를 기준으로 해야 한다는 설, 공소장의 표시와 실제 행동한 자 모두를 기준으로 해야 한다는 설 등이 있다.

실무상으로는, 공판 심리 도중 성명 도용이 판명된 경우에는 검사가 공소장 정정 절차를 통해서 도용자인 피고인으로 바꾸어 심리를 진행하게 된다. 그러나 성명 도용 사실이 밝혀지지 아니한 채 유죄 판결이 확정된 경우에는 성명을 도용당한 자가 검사에게 전과 말소 신청을 하여 검사의 결정으로 수형인 명부의 전과를 말소해주어야 한다.

⌕ 결론

타인의 성명을 도용하여 기소된 경우에 피고인은 도용한 자(A)이고, 도용당한 자(B)가 아니다.

6. 우주 경영 때문에 출석할 수 없소!

태우그룹 김설중 회장이 뇌물죄로 법정에 서게 되었다. 대통령에게 100억 원을 준 것이 뇌물죄(증뢰죄)라는 혐의였다.

처음에는 구속되었다가 보석 허가로 석방되었다. 김 회장은 "혼신의 힘을 다하여 불철주야 국리민복을 위해 일하시는 대통령에게 통치 자금을 준 것이지, 뇌물은 아니다"라고 혐의 사실을 부인하였다.

재판은 2주마다 계속되었는데, 이 재판을 받느라고 김 회장은 죽을 맛이다. '우주 경영'을 내걸고 1년에 300일을 해외로 출장다니는 몸인데, 재판 때문에 우주 경영이 파산될 지경이 아닌가? 김 회장은 비장하게 결단을 내리고, 법정에 출석하지 않았다.

재판장이 할 수 있는 조치는?

① 즉시 피고인을 구속할 수 있다.
② 피고인이 출석할 때까지 재판 절차를 중단시킨다.
③ 즉시 유죄 판결을 할 수 있다.
④ 보석 허가를 취소하고, 구속할 수 있다.

운동 경기에서 선수가 출전하지 않으면 시합이 이루어질 수 없듯이, 형사 재판도 마찬가지이다. 소송 당사자인 검사나 피고인이 법정에 출석하지 않으면 공판이 이루어지지 않는다. 따라서 피고인이 공판 기일에 출석하지 않으면 원칙적으로 법정은 심리에 들어갈 수 없다. 이런 의미에서 본다면 피고인의 출석은 자신의 결석하에 이루어지는 공판 심리를 막고 자신의 소송 활동(항변, 증거 제출)을 할 수 있는 권리인 동시에 의무이기도 한 것이다.

그러나 예외적으로 피고인이 법정에 출두하지 않고도 재판이 이루어질 수 있는 몇 가지 경우가 있다.

피고인이 소재 불명인 때, 항소심에서 2회 이상 정당한 이유 없이 출석하지 아니한 때, 재판장의 적법한 퇴정 명령에 의해서 피고인을 퇴정시킨 때, 피고인이 재판장의 허가 없이 임의로 퇴정한 때, 증인이 피고인 앞에서 충분히 진술할 수 없다고 인정되어 피고인을 일시 퇴정시킨 때, 피고인에 대하여 공소 기각 또는 면소의 판결 등 유리한 재판을 할 것임이 명백한 때, 상고심의 공판 기일 등에는 피고인이 출석하지 않아도 재판을 진행할 수 있다.

이러한 예외적 사유에 해당하지 않음에도 피고인이 자의로 출석하지 않으면 원칙적으로 법정은 개정할 수 없게 되나, 재판의 진행을 위해서 재판장은 특단의 합법적 조치를 취할 수가 있다. 즉 보석 허가나 구속의 취소로 석방된 피고인이 정당한 이유 없이 출석하지 않으면 재판장은 보석 허가 결정이나 구속 취소 결정을 취소하고 구속을 명하여 그 출석을 확보할 수가 있다.

○ 결론

피고인은 공판 기일에 출석할 의무가 있다. 보석 허가 결정으로 석방된 피고인이 정당한 이유 없이 출석하지 않으면 보석 허가 결정이 취소되어 구속될 수도 있다.

7. 두령님 입은 자물통 입

한도물산 정대수 두령은 관리들에게 뇌물을 잘 쓰고 각종 나라 이권을 따내어 금방 거부가 되었다.

그러나 실력도 없이 일으킨 사업은 오래 못 가는 법. 5조 7,000억 냥의 호조 돈을 빌려다가 무쇠솥 공장을 짓던 정 두령도 호조에서 겁이 나 더 돈을 대줄 수 없게 되자, 하루아침에 망하고 뇌물을 준 죄로 포도청 감옥에 갇히는 신세가 되었다.

그런데 문제는 정 두령이 뇌물을 준 사람들의 명단을 불지 않는 것이었다. 단, 호조와 홍문관의 승지 몇 명에게 추석 때 떡값 명목으로 엽전 몇 푼만 주었다는 자백만 할 뿐이다. 이러다가는 도리 없이 엽전 몇 냥 받은 조무래기들만 잡게 생겼다.

재판정에서 정 두령의 입을 열게 할 수 있는 방법은?

① 강제로 입을 열게 하는 수단은 없다.

② 온 나라 백성들이 분노하는 사건의 중대성에 비추어, 입을 열지 않으면 엄벌에 처해진다는 사실을 경고해야 한다.

③ 오히려 법정에서 재판 시작 전 정 두령에게 "불리한 사실은 일부러 말하지 않아도 된다"고 안내해주어야 한다.

피의자나 피고인으로 하여금 자기에게 '불리한 이야기는 하지 않을 권리', 즉 진술 거부권(일명 묵비권)을 권리로서 보장하는 것은 근대 형사소송법의 공통된 현상이다. 이는 인류가 벌여온 인권 투쟁의 빛나는 성과물인 것이다.

피의자, 피고인에게 강제로 입을 열게 하는 것, 즉 자백 강요 금지 및 고문 금지는 진술 거부권과 상호 동전의 앞뒤라고 보아야 한다. 스스로 입을 열지 않을 권리, 자기에게 불리한 진술은 거부할 수 있는 권리, 더 나아가 수사 기관이나 법관의 신문에 대하여 일체 답변하지 않고 침묵할 권리를 인정하고 보장하는 이 제도야말로 근대 형사소송법의 징표라고 할 수 있다.

형사소송법은 여기에 그치지 않고 한 발 더 나아가 수사 기관이 피의자를 체포할 때는 물론이고 신문을 할 때에 사전에 피의자에게 진술 거부권이 있음을 알려 주어야 한다고 규정하고 있다. 그리고 법원도 공판 시작 전에 미리 피고인에게 진술 거부권이 있음을 알려 주어야 한다(형사소송규칙 제127조).

물론 피의자나 피고인이 이 진술 거부권을 고지받고서도 이를 포기하는 것은 자유이다. 그러나 수사 기관이 신문 시에 진술 거부권을 미리 알려 주지 않은 경우에는 어떻게 될까?

진술 거부권을 고지하지 않고 신문한 경우에 설령 피의자가 자백을 하더라도 그 자백은 유죄의 증거로 사용할 수 없다(학설 및 1992. 6. 23. 대법원 판결).

🔍 결론

피의자, 피고인의 자백이나 진술을 강요할 수는 없다. 오히려 수사 기관은 물론, 법원도 피고인에게 신문 전에 진술 거부권이 있음을 알려주어야 한다.

8. "예"만으로는 안 돼

어느 날 아침, 조간신문에 '전국의 대머리에게 희소식'이라는 획기적 대머리 치료제 발명에 관한 소식이 대서특필되었다. 고슴도치를 원료로 하였다는 이 대머리 치료제는 그야말로 불티나게 팔렸다.

그런데 불과 1개월 후, 이 대머리 치료제는 희대의 사기극으로 종결되었다. 범인 장발모 씨가 법정에 선 것은 물론이다. 재판을 담당한 이광두 판사도 대머리였는데, 동병상련이라고 어찌 피고인에게 관대할 것인가?

재판을 마친 이 판사는 피고인에게 "입이 열 개 있어도 할 말이 없겠지요?"라고 물었다. 피고인은 단지 "예"라고 대답하였을 뿐이다.

이렇게 해서 징역 5년이 선고되었는데, 이 재판은 유효한 것일까?

① 피고인이 최후로 진술할 기회가 없었으므로 절차 위반으로서 상급심에서 다시 재판해야 한다.

② 피고인이 유죄를 인정한 이상, 무효는 아니다.

③ 재판장의 질문에 "예"라고 대답한 것도 최후 진술권을 부여한 것으로 볼 수 있으므로 유효이다.

형사 재판에서 증거 조사를 마치게 되면, 다음 절차로 검사의 의견 진술과 피고인의 최후 진술이 있게 된다. 대개의 경우 검사는 법관에게 피고인에 대해 무슨 무슨 형을 선고해달라고 주문하게 된다. 실무에서는 이를 구형(求刑)이라고 한다. 복잡하거나 중대한 사건일 경우에는 검사가 구형 전에 공소 사실의 요지, 유죄의 증거, 법관의 양형에 참고될 사항 등을 구두로 진술하는 경우가 있다. 실무에서는 이를 논고(論告)라고 한다.

검사의 구형이 끝나면, 다음은 피고인의 최후 진술 순서이다(변호인이 있는 경우에는 구형 다음에 변호인의 변론이 행해지고, 피고인의 최후 진술은 변론 다음에 하게 되는 것이 실무상의 통례이다). 최후 진술은 재판을 마치면서 문자 그대로 피고인이 법관에게 하고 싶은 이야기를 하는 것이다. 그 내용과 시간은 법률상으로는 아무런 제한이 없다. 따라서 길게 하더라도 법관은 제지, 중단시킬 수 없다(그러나 실무에서는 당일 많은 사건을 심리, 처리해야 하는 법관의 입장을 고려하여 그야말로 간단히 요점만 하게 된다).

물론 최후 진술권은 피고인이 포기할 수도 있고, 또 시간이 충분치 못하거나 사건이 복잡한 경우에는 서면으로 대신할 수 있다.

어쨌거나, 법관은 피고인에게 최후 진술의 기회를 준 다음에 공판 절차를 마쳐야 한다(1975. 11. 11. 대법원 판결). 기회를 주었음에도 피고인이 이를 포기하는 경우에는 공판 절차를 종료하더라도 위법은 아니다.

🔍 결론

피고인에게 최후 진술의 기회를 주지 않고 법관이 피고인의 최후 진술을 예상해서 "할 말이 없겠지요"라고 한 것은 형사소송법 위반이다. 이를 사유로 항소하게 되면 이는 1심 법관이 절차를 위반한 것이 되어 상급심에서 파기하게 된다.

9. 아무리 우리 것이 좋다지만

우리 것을 아끼는 두 노인의 대화.

"큰일이야. 우리 한복이 점점 사라지다니…."

"오죽하면 문화체육관광부 장관이 한복 입기 운동에 나서겠나."

"그런데 한복을 애용하는 데가 있기는 있어."

"어디?"

"감옥에 가면 재판받으러 나올 때 한복을 입고 나오질 않는가? 보지도 못했는가?"

구속된 피고인도 일단은 무죄로 추정된다. 그렇다면 피고인은 죄수임을 상징하는 수의(죄수복)를 입지 않고, 자신의 평상복을 입고 재판받을 수는 없는가?

① 불가능하다.

② 당연히 가능하다. 평상복을 입겠다고 하면 허용하고 있다.

③ 이론상으로만 가능하다.

　이 문제는 필자가 친지로부터 질문을 받고 구상해본 것이다. "구속되면 꼭 수의를 입어야 하는가요?" 필자도 그때까지 구속되면 국가가 제공하는 수의를 입는 것을 '당연한 것'으로 생각하고 아무런 의문을 품지 않았다.

　먼저 관계 법령을 찾아보았다. '형의 집행 및 수용자의 처우에 관한 법률' 은 구치소나 교도소에 수용되는 '미결 수용자(재판이 확정되지 않은 상태에서 구속된 사람)'나 '수형자(유죄의 재판이 확정되어 구속된 사람)'를 '수용자(收容 者)'라고 호칭한 뒤, "수용자에게는 건강 유지에 적합한 의류를 제공한다"라고 규정해놓고 있다(제22조). 또 위 법률의 시행령은 수용자가 자비로 구입한 의류를 사용하게 할 수 있다는 규정이 전부였다(제32조).

　그렇다면 구속된 사람에게 입히는 청남색 또는 황색의 이른바 '수의(囚 衣)'는 수용자가 도저히 거부할 수 없는 강제 조치인가? 특히 미결 수용자가 "나는 아직 유죄의 재판이 확정되지 않았으므로 구속 전에 사회에서 입던 평상복을 입겠다"라고 할 수 있는 권리는 없는 걸까?

　필자는 이를 긍정하고자 한다. 왜냐하면 기결수는 유죄가 확정된 사람이므로 국가가 제공하는 수의를 입어야 하겠지만, 미결수는 헌법과 형사소송법에 의하여 무죄로 추정되고 있으므로, 유죄 확정의 상징인 수의는 거부할 수 있다고 해야 할 것이다. 미국에서는 미결수에게 강제(?)로 수의를 입히는 것 같지는 않다('오 제이 심슨' 사건을 상기해보자).

🔍 결론

조심스러운 견해이지만, 필자는 적어도 미결 수용자는 유죄의 판결이 확정될 때까지는 평상복을 입을 권리가 있다고 주장한다(2008년 10월 29일 형의 집행 및 수용자 처우에 관한 법률이 제정되고 종전 행형법이 폐지된 이후 재판 시 평상복을 입게 하는 것에 대한 명문의 규정이 없으나 교도소 당국이 허용하고 있는 것 같다).

10. 경찰청에선 지금?

배비장이 어느 날 전격적으로 제주지방경찰청에 연행되어 조사를 받게 되었다. 경찰관들이 주로 묻는 것은 기생 아랑을 비롯하여 수십 명의 기생들을 겁탈하였으니 이실직고하라는 것이었다.

"소인은 아랑이와 연애를 한 죄밖에 없소."

이틀 만에 귀가 조치되었는데 수사는 계속되었다. 날마다 피해자(?)인 기생들이 경찰청에 소환되어 조사를 받는다는데 그네들이 뭐라고 진술하는지 알 수가 없었다. 좌우간 피해자들이 조사받은 내용을 알아야 장차 법정에서 빠져나갈 대책을 세울 것이 아니겠는가?

그렇다면 피의자는 수사 기관의 수사 기록을 열람하거나 복사해서 그 내용을 미리 알 수는 없을까? 즉, 피의자에게 수사 기록 열람 또는 복사권이 있는가?

① 있다. 피의자의 권리이다.

② 없다. 수사는 보안이 유지되어야 한다.

③ 있다. 법원의 허가를 얻으면.

　　수사 기관의 피의자에 대한 조사와 증거의 수집 활동은 주로 피의자에 대한 신문 과정과 참고인에 대한 조사 과정에서 이루어지는 것이 보통이다. 이러한 수사 과정을 통해 모아진 피의자 신문 조서, 참고인들의 진술 조서, 서증 들은 기소 후에 법정에서 검사에 의하여 유죄의 증거로 제출된다.

　　물론 피의자도 수사 과정에서 자기에게 유리한 서류의 제출권, 유리한 참고인의 조사 요청권 등이 있지만 어쨌든 수사 기관이 주도하는 참고인 진술은 피의자에게 대부분 불리한 것임은 물론이다. 이 수사 기록은 기소 후에 법정에서 증거로 제출되고, 판사의 주재하에 조사될 때에 공개되는데, 이때 비로소 피고인도 수사 기록을 접할 수 있게 된다.

　　형사소송법은 피고인에게 증거 조사 절차에의 참여권을 보장하고, 이 수사 기록의 열람, 등사권을 보장하고 있다(형사소송법 제266조의 3). 그런데 문제는 아직 기소되지 않고 피의자의 위치에 머물러 있을 때 피의자가 수사 기관의 수사 기록을 열람할 수 있는가에 있다.

　　형사소송법이 피의자에 대해서는 이를 규정하고 있지 않기 때문에 논란의 대상이 되고 있다. 찬성하는 학자들은 피의자의 방어권 보장을 위해서 피의자의 수사 기록 열람을 허용, 인정해야 한다고 주장한다. 반면, 수사는 비공개가 원칙이고 이를 허용하면 수사의 보안이 침해되어 피의자에 의한 증거 인멸의 우려가 있으므로 허용해서는 안 된다는 주장도 거세다.

　　그런데 헌법재판소는 구속 적부 심사를 청구한 '피의자'의 변호인에게는 수사 기록 중 고소장과 피의자 신문 조서를 열람, 등사할 권리가 있다고 판시하고 있다(2003. 3. 27. 2000헌마474 사건).

🔍 결론

현재 피의자에게는 수사 기록 열람권이 보장되지 않고 있다.

11. 타향살이 몇 해던가

1·4 후퇴 당시 자유을 찾아 월남한 이망향 씨가 남쪽에서 꾸린 삶은 기구하기만 하였다. 실향한 지 어언 반세기, 처와 자식을 먼저 보내고 늙고 병든 그가 겨울을 나는 유일한 방법은 일부러 절도죄를 저질러 국가가 숙식을 제공하는 곳, 즉 교도소에 가는 것이었다. 겨울이 닥치자 예전과 마찬가지로 슈퍼마켓에서 물건을 훔치다가 일부러 적발되었다.

상습 절도죄로 재판을 받던 중 그는 교도소에서 한 많은 생을 마쳤다. 재판 도중 피고인이 사망한 경우에는 어떻게 되는가? (70세가 넘었기에 국선 변호인이 있었고, 변호인은 절도죄의 범의가 없었다고 무죄 주장을 하고 있었다.)

① 공소 기각의 판결로 소송을 종결한다.

② 소송 중단 선언을 한다.

③ 피고인이 무죄를 주장한 경우에 한하여 피고인의 명예를 위해서 재판을 계속한다.

　피의자가 수사 도중에 사망하거나, 피고인이 재판 도중에 사망하는 경우가 있을 수 있다. 어느 단계에서 사망하느냐에 따라 그 법률적 처리가 달라진다. 피의자가 경찰의 수사 단계에서 사망하더라도 경찰은 사건을 스스로 종결하지 않고 사건과 사건 기록을 검사에게 송치하여야 한다. 검사는 경찰 수사 단계에서 피의자가 사망한 사건을 송치받은 경우, 그리고 자신의 수사 단계에서 피의자가 사망한 경우에는 '공소권 없음'이라는 불기소 처분을 하여 사건을 종결한다.

　피고인이 사망한 경우에 제1심 법원은 '공소 기각의 결정'을 하여 재판을 종결하게 된다. 피고인이 무죄임이 판명된 경우라고 하더라도 결론은 마찬가지이다. 제1심 판결 선고 이후에 사건이 상소에 의하여 항소심이나 대법원에 계속된 이후에 피고인이 사망한 경우에는 상급심도 공소 기각의 결정을 한다. 이처럼 피고인의 사망은 소송을 종결하는 결과를 가져온다.

　그러나 유죄 판결을 선고받아 유죄가 확정된 피고인이 사망한 경우에는 다르다. 즉 피고인에게 재심 사유가 있으면 그 배우자, 직계 친족, 형제자매, 법정 대리인은 피고인의 사망에도 불구하고 재심을 청구할 수 있다. 사망한 피고인에 대해서도 재심의 길을 열어주는 것은 피고인의 인권과 명예 회복을 위해서이다 (1950년 6·25 전쟁 발발 시 한강교 폭파 사건으로 유죄를 선고받아 처형된 최 모 대령의 경우, 사후에 그 가족의 재심 청구로 재심에서 무죄가 확정된 실례가 있다).

🔍 결론
기소된 피고인이 사망한 경우 법원은 공소 기각의 결정으로 소송을 종결한다(다만 무죄의 사유, 즉 재심 사유가 있는 경우에는 사망하였다고 하더라도 가족들이 재심을 청구할 수 있다).

12. 피고인은 무죄라고 사료되옵니다

　사법연수원을 나와 막 변호사 개업을 한 이신참 변호사는 개업 후 처음으로 살인 사건의 변호를 의뢰받았다. 의뢰인, 즉 피고인은 살인 범행을 극구 부인하고 있었다.

　이 변호사도 처음에는 피고인의 무죄를 확신하였다. 그러나 재판이 계속될수록 피고인의 범행을 증명하는 증거들이 속속 발견되었다. 이 변호사도 마침내 피고인이 유죄라는 쪽으로 확신이 바뀌었다.

　이런 경우에 변호사는 어떻게 변론을 해야 하는가?

① 무죄의 변론. 변호인은 피고인의 이익을 위해 존재한다.

② 유죄의 변론. 변호인은 법정에서 진실 발견에 협력할 의무가 있다.

③ 의뢰인의 의뢰 내용과 소신이 일치하지 않을 때에는 법원의 허가를 얻어 사임하여야 한다.

변호인의 지위

우리 헌법은 '변호인의 도움을 받을 권리'를 국민의 기본적 인권이라고 선언하고 있다. 변호사가 형사 사건의 피의자, 피고인 또는 이들의 배우자, 가족, 형제자매 들로부터 변호를 의뢰받아 변호에 나서게 되는 경우에 형사소송법은 그를 '변호인'이라고 부르고 있다. 그렇다면 변호인은 수사나 재판의 형사 절차에서 구체적으로 어떤 지위를 갖고 있는 것일까?

하나는, '보호자의 지위'이다. 변호인은 피의자나 피고인의 이익을 최대한 보호할 의무가 있다. 따라서 피의자나 피고인에게 불리한 증거를 제출하거나 불리한 주장을 할 수 없다.

다음, '공익적 지위'이다. 변호인은 피의자, 피고인의 이익을 보호하여야 하는 지위에 있지만, 그 이익은 보호받아야 할 정당한 이익에 국한된다. 따라서 변호인의 지위를 악용하여 진실 발견을 방해해서는 안 된다. 예를 들어 증인에게 위증을 부추기거나 위조된 문서를 알면서도 증거로 제출해서는 안 된다.

변호인의 지위, 특히 진실 발견에 협력할 의무와 관련하여 구체적으로 문제되는 사례가 바로 이것이다. 변호 과정에서 피고인은 무죄를 주장하지만, 오히려 변호인이 유죄라는 확신을 갖게 된 경우에 어떤 변호를 하여야 하는가? 이런 경우에 대답은 "무죄의 변론을 할 수 있고, 또 그렇게 하여야 한다"라는 것이다. 유죄라고 확신하는 경우나 무죄인 증거가 불충분한 경우에도 변호인은 무죄 변론을 할 수 있고, 또 하여야 한다는 것이다. 왜냐하면 변호인의 진실 발견 의무란 검사처럼 적극적인 것은 아니기 때문이다.

🔍 결론

변호인이 의뢰인(피의자·피고인)의 유죄를 확신하더라도 그 확신대로 행동할 필요나 의무는 없다. 피고인을 위해서 무죄의 변론을 할 수 있고, 또 그렇게 하는 것이 변호인이 존재하는 이유이다.

13. 잡아 가두기도 바쁜데 변호사까지?

　사흘 굶고 남의 집 담 넘지 않을 사람 없다는 속담대로, 목구멍이 포도청 신세가 된 고달파 씨는 남의 집 담을 넘다가 그만 체포되었다.

　구치소에 갇힌 신세가 되고 보니 "초범이므로, 변호사만 선임하면 석방될 수도 있다"는 주위에서 하는 말에 솔깃하였다. 그러나 먹고살기도 힘든 그가 변호사를 선임할 돈이 있을 리 없다.

　변호사를 선임할 능력이 없으면 어떻게 되는 걸까? 고달파 피고인이 변호인을 선임하는 방법은 무엇이 있을까?

　① 인정 많은 변호사에게 외상으로 부탁한다.

　② 법원에 가난한 사람이라고 탄원하여 변호사 선임 신청을 하면 된다.

　③ 도리 없다. 변호사 없이 재판을 받아야 한다.

　피의자나 피고인은 형사소송법상으로는 소송 당사자이지만 그 상대방인 검사나 수사 기관에 비하면 권력이나 법률 지식은 상대가 되지 않는다. 이에 비해 변호사는 막강한 수사 기관과 대등하게 싸울 수 있는 법률 전문가가 아닌가? 기본권을 쟁취하기 위한 길고 힘든 싸움을 해온 서구인들이 개인이면서 법률 전문가인 변호사에게 도움을 받을 권리를 기본권으로 확보한 이유가 여기에 있다.

　이 중 피의자·피고인 본인이나 그 법정 대리인, 배우자, 형제자매가 선임한 변호인을 '사선(私選) 변호인'이라고 부르고, 일정한 사유가 있을 때 피고인을 위하여 법원이 선정하는 변호인을 '국선(國選) 변호인'이라고 부른다.

　헌법 제12조 제4항은 "형사 피고인이 스스로 변호인을 구할 수 없을 때에는 법률이 정하는 바에 의하여 국가가 변호인을 붙인다"라고 규정하고 있다. 형사소송법은 이를 이어받아 피고인이 구속된 때, 미성년자인 때, 70세 이상인 때, 언어 및 청각 장애자인 때, 심신 장애의 의심이 있는 자인 때, 기소된 사건의 피고인에 대한 법정형이 사형, 무기 또는 3년 이상의 징역이나 금고에 해당하는 사건으로 기소된 때, 빈곤 기타 사유로 변호인을 선임할 수 없는 경우에는 법원이 피고인의 청구가 있으면 국선 변호인을 선정하도록 규정하고 있다(제33조). 또 체포·구속 적부 심사를 청구한 피의자에게 국선 변호인 선임 사유가 있고 변호인이 없는 때, 구속 영장의 청구를 받은 판사가 구속 전 피의자를 신문하는 경우 변호인이 없는 때에는 국선 변호인을 선정해야 한다(제214조의 2, 제201조).

○ 결론

피고인이 빈곤하여 사선 변호인을 선임할 수 없는 때에는 법원에 이를 이유로 국선 변호인 선정을 신청할 수 있다.

14. 구속된 자의 SOS

"내 변호사를 불러와!"

강남 졸부 놀부는 유치장에서 아직도 술이 덜 깬 채 고래고래 소리를 질러대기 시작했다. 그의 죄목은 음주 운전에 뺑소니.

담당 경찰관은 연놀부가 괘씸해서 들은 척도 않다가 며칠이 지난 뒤에야 연놀부의 고문 변호사에게 연락을 해주었다. 연락을 받고 달려온 연놀부의 고문 변호사는 담당 경찰관에게 연놀부의 면회를 요청하였으나 수사 중이라는 이유로 거부당했다.

담당 경찰관의 처분은 정당한가?

① 부당하다. 변호사의 면회 요청은 거부할 수 없다.

② 정당하다. 수사 기관은 수사상의 보안 유지를 위해 변호사라고 할지라도 면회를 거절할 권리가 있다.

③ 정당하다. 변호사는 변호인 선임계부터 제출하고 면회 신청을 해야 한다.

어느 날 당신이 피의자·피고인 신세가 되어 경찰서 유치장이나 구치소에 수감되었다고 하자. 신체의 구속은 바로 인간의 모든 자유의 출발점이 되는 신체 활동의 자유를 박탈하는 것이다. 구속당한 사람은 새장에 갇힌 새처럼 항거 불능, 고립무원의 지경에 빠지게 된다. 물론 외부와의 연락은 일시에 단절된다. 이 상태에서 외부인을 만나볼 수 있는 자유와 권리, 곧 접견 교통권은 가뭄 끝의 단비가 아닐 수 없다.

형사소송법은 신체 구속을 당한 피의자, 피고인이 변호인을 만날 권리를 보장한다. 변호인에게도 구속된 피의자·피고인을 만날 권리를 보장하고 있는데, 이는 피의자·피고인의 방어 준비, 재판 준비에 그 주된 목적이 있다.

이 밖에도 구속된 자의 접견 교통권 속에는 배우자·가족·친지 등과의 면담, 의류·식료품·의약품·서적 등 구금 중에도 필요한 물건의 수령, 의사의 진료 등을 요구할 수 있는 권리가 포함되어 있다. 접견 교통권의 보장은 구금 상태에서라도 최소한도의 인간 생활을 영위할 수 있도록 배려하는 인권 보장 제도이기 때문이다. 이처럼 피의자, 피고인이 자기의 변호인을 만나볼 권리는 어떠한 이유로도 제한, 침해당하지 않는다.

접견 시에 그 접견과 대화의 내용에 대한 비밀도 당연히 보장된다. 이 권리는 수사 기관의 조치로 제한되는 것이 허용되지 않음은 물론 법원도 제한할 수 없다. 수사 기관이 이 권리를 침해하는 거부 조치를 취하는 경우 법원에 항고 또는 준항고라는 조치를 통해 그 시정을 요구할 수 있고, 접견 교통권이 침해된 상태에서 얻어진 자백은 위법한 절차에 의하여 얻어진 것이므로 증거 능력을 인정받지 못하게 된다.

Q 결론

수사 기관에 의하여 신체 구속을 당한 자는 변호인과 만날 권리가 있다.

15. 고문 변호사 없이는 조사 안 받아!

10년 동안 글만 읽던 선비 허생이 양식이 떨어졌다는 마누라 바가지에 글 읽기를 중단하고, 한양 부자 변씨로부터 거금을 빌려 장사에 나섰다.

예나 지금이나 매점매석은 떼돈 벌기의 지름길. 추석 한 달 전 전국의 배와 감을 매점매석하여 값을 올린 뒤 내놓으니 그야말로 돈방석에 앉았다.

그러나 공정거래위원회가 이를 보고만 있을 리 없었다. 허생은 매점매석죄로 고발되었고 경찰에 즉각 연행되었다. 경찰서는 난생처음이고, 신체의 자유가 없다 보니 허생은 난감했다.

"내 고문 변호인을 불러주시오. 변호사 없이는 조사받지 않겠소."

경찰은 허생의 요구를 어떻게 처리해야 하는가?

① 요구대로 고문 변호사를 불러주고, 그의 입회하에 수사해야 한다.

② 수사 과정에의 변호인 입회 제도가 없으므로 무시하더라도 위법은 아니다.

③ 고문 변호사에게 즉시 통지하기만 하면 된다.

수사 기관이 행하는 수사의 목적은 범죄 혐의자를 조사하여 실체적 진실을 규명한 후 혐의 사실이 인정되고 유죄의 증거가 확보된 경우 법원에 형사 재판을 청구하여 국가 형벌권을 행사해 달라는 것으로 요약할 수 있다. 그리고 이 수사는 그 개시와 수행을 공개하지 않음을 원칙으로 한다('수사 비공개의 원칙').

범인의 발견·검거나 증거의 발견·수집 등의 행위를 공개적으로 하는 것은 수사에 어울리지 않고, 또 피의자·피해자·참고인 등의 명예나 비밀 등 인권을 보호하기 위해서도 수사 비공개의 원칙은 요청된다. 이처럼 수사가 비공개 속에, 수사 기관이라는 일반인이 접근할 수 없는 밀실에서 이루어지는 것은 한편에서는 인권 침해의 여지를 안고 있다.

고문 시비는 그 대표적 실례이고, 그 밖에도 피의자의 방어권이 침해되거나 유리한 진술이나 증거가 묵살되는 경우가 있을 수 있다. 그러므로 수사에 대해서는 사법적 통제가 요청되고 있는데 그 대안 중의 하나가 바로 '수사 과정에 변호인 입회'를 제도화하자는 것이다.

즉 피의자가 수사 기관에서 신문을 받을 때 그 변호인이 입회하여 피의자를 돕게 함으로써 피의자의 인권 보호를 원천적으로 실효성 있게 하자는 논의이다. 미국에서는 이것이 허용되고 있으며, 우리나라에서도 2007년 6월 1일 형사소송법이 개정되어 마침내 수사 과정에서 변호인의 참여권이 인정되기에 이르렀다(제243조의 2).

Q 결론

우리나라에서도 형사소송법이 개정되어 피의자의 변호인은 피의자의 수사 과정(주로 수사 기관의 피의자 신문 과정)에 참여할 수 있게 되었다.

16. 청원 경찰이 폼인 줄 알아?

방쇠가 남원 광한루 공원의 청원 경찰에 임명되었다. 제복을 입고 가스 총을 차고 나니 눈에 보이는 게 없었다. 밤이 되어 데이트하던 선남선녀 가 으슥한 공원 벤치에서 입맞춤이라도 할라치면 방쇠란 놈이 어느샌가 나타나 '풍기 문란죄'라면서 쫓아내고, 술을 먹은 사람은 공원 내에 토할 염려가 있다고 쫓아내고, 어린애는 아무 데서나 소변을 볼 가능성이 있다 고 쫓아내고….

이러다 보니 이 지역 주민들의 반발이 이만저만이 아니다.

"자기가 뭔데 그렇게 설친다냐? 청원 경찰 주제에 진짜 경찰 행세가 웬 말이여?"

"그러게 말여. 근디 청원 경찰하고 경찰하고 뭐가 다른디?"

자, 그렇다면 청원 경찰도 경찰인가? 다시 말해서 수사권이 있는 수사 기관인가?

① 그렇다. 폼으로 임명한 것이 아니다.

② 아니다. 민간 경비원 신분에 불과하다.

③ 경비 구역 내에 한하여 경찰로 취급된다.

'수사 기관'이란, 법률상으로 범죄 수사의 권한이 인정되어 있는 국가 기관을 말한다. 현행 형사소송법상 수사 기관으로 인정된 국가 기관은 검사와 사법 경찰 관리의 두 기관이 있다. 검사는 수사 기관인 동시에 소추 기관이며 수사 기관인 경찰청 조직 내에 있는 사법 경찰 관리의 수사를 지휘·감독한다.

경찰 중에서 수사에 종사하는 경무관·총경·경정·경감·경위를 '사법 경찰관'이라고 하고, 경사·경장·순경을 '사법 경찰리'라고 한다.

그런데 사법 경찰 관리는 반드시 경찰청 소속의 경찰만 해당되는 것은 아니다. 형사소송법은 경찰 이외의 공무원에 대해서도 사법 경찰 관리의 직무, 즉 수사권을 부여한다. '사법경찰관리의 직무를 수행할 자와 그 직무범위에 관한 법률'에서는 교도소 소속 공무원, 산림 보호에 종사하는 공무원, 출입국 관리 공무원도 사법 경찰 관리의 직무를 행할 수 있도록 허용하고 있다. 또 식품 단속과 의약품 단속 업무에 종사하는 공무원, 철도청의 공안 공무원, 공원 관리 업무에 종사하는 공무원, 세관 공무원, 환경 단속 업무에 종사하는 공무원 등도 검사장의 지명에 의하여 사법 경찰 관리의 직무를 수행할 수 있다. 이들을 총칭하여 '특별 사법 경찰 관리'라고 부른다.

한편 청원 경찰은 '청원경찰법'에 의하여 국가 기관, 중요 시설 및 사업장, 국내 주재 외국 대사관 등의 일정 지역 내에서 그 경영자가 비용을 부담하는 조건하에 경비를 담당하기 위하여 배치하는 경찰을 말한다. 임명된 청원 경찰은 그 경비 구역 내에서 경찰관 직무집행법에 의한 경찰관 직무를 행하게 된다(청원경찰법 제3조).

⌕ 결론

청원 경찰은 신분은 민간인이나, 경비 구역 내에서는 범죄 수사 및 범인 검거에 종사할 수 있는 경찰관으로 보아야 한다.

17. 검사가 나서겠다는데

　정검수 씨와 노경철 씨는 죽마고우이며 대학 동기생으로서 나란히 사법 시험에 합격하였다. 사법연수원을 수료한 뒤 정검수 씨는 검사를 지망하였고, 노경철 씨는 경찰 간부를 지망하였다.

　노경철 씨가 종로경찰서 수사 과장이 되어 피라미드 사기단 사건의 수사를 진두 지휘하는데, 그 피해가 전국적인 것으로 밝혀지자 서울지검은 특별 수사 본부를 종로경찰서에 설치하고 정검수 검사를 본부장으로 임명하였다. 이제 수사의 주도권은 정 검사가 갖게 되어 노 과장 휘하의 경찰관들을 지휘하는 것이 아닌가? 노 과장의 불만은 폭발하였다.

　"자네는 우리가 수사를 종결하면 기소나 하고 공소나 유지하면 되니, 수사에서 손을 떼게!"

　그러자 정 검사는 "그럴 수는 없다"고 대답하였다. 왜 그럴 수 없는 것일까?

① 정 검사의 검사로서의 자존심 때문이다.
② 정 검사의 상관의 명령이 있었기 때문이다.
③ 검사가 경찰보다 수사를 더 잘하기 때문이다.
④ 법률상 검사가 경찰보다 우위에 있기 때문이다.

우리나라에서는 검사와 경찰(좀 더 정확하게는 사법 경찰 관리)이 모두 수사권을 갖는 수사 기관이다. 그렇다면 양자의 관계는 어떨까?

미국이나 일본은 경찰을 1차적 수사 기관으로 하고 검사는 제한적인 수사권과 기소권만을 갖게 하고 있다. 양자의 관계는 '상호 협력 관계'이다. 반면 프랑스, 독일은 검사가 수사의 주재권자로서 경찰의 수사를 지휘, 감독할 권한을 갖고 있다. 이때 양자의 관계는 '상명하복 관계'이다.

어떤 제도가 더 좋은가 하는 문제는 한마디로 말할 수 없다. 우리나라도 프랑스, 독일의 경우처럼 검사와 경찰이 상명하복 관계로 설정되어 있다. 즉 검찰은 명실상부한 수사의 주도자·주체이며, 경찰의 수사를 지휘·감독한다.

구체적인 검사의 수사, 지휘, 감독권을 살펴보자. 우선 경찰은 범죄 수사에 있어서 검사의 명령에 복종하여야 하며, 지방 검찰청 검사장은 경정 이하의 수사 경찰관이 그 직무에 관하여 부당한 행위를 한 경우에 해당 사건의 수사 중지를 명할 수 있고, 또 임용권자에게 그 교체를 요구할 수 있다. 구속 영장 등 각종 영장은 검사만이 법원에 청구할 수 있고 경찰은 검사에게 그 청구를 요구할 수 있을 뿐이다. 또 경찰이 긴급 체포한 경우에는 즉시 검사의 사후 승인을 얻어야 한다. 경찰이 수사를 종료한 경우에는 사건과 피의자를 검사에게 이송하여야 한다(실무상으로 이를 '송치'라고 한다).

이러한 상명하복 관계에서 벗어나 경찰에게 제1차적 수사권을 주고 검사와 경찰을 상호 협력 관계로 바꾸자는 논의를 세칭 '경찰의 수사권 독립'이라고 하지만, 아직은 시기상조라는 것이 법조계의 중론이다.

◯ 결론

현행의 법제상 검사는 경찰의 수사를 지휘, 감독하는 우위에 있다(상명하복 관계). 따라서 수사 본부의 경찰관들을 지휘하는 것은 당연하다.

18. 질서냐, 소신이냐, 이것이 문제로다

전도환, 노대우의 내란죄를 수사하던 최정의 검사에게 상부로부터 압력이 빗발쳤다. "성공한 내란은 처벌할 수 없으니 적당히 수사하라"는 것이었다.

최 검사는 이 압력에 맞서 굴하지 않고 철저히 수사하였다. 그러자 검찰 총장은 상사의 명령에 복종하지 않는 책임을 물어 최 검사를 제주지검으로 전보 발령하고, 후임에 지당한 검사를 발령하여 수사를 맡게 하였는데, 그는 상부의 기대에 부응하여 내란죄를 기소 유예 처분하였다.

검찰 총장의 최 검사에 대한 전보 발령 처분은 법률상 정당한가?

① 정당하다. 전국의 모든 검사는 검찰 총장의 직무상 명령에 복종할 의무가 있다.

② 부당하다. 검사가 사건 수사를 마무리할 때까지 교체할 수 없다.

③ 부당하다. 오히려 검사의 수사 업무를 방해하였다.

검사는 죄를 지은 사람들에게 그 이름만 들어도 겁이 나는 존재이다. 오늘날 검찰이 정치 권력으로부터 중립을 지키지 못하고 있어서 권력의 시녀라는 국민적 비판을 받기도 하지만 검사는 사실 막강한 힘을 가지고 있다. 검사는 법률상으로는 행정부(법무부)에 소속하여 수사, 공소 제기, 재판의 집행 등 검찰 사무를 처리하는 국가 기관이다. 검사는 일반 공무원과 달리 개개의 검사가 자기 이름으로 검찰권을 행사하는 단독제 관청이다.

형사소송법상으로는 모든 '수사의 주재자'로서 경찰의 수사를 지휘·감독할 수 있고, '공익을 대표'하여 범죄자를 기소하며, 형사 재판에 있어서는 '소송 당사자'이기도 하다. 그런데 전국에 산재해 있는 모든 검사는 검찰권 행사에 관하여 검찰 총장을 정점으로 하여 상하 복종 관계에 서서 일체 불가분의 유기적 통일체로서 활동하도록 되어 있다. 이것을 '검사 동일체의 원칙'이라고 한다. 이 원칙이 인정되는 이유는, 범죄 수사, 공소권 행사, 재판의 집행 등 검찰 사무의 처리에 있어서 기동성, 신속성의 요청에 부응하고 전국적 통일성과 업무 처리의 공정성을 확보하고자 하는 데 있다.

이처럼 전국의 수많은 검사는 검사 동일체 원칙에 따라 검찰 총장의 지휘, 감독을 받는다. 정점에 서 있는 검찰 총장은 어떤 검사의 직무를 다른 검사로 하여금 처리하게 할 수 있는 권한이 있다(검찰청법 제7조의 2). 이처럼 검찰권 행사는 최고의 위치에 서 있는 검찰 총장의 지휘·감독하에 놓여 있기 때문에 '검찰의 중립화'라는 과제는 실은 검찰 총장의 정치적 중립 유지 여부에 달려 있다.

🔍 결론

이 사례에서 검찰 총장이 수사 중인 최 검사를 다른 곳으로 전보 발령하고 교체한 것은 검사 동일체의 원칙이 폐지 또는 수정되지 않는 한 '법률상으로 정당하다'.

19. 나도 왕년에는 검사였다

이름대로 명검사로 날리던 명석한 씨가 사임을 하고 낙향하여 변호사 개업을 하였다.

어느 날 그의 사무실에 도둑이 들어 귀중품을 도난당했다. 명 변호사는 왕년의 솜씨를 발휘하여 치밀한 추적 조사 끝에 범인들을 잡아 증거와 함께 검찰청에 고소를 제기하였다.

그런데 검사는 이들을 전원 기소 유예 처리하였다. 누가 보더라도 명백한 봐주기이다.

이럴 경우에 전직 검사인 명석한 씨가, 즉 개인이 범인을 법원에 기소할 수 없는가?

① 가능하다.
② 불가능하다.
③ 법원의 허가를 얻어 예외적으로 민간인도 기소할 수 있다.

현대의 법률은 범죄 피해자가 가해자에게 복수하는 것을 금지하고 있다. 복수권은 형벌권으로 대체되어 개인의 손에서 국가의 수중으로 옮겨졌다. 국가는 범죄자에 대한 형벌권의 발동을 사법부에 요청한다. 이와 같이 국가와 공익을 대표한 검사가 범죄자에 대하여 법원에 국가 형벌권의 발동을 촉구하는 공소의 제기를 '기소'라고 하며, 이 기소권은 오직 검사만이 독점한다. 이를 '기소독점주의'라고 한다.

과거에는 나라에 따라서 피해자 개인에게도 기소권을 인정하거나(피해자 소추주의), 일반 민중에게도 인정한(공중소추주의) 입법례도 있었으나 오늘날에는 대부분 검사에게 기소권을 독점적으로 부여하고 있다. 형사소송법 제246조도 "공소는 검사가 제기하여 수행한다"라고 규정하고 있다.

검사에게 공소권을 독점시키는 기소독점주의는 기소, 불기소의 전국적 기준 통일을 기대할 수 있고, 기소권 행사의 적정을 기할 수 있다는 장점이 있다. 그러나 공소권의 행사가 오직 검사에게만 독점된다는 것은 검찰의 권한이 그만큼 막강하다는 것을 뜻하고, 따라서 기소권이 독선에 흐르거나 정치적 영향에 좌우될 위험성을 내포한다.

특히 검찰권이 정치 권력으로부터 중립을 확보하지 못할 경우에 기소독점주의는 수사권과 공소권을 갖는 검찰 독재로 흐를 가능성이 적지 않다. 오늘날 우리나라에서도 검찰 중립화 논쟁이 바로 그 실례이다. 기소독점주의의 폐해가 논란이 되고 있다.

🔍 결론

검사만이 기소권을 갖는다. 왕년에 전직 검사라고 하더라도 현재 검사가 아닌 이상 기소권이 없다(다만 그는 검사의 기소 유예 처분에 대하여 고소인의 자격으로 절도범을 기소하여줄 것을 내용으로 재정 신청은 할 수 있다).

20. 아직 혼이 덜 났는데 용서하다니요?

최부람 노인이 늘그막에 얻은 아들이 있었는데, 하라는 공부는 안 하고 온갖 못된 짓만 일삼음은 물론, 나중에는 아버지를 때리기까지 하는 것이다. 혼을 내면 정신차리겠지 하는 생각에, 고민 끝에 아들 녀석을 존속 폭행죄로 고소하였다. 존속 폭행은 반인륜 사범이라 최 노인의 아들은 즉각 구속되었다.

그러던 어느 날 검사가 최 노인을 불러 고소 취소를 권하였다. 최 노인은 펄펄 뛰었다.

"안 됩니다. 아직도 정신 못 차린 것 같습니다."

검사는 최 노인의 반대에도 불구하고 일방적으로 피의자를 기소 유예 처분을 하고 석방하였다. 이유는 '구속 기간 동안 반성하였으므로'였다. 그러나 불행히도 최 노인의 예상이 적중했다. 석방된 아들 녀석의 행패가 더 심해진 것이다.

유죄의 증거가 있는데도 검사가 일방적으로 피의자를 기소 유예 처분하는 게 정당한가?

① 그렇지 않다. 검사는 이런 경우 반드시 기소해야 한다.

② 검사는 기소, 불기소를 선택할 권한이 있다.

③ 검사의 공소권 남용이므로, 법원에 기소 신청을 해야 한다.

검사는 사건을 수사한 결과 피의자에게 충분한 혐의가 있고 증거가 충분하다고 판단하는 경우에는 피의자에 대하여 법원에 공소를 제기할 수 있고(검사만이 기소권을 갖는다고 하여 이를 '기소독점주의'라고 한다), 경미한 사건이나 피의자에게 정상을 참작할 사유가 있는 경우에는 재량에 의하여 기소하지 않을 수도 있다. 이를 '기소편의주의'라고 한다. 검사가 기소편의주의에 따라 기소하지 않는 형태의 처분을 대개 '기소 유예'라고 한다.

기소편의주의에 반대되는 제도는 혐의와 증거가 있으면 반드시 기소해야 한다는 '기소법정주의'인데, 양자의 제도는 각각 일장일단이 있다.

기소편의주의는 기소법정주의가 갖고 있는 단점, 즉 정상을 불문하고 언제나 공소 제기를 강요함으로써 구체적 타당성을 잃고 처벌할 필요가 없거나, 약한 경우에도 기소하여 범죄자의 낙인을 찍게 하는 경우를 해소하여, 구체적 정의를 실현하고 범죄자에게 개과천선의 기회를 제공할 수 있는 장점이 있다.

그러나 기소편의주의는 기소, 불기소가 검사의 편향된 자의에 따라 이루어지거나 정치적 영향을 배제할 수 없다는 단점이 있다. 고소인이나 고발인이 검사의 잘못된 기소 유예를 시정하는 방법으로는, 상급 검찰청에 항고를 제기하는 검찰 항고 제도나, 이러한 절차를 밟은 후 법원에 범죄자를 기소하게 해달라는 재정 신청권이 마련되어 있다.

🔍 결론

기소편의주의를 채택하고 있는 우리나라 법제에서 검사는 기소, 불기소를 재량으로 선택할 수 있으므로 불기소 자체는 '위법'은 아니다(그러나 '부당'한 경우는 얼마든지 있을 수 있다).

21. 이혼은 한 번밖에 안했다

　행복민국의 지방 선거일이 점점 다가오자 후보자 간에 비방, 폭로가 난무하면서 과열로 치달았다.

　당선이 유력시되던 장수시의 시장 선거에서 현직 시장인 어굴해 씨는 상대방이 '이혼을 세 번이나 한 사람'이라는 허위 비방에 시달리던 나머지 낙선하고 말았다.

　그의 이혼 경력은 사실 한 번이었다. 어굴해 씨가 상대방을 허위 비방죄로 고소하자, 검사는 한 번 이혼한 것은 사실이고 세 번 이혼하였다고 한 것은 사실을 다소 과장한 것에 불과하다며 무혐의 처분을 하고 말았다.

　어굴해 씨가 자신을 허위 비방한 상대방 후보를 끝내 법정에 세우게 하려면 어떻게 해야 하는가?

① 헌법재판소에 무혐의 처분에 대한 헌법 소원을 제기한다.

② 검찰 총장에게 무혐의 결정한 검사를 처벌해줄 것을 탄원한다.

③ 법원에 상대방 후보를 기소해줄 것을 신청한다.

　범죄의 피해자는 가해자를 수사 기관에 형사 처벌해달라고 '고소'할 수 있다. 피해자가 아닌 사람은 '고발'할 수 있다. 그런데 이 고소, 고발 사건을 수사한 검사가 가해자(피의자)를 기소하지 않고 불기소 처분을 하면, 고소인이나 고발인은 이에 대하여 어떻게 대응할 수 있을까?

　법원에 재정 신청(裁定申請)이라는 신청을 하여 법원으로 하여금 가해자를 기소하라는 결정을 얻어낼 수 있다. 종전에는 재정 신청의 대상이 되는 범죄가 형법 제123조의 공무원의 직권 남용죄, 제124조의 불법 체포·감금죄, 제125조의 공무원의 폭행·가혹(소위 고문) 행위죄의 세 가지 범죄로 제한되어 제도의 이용률이 낮았으나, 2007년 6월 1일 개정 형사소송법은 이러한 제한을 없앴다. 따라서 모든 범죄의 고소인(피해자)과 위 세 가지 범죄의 고발인은 재정 신청 제도를 이용할 수 있게 되었다.

　재정 신청을 하기 위해서는 일단 검사의 불기소 처분에 대하여 검찰청법 제10조에 따른 항고를 선행하여야 하고('항고전치주의'), 이 항고가 기각되면 그때 비로소 고등 법원에 재정 신청을 할 수 있다.

　이 신청이 받아들여지면, 고등 법원은 검사가 불기소 처분을 한 피의자에 대하여 '공소 제기 결정'을 하게 된다. 이 결정이 있으면 지방 검찰청은 지체 없이 담당 검사를 지정하며, 그 지정된 검사가 공소를 제기하고 공소 유지까지 담당하게 된다.

Q 결론
검사가 고소한 사건에 대하여 기소하지 않으면, 고소인은 검찰 항고라는 절차를 밟은 후 법원에 재정 신청을 할 수 있다.

22. 물장사도 망하는 수가 있다

봉이 김선달은 오늘날 생수 장사의 원조라 할 수 있다. 4대강이 오염되고 수돗물에 대한 불신이 높아지자 너도나도 생수 판매 사업에 뛰어들었다. 김선달의 10대손 김건달도 '생수의 원조 김선달표 대동강물'이라는 캐치프레이즈로 생수 사업에 뛰어들고 전국에 대리점을 모집하였다.

명예퇴직 후 퇴직금 1억 원을 받아 사업을 해보려던 박선량 씨도 대리점을 하나 열었다. 그런데 몇 달 만에 이 생수가 대동강물이 아니라는 사실이 언론에 폭로되자, 김건달은 하루아침에 망하고 박선량 씨도 투자한 돈을 모조리 날려버리고 말았다. 박선량 씨는 김건달을 사기 혐의로 고소하였다. 그런데 서울지방검찰청의 이강직 검사는 피의자 김건달이 처음부터 사기를 칠 의사가 없었다는 이유로 무혐의·불기소 처분을 해버렸다.

박선량 씨는 도저히 납득할 수가 없다. 검사의 불기소 처분에 대응하는 법적 수단이 있는가?

① 서울고등검찰청에 다시 수사해달라고 항고한다.
② 법원에 김건달을 재판에 회부해달라고 청구한다.
③ 헌법재판소에 검사의 처분이 위헌이라고 신청한다.
④ 신문 광고로 부당함을 호소한다.

　　　　　　　　　　　　　　검사의 불기소 처분에 대한 불복 방법

　가령 범죄의 피해자가 가해자를 고소하였으나 이를 수사한 검사가 피고소인에 대하여 혐의가 없다는 무혐의의 결정, 또는 기소를 유예한다는 결정 등과 같이 불기소하는 경우, 피해자가 법적으로 대응하는 방법이 있을까?

　두 가지 방법이 있다. 하나는 '검찰청법'에서 인정하고 있는 항고 제도이다. 고소 또는 고발한 사건에 대하여 검사가 불기소 처분을 하는 경우에는 고소인 또는 고발인에게 그 처분을 통지하게 되어 있으므로, 이 통지를 받은 사람은 30일 이내에 관할 고등 검찰청에 항고를 해볼 수 있다. 해당 고등 검찰청에서는 그 항고가 이유 있다고 인정되는 경우, 불기소 처분에 대하여 재수사 또는 기소하라는 처분을 하게 된다. 고등 검찰청이 이 항고를 이유 없다고 기각하는 경우에는 항고 기각 결정을 통지받은 날로부터 다시 30일 이내에 대검찰청에 재항고를 할 수 있다.

　또 하나는 헌법재판소에 헌법 소원을 청구하는 것이다. 대검찰청에 재항고를 하였으나 이 재항고가 기각된 경우에 헌법 소원을 할 수 있음을 유의하여야 한다. 이와 같은 항고(재항고), 헌법 소원은 검사의 부당한 불기소 처분에 대한 불복 수단으로 인정된 것이나, 실제로는 여기서도 그 구제율이 높지 않다는 데에 문제가 있다. 검사의 부당한 불기소 처분에 대한 구제, 견제 장치의 보완이 시급하다. 마지막으로 법원에 불기소 처분을 받은 피의자를 기소해줄 것을 신청하는 재정 신청 제도가 있다.

🔍 **결론**

고소인이 고소한 사건을 검사가 부당하게 불기소하는 경우에 고소인에게는 항고권, 재정 신청권, 헌법 소원 제기권이 있다.

23. 용의 눈물

이성계가 신하들의 추대로 임금이 되자 신세 진 사람들에게 벼슬을 나누어주었다. 홍도전도 도승지 벼슬을 얻었는데, 졸지에 높은 자리에 앉았다. 한몫 보려는 이들의 금품 공세와 청탁이 줄을 잇자, 그는 날이 갈수록 천하가 자기 손에 있는 것 같아 뇌물에 탐닉하고 횡포가 심하였다.

보다 못한 사간원에서 "홍도전을 하옥하소서"라고 거듭 상소를 올리자 임금도 눈물을 머금고 허락하였다. 이래서 '용의 눈물'이라는 말이 나오게 되었다.

한편, 같은 공신인 포도청장은 알아서 기는 데는 천재. 홍도전의 죄를 엄히 수사하지 않고 쪼끔만 뇌물 하나만을 문제 삼아 처리하였다. 국가에 기여한 공로가 있다나? 예나 이제나 검찰권은 권력에 약한 것인가?

그렇다면, 가장 바람직한 '검찰과 권력의 관계'는 무엇인가?

① 권력과 검찰권의 조화와 슬기로운 협조 관계

② 권력에는 무조건 저항하는 관계

③ 상명하복 관계. 즉 권력의 명령에 검찰은 따르는 관계

④ 권력과는 중립. 시시비비를 가리는 관계

검사는 수사권과 공소권을 갖고 있으므로 이 권한을 행사하는 검찰은 정치 권력으로부터의 정치적 중립이 필수적이다. 그러나 불행하게도 정부 수립 이후 오늘날에 이르기까지 '검찰의 중립'은 지속적으로 논란의 대상이 되어 왔다. "검찰을 정치 권력으로부터 중립시켜 검찰권을 엄정하게 행사토록 하여야 한다"는 요청은 당위임에도 불구하고, 현실은 그 반대의 경우가 적지 않기 때문이다.

그리고 정치적 격변기에는 검찰 중립을 확보하기 위해서 몇 가지 제도적 보완이 이루어졌으나(예컨대 1988년 12월 31일에는 검찰청법을 개정하여 사상 최초로 검찰의 총수인 검찰 총장의 임기를 2년으로 정해 보장된 임기 동안 소신껏 검찰을 지휘하도록 했다.) 그럼에도 불구하고 검찰이 정치 권력의 입김으로부터 독립, 중립화되었다는 평가를 받지는 못하고 있는 실정이다.

이 문제에 대한 제도적 보완 중 대표적인 것이 '특별 검사' 제도 도입이다. 즉 미국처럼 정치 권력의 부패나 불법에 대해서는, 대통령이 임명한 검찰 총장이 지휘하는 기존 검찰로는 제대로 수사, 기소할 수 없으므로 아예 의회가 임명한 검사(특별 검사)가 소신껏 수사하자는 것이다.

우리나라에서도 오랫동안 논란을 거듭하다가 '조폐공사 파업 및 옷 로비 의혹 사건', '이용호 금융 비리 사건', '대북 송금 의혹 사건' 등 몇 차례에 걸쳐 한시적인 특별 검사 제도가 도입되었으나, 그 실효성에 대하여 의문이 제기됨에 따라 제19대 대선 과정에서는 상설적 특별 검사 제도의 도입에 관한 논의로까지 이어지고 있다.

○ 결론
권력과 검찰과의 바람직한 관계는 검찰의 정치적 중립 유지이다.

24. 권력자를 처벌하려면

포도청은 조선 시대의 수사 기관이다. 포도청장은 종4품에 불과하지만 수사권, 기소권을 독점하고 있어서 보기보다 권한이 막강하다.

때는 세도 정치 시대. 영의정의 아들이 벼슬아치도 아닌데 아버지와 가문의 권세를 믿고 횡포가 심하였다. 심지어 임기가 다 된 병조 판서의 후임으로 자기의 서당 동문 선배를 추천, 임명시키기에 이를 지경이 되고 보니 백성들이 들고 일어남은 불 보듯 뻔한 일. 백성들이 매일같이 대궐 앞에 모여 신문고를 울리면서 "국정 문란자를 처단하라"고 외쳤다. 그러나 포도청장은 꿈쩍도 않는다. 그도 영의정의 조카였다.

자, 이처럼 검사가 정치적 중립을 잃고 사건을 수사하지 않을 때의 대안은 무엇인가?

① 백성들이 피의자를 기소하는 사인 소추 제도

② 특별 검사 제도

③ 수사 책임자의 파면, 교체 제도

미국의 닉슨 대통령이 재선 후에 임기를 채우지 못하고 사임하게 된 것은 워터게이트 사건 때문임은 잘 알려진 얘기다. 그런데 닉슨을 사임으로까지 몰고 간 배후에는 의회가 임명한 특별 검사가 있었다.

특별 검사는 미국에서 처음 시작되었다. 중요한 정치적 의혹 사건에 대하여 행정부에 소속된 검사가 수사하는 것은 적절치 않다는 경험에서 창안된 제도인데, 미국에서는 대단한 위력을 발휘한다.

우리나라에서도 중대 의혹 사건이나 정경 유착으로 빚어지는 부패 사건에 대해서는 특별 검사 제도를 도입하여 수사하게 하자는 주장이 야당, 재야 법조계, 시민 단체 등에서 줄기차게 제안되었고, 마침내 1999년 소위 조폐공사 파업 유도 의혹 사건 및 옷 로비 사건에 대한 수사를 담당하기 위한 특별 검사 제도가 도입되었다.

그러나 한시적 제도여서 그 실효성에 대한 논란이 끊이지 않고 상설적 특검이 필요하다는 주장이 제기되고 있는 실정이다.

어쨌든 이 땅에서 특별 검사 제도의 도입 주장이 사라지지 않는 이유는 바로 우리나라 검찰의 정치적 중립성에 대한 불신과 회의에서 비롯된 것임이 틀림없다.

Q 결론

권력형 부패, 정경 유착 등 정권의 범죄는 정치적 중립이 확보된 이른바 특별 검사가 수사하는 것이 옳다(고 필자도 그 도입에 찬성하며, 상설적 특검이어야 한다고 생각한다).

25. 뜬소문인데 뭘 그래

김공삼 씨가 백성들의 추대를 받아 왕위에 오르자, 그의 막내아들 김센철에게는 줄을 대서 출세해보려는 아부꾼, 큰돈을 벌어 보려는 장사꾼들이 그야말로 줄을 서서 기다렸다.

당진 고을에 쇠 공장을 짓는 데 돈이 필요한 정퇴수도 줄 선 사람 중의 하나였는데, 어찌어찌해서 호조의 돈을 57만 냥이나 빌리게 되었다. 그러나 공장을 다 짓지도 못한 채 쫄딱 망하자 온 나라가 소란하였다.

백성들이 수군대기를, 호조 돈 57만 냥을 빌려 주도록 호조에 압력을 가한 몸통이 따로 있다는 것이었고, 조사해서 진실을 규명해야 한다는 원성이 하늘에 사무쳤다.

그러나 포도청장은 꿈쩍도 하지 않았다. "시중에 나도는 뜬소문만으로 포도청의 수사권은 발동할 수 없다"라는 게 그 이유였다.

그렇다면 뜬소문, 풍문, 의혹, 유언비어만으로는 과연 수사할 수 없는 것일까?

① 그렇다.
② 그렇지 않다.
③ 수사 기관 마음이다.

경찰과 검찰을 수사 기관이라고 한다. 수사 기관이 수사할 수 있는 권능이 수사권이다. 수사권은 막강한 권한이다. 범죄를 미리 예방하고 이미 발생한 범죄를 신속하게 수사하여 검거, 기소, 재판의 집행을 하기 위해서 형사소송법은 수사 기관에게 막강한 권한을 주고 있다.

수사 기관이 수사권을 발동하는 것을 '수사의 개시'라고 한다. 형사소송법은, 수사 기관은 범죄의 혐의가 있다고 판단하는 때에는 수사를 개시할 수 있고, 또 하여야 한다고 규정하고 있다.

수사 기관이 수사를 개시함에 있어서는 어떤 근거가 있어야 한다. 이를 '수사 개시의 단서'라고 한다. 수사 개시의 단서는 무궁무진하다. 피해자가 고소한 경우, 신문에 보도되는 범죄 기사, 시민의 제보나 고발, 심지어는 수사 기관이 우연히 알게 된 사실도 단서가 될 수 있다.

이러한 단서에 의하여 수사 기관이 범죄를 알게 된 경우('범죄의 인지'), 수사할 필요가 있으면 수사는 시작된 것이다. 그렇다면 시중에 나도는 풍문, 의혹, 유언비어 속에 범죄의 혐의가 있는 경우도 수사를 개시할 수 있고 또 개시해야 하는 걸까?

그렇다고 긍정해야 한다. 왜냐하면 아무리 풍문이라고 하더라도 그 풍문이 범죄와 관련이 있으면 수사의 필요성은 충족되는 것이기 때문이다. 다만 풍문을 단서로 하여 수사를 개시하는 경우에는 신중한 접근이 필요할 것이다.

🔍 결론

풍문 속에 범죄 혐의가 있으면 그 풍문을 알게 된 수사 기관은 수사를 개시할 수 있다. 그러나 풍문이 그야말로 터무니없이 허황된 것이어서, 사실이라고 하더라도 범죄와 상관이 없는 경우에는 수사 개시의 단서가 될 수 없을 것이다.

26. 남의 부부 싸움에는 나서지 않겠소

행복아파트 701호에 사는 선량한 씨가 어느 날 경찰서로부터, 경찰서에 아무 날 아무 시까지 출석해달라는 출석 요구 통지서를 받았다.

알고 보니 위층에 사는 부부가 대판 싸움을 하였고 이 때문에 그 아내가 남편을 고소하였는데, 그 아래층에 사는 선량한 씨가 그 부부 싸움의 소음을 들었을 테니 이에 관해 진술해달라는 것이었다.

선량한 씨는 남의 가정 일에 나서는 것이 꺼림칙하고, 바쁘기도 하여 이를 무시하였더니 출석 요구서가 다시 왔다.

자, 수사 기관으로부터 참고인으로 출석 요구를 받으면 반드시 응하여야 하는가?

① 그렇다. 수사에 협조하여야 하는 것은 시민의 의무이다.

② 그렇지 않다. 법원에 증인으로 소환된 것이 아닌 이상, 수사 기관의 참고인 소환에는 응하지 않아도 된다.

③ 사안에 따라 다르다. 중요 사건 범죄에 대해서는 출석할 의무가 있으나, 부부 싸움과 같은 사안에 대해서는 의무가 없다.

　수사 기관(검사 또는 경찰)은 수사에 필요한 때에는 피의자가 아닌 제3자의 출석을 요구하여 그 진술을 들을 수 있다. 이때 피의자가 아닌 제3자를 '참고인(參考人)'이라고 한다. 참고인은 제3자라는 점에서 넓은 의미에서는 증인이라고도 할 수 있다. 그러나 '증인'은 법원이나 법관에 대하여 자기가 경험(목격)한 사실을 진술하는 제3자인데 비하여, 참고인은 수사 기관에 대하여 진술하는 사람이라는 점에서 증인과 구별된다.

　그렇다면 제3자는 수사 기관의 출석 요구와 진술 요구가 있을 때 반드시 응할 의무가 있는가? 또 응하지 않으면 어떤 불이익이나 제재가 뒤따르는가?

　그렇지 않다. 참고인은 수사 기관에 강제로 소환당하거나 진술을 강요당하지 아니할 권리가 있다. 참고인은 수사에 대한 협조자에 불과하므로 수사 기관에 출석하거나 출석하여 진술하는 것은 참고인의 자유이다. 응하지 않았다고 해서 어떠한 불이익도 따르지 아니한다. 출석이나 진술을 거부하여 수사에 협조하지 않는다는 것은 경우에 따라 도의적 비난이 될 수는 있으나, 법률적으로는 비난할 수 없다.

　이 점에서, 법원에 의하여 증인으로 채택·소환된 경우에 증인은 반드시 출석하여야 하고, 정당한 이유 없이 출석하지 아니하는 경우에 과태료 부과의 제재를 받는 것과의 결정적인 차이가 있다. 그러나 법률상으로는 그렇다고 하더라도 수사에는 제3자의 협조가 필요한 경우가 많으므로, 참고인으로 소환되면 협조하는 것이 시민의 도덕적 의무일 것이다.

🔍 결론

참고인은 증인처럼 출석 요구를 받았다고 하여도 반드시 출석하여 진술할 의무는 없다.

27. 잠깐 가주어야 되겠소

그리 오래지 않은 옛날에 당나귀 귀를 가진 왕이 살았다. 그런데 이를 함부로 발설하는 자는 일급 기밀 누설죄로 처벌받았다. 잡아가는 사람이나 이를 재판하는 사람이나 모두 법대로 할 뿐이라고 하였다.

모두가 무서워 입을 닫고 살아가는데 드디어 어떤 참을성 없는 사나이가 광화문 네거리에서 "임금님 귀는 당나귀 귀란다"라고 소리쳤다. 말이 떨어지기가 무섭게 어디선가 포졸들이 번개처럼 나타나 사나이의 겨드랑이를 양쪽에서 꺼안고, "갑시다" 하였다.

"어디로 가자는 말이오?"

"가보면 안다니까."

"도대체 당신들은 누구요?"

"그것도 가보면 안다니까."

여기서 잠깐, 오늘날 수사 기관이 시민(범죄 혐의자 포함)을 연행·체포하기 위해서는 가장 먼저 무엇이 필요한가?

① 판사의 허가장(영장)이다.

② 혐의가 무엇인지 알려주는 것이다.

③ 자신의 신분증을 제시하여야 한다.

인류 역사는 어떤 의미에서는 인권 투쟁의 역사라고 할 수 있다. 그래서 오늘날 우리가 갖고 있는 형사소송법의 이면에는 인류가 인권을 위해 투쟁해 오면서 바친 생명, 피, 땀, 고뇌와 한숨이 짙게 배어 있다. 표면에 나타난 형사소송법상의 온갖 제도와 장치와 원칙과 권리 들은 그 투쟁의 성과물인 것이다. 가장 대표적인 것이 바로 영장주의이다.

오늘날 우리는 이 영장주의를 당연한 것처럼 생각하는 경향이 있지만, 선인들이 이 영장주의라는 원칙을 쟁취하기 위하여 바친 거룩한 희생을 잊어서는 안 될 것이다. 우리나라의 경우 불과 20여 년 전까지만 하더라도, 이른바 유신 정권·5공 정권하에서 어느 날 갑자기 이유도 모른 채 어디론가 끌려가는 일이 있었고, 지금도 독재 국가에서는 문명국가의 보편적 원칙들이 유린되어 인권의 사각지대가 되고 있음을 기억하자.

'영장주의'란, 수사 기관이나 법원이 수사와 재판 절차에서 체포, 구속, 압수, 수색 등의 강제 처분을 함에는 반드시 법관이 발부한 영장(warrant)에 의하여야 한다는 원칙을 말한다. 이 원칙이 인정되는 이유는 두말할 것도 없이 범죄 혐의자를 포함한 모든 시민의 인권을 지키기 위해서이다.

우리나라 헌법은 1948년 제정될 때부터 이 영장주의를 선언, 보장하고 있었다. 즉 헌법 제13조 제3항의 "체포, 구속, 압수 또는 수색을 할 때에는 적법한 절차에 따라 검사의 신청에 의하여 법관이 발부한 영장을 제시하여야 한다"는 규정이 바로 영장주의를 선언한 것이다. 우리나라 헌법은 제정 이후 아홉 번이나 개정되었지만 이 영장주의 원칙은 한 번도 훼손되지 않았다.

이에 따라 형사소송법도 수사 기관의 강제 수사 또는 강제 처분 전반에 걸쳐 곳곳에서 영장주의의 원칙을 명문으로 규정하고 있다. 현행 형사소송법상 영장주의의 원칙이 적용되는 강제 처분은 다음과 같다.

- 수사 기관이 행할 때
① 피의자의 체포(다만 '긴급 체포'와 현행법의 체포의 경우는 예외), 구속
② 압수, 수색, 검증
③ 국가보안법 위반 사건의 참고인에 대한 구인 또는 유치

- 법원이 행할 때
① 피고인의 구속, 소환
② 압수, 수색
③ 증인의 구인
④ 피고인에 대한 감정 유치

법원이나 수사 기관이 만일 이 영장주의의 원칙을 위반하게 될 경우에 그 효력은 어떨까?

먼저 인신 구속의 경우를 보자. 구속 영장에 의하지 아니하고 구속하는 경우, 감정 유치 영장에 의하지 아니하고 감정 유치하는 경우, 구인장에 의하지 않고 증인이나 참고인을 구속하는 경우가 영장주의의 위반 사례이다.

영장주의에 대한 위반이 있는 경우에는 구속 취소, 구속 적부 심사, 항고, 준항고 등의 절차와 제도에 의하여 그 시정을 구할 수 있다. 불법 구속 기간 중에 얻어낸 자백이나 수집한 증거는 원칙적으로 증거 능력이 없다. 아울러 불법 구속한 자는 형사상 불법 체포, 감금죄(형법 제124조)를 범한 것이며, 민사상으로는 손해 배상 책임을 져야 할 것이다.

다음 영장주의에 위반되는 압수, 수색, 검증의 경우의 효력도 사정은 비슷하다. "위법하게 수집한 증거는 배제된다"는 원칙에 따라 그 압수물의 증거 능력을 부정하여야 한다.

영장주의의 원칙은 형사소송법상의 원칙임은 물론이고 헌법상의 대원칙

이지만, 약간의 예외는 인정된다. 예컨대 현행범인의 체포는 그 긴급성과 필요성 때문에 사전 영장주의에 대해 예외로서 인정되고 있다.

그런데 영장주의에도 문제는 있다. 즉 영장이라는 요식 행위만 취하면 과연 그 강제 처분은 정당한가, 인권은 보장되느냐 하는 것이다. 왜냐하면 우리가 겪어온 이른바 3공, 4공, 5공 치하에서 영장 제시 없는 불법 구속도 있었지만, 영장이라는 형식과 절차에 의하여 수많은 민주 인사들을 구속하지 않았던가?

이것은 영장주의의 원칙에 관한 문제라기보다는 '운용'의 문제라고도 볼 수 있다. 우리가 과거의 경험에서 배운 바로는 영장주의의 원칙은 소중한 것이지만 이를 운용하는 경찰, 검찰, 법원이라는 국가 기관이 폭력적인 정치 권력으로부터 독립이나 중립을 확보하지 못하였을 때 영장주의는 한낱 빛 좋은 개살구가 되고 만다. 불의한 권력이 법의 이름을 빌려 행하는 폭력을 정당화할 뿐이다.

그렇다면 영장주의를 지켜나가는 것은 궁극적으로는 인권 의식에 눈 뜬 성숙한 시민의 몫일 수밖에 없지 않을까?

○ 결론

영장주의는 살아 있다. 그러므로 수사 기관이 시민은 물론 범죄 혐의자를 연행, 체포, 구속하기 위해서는 원칙적으로 반드시 사전에 법원의 영장을 얻어 이를 제시하여야 한다.

28. 숏다리가 유죄?

범인이 100미터를 11초에 주파하는데, 추적하는 형사가 이보다 늦다면 볼장 다 본 것이다. 김막동 형사의 경우가 그러했다. 순찰을 도는 중에 갑자기 뒤에서 어떤 사나이가 번개같이 뛰어나갔는데 순간, "소매치기다!"라는 소리가 들렸다. 김 형사는 앞서가는 사나이를 쫓아가는데, 아, 숏다리가 유죄로다. 간격은 점점 벌어지고….

그런데 도망치던 그 사나이가 어떤 집으로 유유히 들어가는 것이 아닌가? 이제 범인 체포는 시간 문제이다.

자, 김 형사가 어느 집으로 들어간 소매치기 용의자를 검거하기 위해서 그 집에 들어갈 권한이 있는가?

① 없다. 구속 영장과 수색 영장이 있어야 한다.

② 있다. 영장이 없어도 이런 상황에서는 예외가 허용된다.

③ 집주인의 양해를 구하면 된다.

앞에서 우리는 피의자의 구속, 증거물의 압수, 압수를 위한 주거나 신체의 수색에는 반드시 사전에 법원의 영장이 있어야 함을 알게 되었다. 영장주의의 원칙 때문이다. 그러나 예외적으로 영장 없이도 구속, 압수, 수색할 수 있는 경우가 있다.

한편에서는 인권 침해를 방지하기 위하여 반드시 영장을 요하게 하면서, 또 한편에서는 예외적으로 수사 기관에 대해 범인의 검거나 증거물의 확보를 위해서 영장주의에 대한 예외를 인정하는 것에 형사소송법의 묘미가 있다. 이상과 현실의 조화라고 해야 할 것이다.

그러면 구체적으로 어떤 경우에 영장이 없어도 되는가?

우선 현행 범인의 체포와 긴급 체포 시에는 사전에 구속 영장 없이 체포할 수 있다. 또 피의자의 긴급 체포 시 또는 현행 범인의 체포 시에는 역시 영장 없이도 그 체포 현장에서 압수, 수색, 검증을 할 수 있다. 범행 중 또는 범행 직후의 범죄 장소에서 긴급을 요하여 법원의 영장을 받을 수 없는 때에는 영장 없이 압수, 수색, 검증을 할 수 있다. 다만 이 경우에는 사후에 지체 없이 영장을 받아야 한다.

수사 기관은 그 밖에도 피의자 혹은 그 밖의 다른 사람이 남긴 물건이나 소유자, 소지자 또는 보관자가 '임의로 제출한 물건'은 압수 영장 없이 압수할 수 있다.

🔍 결론

이 사건에서 범인은 현행 범인 또는 준현행 범인으로 볼 수 있다. 따라서 경찰관은 이를 구속 영장 없이도 체포할 수 있고, 체포의 목적으로 타인의 주거에 수색 영장 없이 들어갈 수 있다. 이런 상황은 영장주의 원칙에 대한 예외를 인정할 수 있는 전형적인 상황이기 때문이다.

29. 구속 수사하라

   강경한 신임 포도청장의 취임 제1의 과제는 이러했다.

   "먹는 것(식품) 가지고 장난치는 악덕 식품 제조업자는 예외 없이 구속 수사하라."

   이 서슬 퍼런 방침이 발표되자 업자들은 긴장하였다.

   그러나 종로 피맛골에서 30년째 순대를 파는 이간난 할머니는 이 소식을 모르고 국산 돼지의 내장보다 값이 싼 캐나다산 돼지의 내장을 이용하여 순대를 만들어 팔다가, 정보를 입수하고 들이닥친 한양지방포도청 군관들에게 전격 연행되었다.

   죄명은 식품위생법 위반, 사유는 원산지를 속였다는 것이다. 포도청에서는 이 할머니를 포도청장 방침대로 구속 영장을 청구하려고 한다.

   그렇다면 묻기로 하자. 사람을 구속할 수 있는 사유는 무엇일까?

① 죄를 지었다고 의심할 만한 사유만 있으면 된다.

② 수사를 총지휘하는 수사 기관의 장의 방침이 있으면 된다.

③ 죄를 지었다고 의심할 만한 사유 외에도 도주와 증거 인멸의 우려가 있을 때이다.

④ 영장을 발부하는 판사의 합리적인 판단에 따라야 한다.

신체 구속은 구속된 사람의 신체의 자유를 제한하는 대표적인 강제 수사 방법이다. 따라서 신체의 구속은 원칙적으로 수사 기관이 사전에 법관에게 구속 영장을 청구하여 받은 영장이 있어야 한다.

그렇다면 수사 기관은 사람에게 어떠한 사유가 있어야 구속 영장을 청구해 그 신병을 합법적으로 확보하고 수사할 수 있는 것인가?

형사소송법은 구속의 사유를 다음과 같이 정하고 있다.

1. 피의자가 '죄를 범하였다고 의심할 만한 상당한 이유'가 있어야 한다.

2. 피의자에게 '일정한 주거'가 없어야 한다. 일정한 주거가 없다면 도망할 염려가 있다고 판단할 수 있는 사유가 된다. 일정한 주거나 직업, 직장이 없는 사람은 그만큼 불리하다고 할 수 있다.

3. 피의자가 '증거를 인멸할 염려'가 있어야 한다. 구속은 말하자면 증거 인멸의 염려를 사전에 봉쇄하는 것이 된다.

4. 피의자가 '도망하거나 도망할 염려'가 있어야 한다.

5. 그 밖에도 영장을 발부하는 법원은 구속할 수 있는 사유를 심사함에 있어서 '범죄의 중대성, 재범의 위험성, 피해자 및 중요 참고인 등에 대한 위해 우려' 등을 고려하여야 한다.

구속할 수 있는 사유가 있으면(있다고 판단하면) 수사 기관(경찰은 검사를 통하여)은 법원에 구속 영장 발부를 신청하게 되는데, 구속 여부에 대한 최종적인 판단권자는 법관이지 수사 기관이 아니다.

🔍 결론

사람(피의자)을 구속할 수 있는 법률상의 사유는 죄를 범하였다고 의심할 만한 상당한 사유가 있고, 일정한 주거가 없거나, 증거 인멸과 도주의 우려가 있을 때이다.

30. 반역죄인은 죽을 때까지 갇혀야 하나

성삼문 등 사육신이 세조에 대한 반역 혐의로 체포되었다. 충신들은 모진 고문 끝에 처형되었지만 오늘날의 경우라면 어떻게 처리될까?

물론 범죄 혐의자에 대한 구속은 판사의 영장이 있어야 한다. 기소되더라도 재판은 1심, 2심, 3심까지 세 번 받을 기회가 보장되어 있다. 또 유죄 판결이 있기까지는 피의자나 피고인이 무죄로 추정되어야 한다.

그렇다면 구속 기간은 어떻게 될까?

① 일단 구속되면 최종 판결이 끝날 때까지 계속된다.

② 무죄 판결이 나면 즉시 석방되고, 유죄 판결이 나면 그대로 형 집행으로 이어진다.

③ 구속 기간이 법으로 정해져 있다.

형사소송법은 인권 보장과 재판의 신속을 도모하기 위하여 구속 기간을 제한하고 있다. 구속은 수사 기관이 하는 구속과 법원이 하는 구속이 있으므로 나누어서 설명한다.

• 수사 기관의 구속 기간

경찰의 피의자에 대한 구속 기간은 10일이다. 구속 기간의 기산점은 구속 영장이 발부된 때부터가 아니고 실제로 신체를 구속한 때부터이다. 첫날은 그 시간을 계산하지 않고 무조건 1일로 간주한다. 경찰은 구속한 날로부터 반드시 10일 이내에 피의자를 사건 기록과 함께 검사에게 송치하여야 한다.

다음, 검찰의 구속 기간도 10일이다. 다만 검사는 법원의 허가를 얻어 1차에 한하여 다시 최대 10일까지 구속 기간을 연장할 수 있다.

• 법원의 구속 기간

법원의 피고인에 대한 구속 기간은 원칙적으로 2개월로 제한된다. 다만 불가피하게 구속을 계속할 필요가 있다고 인정하는 경우에는 심급마다 2차에 한하여 구속 기간을 연장할 수 있으나, 연장·갱신한 기간도 2개월을 초과하지 못한다. 단, 항소심이나 상고심에서는 3차 갱신도 할 수 있다. 따라서 1심, 2심 및 3심의 구속 기간은 최대 6개월이 된다. 1심의 경우 피고인이 공소 제기 전부터 구속된 경우, 수사 기관에서 구속되어 있던 기간은 1심 법원의 구속 기간에 포함하지 않는다. 또 구속된 피고인이 유죄로 인정되어 유기 징역 또는 금고의 판결을 받은 경우, 그 재판 때까지 구속되어 있던 기간은 그 판결에서 선고한 형기에 원칙적으로 포함, 산입된다.

Q 결론

피의자 또는 피고인에 대한 법정 구속 기간은 경찰 10일, 검찰 최대 20일, 1심과 2심 및 3심 각 최대 6개월이다. 그런데 우리나라의 경우 경찰의 피의자 구속 기간 10일은 너무나 길다는 비판이 있다.

31. 황퇴도 서러운데

 이수심 씨가 나이가 조금 많다는 이유로 졸지에 직장에서 황퇴(황당한 퇴직)를 당하였다. 가족들에게 차마 이 사실을 알릴 수 없어서 매일 아침 전과 다름없이 출근을 하였으나 갈 곳이 없는지라 탑골공원에 가서 하루를 보내고 귀가하곤 하였다.

 탑골파출소 박 순경은 청년(?) 이수심 씨가 노인들이나 나오는 공원에 매일같이 나타나자, 노인들을 유혹하려는 사기범으로 단정하였다.

 "선생님, 좀 가실까요?"

 "어디로 가자는 말이오? 그리고 무슨 이유로?"

 "조사할 게 있습니다. 잠깐이면 됩니다."

 "뭘 조사하겠다는 거요?"

 박순경의 동행 요구에 대하여 이수심 씨는 어떻게 해야 하는가?

① 거절할 수 없다. 일단 응하여야 한다.

② 거절할 수 있다. 시민의 권리이다.

③ 거절할 수 있을 뿐만 아니라, 저항할 수도 있다.

경찰관은 범죄의 예방과 수사라는 막중한 임무 수행을 위하여 여러 가지의 권한을 부여받고 있다. 수상한 자로 여겨지는 사람에 대한 동행 요구권이 한 예이다. 경찰관의 동행 요구의 법적 근거는 경찰관 직무집행법인데, 이 법에 따른 동행 요구의 순서와 절차는 다음과 같이 정리해볼 수 있겠다.

1. 경찰관은 '수상한 거동 기타 주위의 사정을 합리적으로 판단하여 어떠한 죄를 범하였거나 범하려 하고 있다고 의심할 만한 상당한 이유가 있는 자, 또는 이미 행해진 범죄나 행해지려고 하는 범죄 행위에 관한 사실을 안다고 인정되는 자'를 정지시켜 질문할 수 있다. 이것을 불심 검문권이라고 한다.

2. 이때 그 장소에서 질문하는 것이 그 사람에게 불리하거나 교통의 방해가 된다고 인정되는 때에는 질문하기 위하여 부근의 경찰서, 지서, 파출소에 동행할 것을 요구할 수 있다.

3. 불심 검문을 하거나 동행을 요구할 때에 경찰관은 자신의 신분을 표시하는 증표를 제시하고, 소속과 성명을 밝혀야 하며, 그 목적과 이유를 설명해줘야 한다. 동행 시엔 동행 장소를 밝혀야 한다.

4. 이렇게 해서 경찰서 등에 동행을 해온 경우 경찰관은, 그 사람의 가족 또는 친지 등에게 동행한 경찰관의 신분, 동행 장소, 동행 목적과 이유를 고지하거나 본인으로 하여금 즉시 연락할 수 있게 해야 하며 변호인의 조력을 받을 권리가 있음을 고지하여야 한다.

5. 경찰관서에 동행을 한 경우 여섯 시간 이상 머물게 해서는 안 된다.

6. 동행된 사람은 자기 의사에 반하여 답변을 강요당하지 않을 권리가 있다.

이상과 같은 절차와 순서에 의하지 아니한 임의 동행은 불법이 된다.

결론

경찰관으로부터 동행 요구를 받았을 때 거절할 수 있는가? 물론이다.

32. 당신을 유괴범으로 체포합니다

선량한 씨는 이름대로 얼굴도 순하고 착하게 생겨, 처음 보는 사람마다 "어디서 많이 뵌 분 같다"고 하는 말을 듣고 산다.

이러한 얼굴을 갖게 된 것이 유죄인지, 어느 날 퇴근하던 길에 갑자기 나타난 형사 두 명이 느닷없이 "당신을 어린이 유괴범으로 체포합니다" 라고 외치더니 그를 근처 경찰서로 연행하여 갔다.

유괴범의 인상착의를 기억한 목격자들이 경찰에 말해준 인상이 선량한 씨와 비슷하였기 때문이다.

용의자와 인상착의가 비슷하다는 이유로 사람을 체포할 수 있을까? (나중에 진범이 검거되었는데, 그가 정말 선량한 씨와 비슷하기는 하였다)

① 인상착의가 비슷하다는 이유로 체포하는 것은 부당하고 위법이다.

② 수사 과정에서 범인과 비슷한 인상착의를 갖고 있는 사람을 일단 체포하는 것은 위법이 아니다.

③ 일단 체포할 수 있으나 48시간 내에 체포 영장을 받지 못하면 위법이 된다.

형사소송법상 사람을 구속하는 제도는 체포와 구속 두 가지가 있다. 구속은 법원이 피고인을 구속하는 경우와 수사 기관이 피의자를 구속하는 두 가지 경우로 나눌 수 있다. 그런데 수사 기관이 피의자를 체포하는 경우는 통상의 체포, 긴급 체포, 현행범(준현행범 포함) 체포의 세 가지로 나눌 수 있다.

여기서는 통상의 체포를 살펴본다. '통상의 체포'란 '수사 기관이 피의자가 죄를 범하였다고 의심할 만한 상당한 이유가 있고, 또 정당한 이유 없이 출석 요구에 응하지 아니하거나 응하지 않을 우려가 있는 경우'에 피의자를 48시간이라는 단기간 동안 경찰서 등 일정한 장소에 인치(引致)하는 것을 말한다. 피의자가 출석 요구에 정당한 이유 없이 응하지 않는 경우에도 체포당할 수 있음을 유의할 필요가 있다.

사람을 체포하려면 위에서 말한 체포할 사유가 있어야 하고, 또 검사의 청구에 의하여 판사가 발부한 '체포 영장'이 있어야 하고 이를 제시하여야 한다. 또 체포한 사람에게는 무슨 죄로 체포하는지, 즉 범죄 사실의 요지와 체포의 이유, 변호인을 선임할 수 있음을 말하고 변명할 기회를 주어야 정당, 적법한 체포가 된다. 체포 영장에 의하여 체포된 사람에게도 법원에 체포의 적부를 심사해달라는 청구권이 인정된다.

체포하여 경찰서 등에 인치할 수 있는 시간은 48시간이며, 계속하여 피의자를 구속하고자 할 때에는 48시간 내에 구속 영장을 청구해야 하고, 청구하지 아니한 때 또는 구속 영장을 받아내지 못한 때에는 즉시 석방하여야 한다.

◯ 결론

수사 기관이 인상착의가 비슷하다는 이유만으로 사람을 체포하는 것은 부당하고 위법하다고 보아야 한다.

33. 얼굴이 비슷한 죄

북에서 월남 귀순한 이안영 씨가 어느 날 밤 집 앞에서 권총에 피살되었다. 전국에 용의자의 사진(몽타주)이 배포되고 경찰에게는 비상령이 내려졌다. 그러나 석 달이 지나면서 사건이 미궁에 빠졌다. 모두 용의자의 얼굴에 대한 기억이 희미해졌다.

그런데 기억력이 비상하고 유독 눈썰미가 있는 김비상 형사만큼은 예외였다. 어느 날 김 형사가 퇴근 후 집 근처 소주방에서 피로를 풀고 있는데, 소주방 사장의 얼굴이 바로 그 용의자의 얼굴과 비슷한 것이 아닌가?

이 경우 김 형사가 형사소송법에 따라 취해야 할 적법한 절차는?

① 현행범으로 체포할 수 있다.

② 긴급 체포할 수 있다.

③ 빨리 판사의 구속 영장을 받아 이튿날 소주방에서 기다렸다가 체포하여야 한다.

④ 시치미 떼고 계속 관찰하면서 동료의 지원을 요청해야 한다.

우리 나라 형사소송법상 수사 기관이 수사의 필요성 때문에 용의자, 피의자의 신체를 구속하기 위해서는 반드시 사전에 법원의 구속 영장을 받아야 한다. 이를 '영장주의'라고 함은 이미 설명한 그대로이다. 그러나 예외는 있다. 긴급 체포의 경우가 그렇다.

'긴급 체포'는 문자 그대로 사건의 법정형이 사형, 무기 또는 장기 3년 이상의 징역·금고에 해당하며(범죄의 중대성), 죄를 범하였다고 의심할 만한 상당한 이유와 근거가 있고(혐의의 충분성), 체포하지 않으면 증거 인멸 또는 도망의 우려가 있고(체포의 필요성), 긴급을 요하여 사전에 판사의 구속 영장을 받을 시간적 여유가 없는 경우(체포의 긴급성), 수사 기관이 용의자, 피의자를 체포할 수 있도록 하는 제도이다. 이런 요건을 갖추지 못한 경우에는 불법 구속이라고 할 수 있다.

또 긴급 체포의 요건에 해당되어 체포하더라도 피의자에게 피의 사실의 요지, 체포의 이유, 변호인을 선임할 수 있음을 말해주어야 하고, 변명할 기회를 주어야 하는데 이를 위반한 체포도 위법이 된다.

또 긴급 체포한 사람에 대해 '구속'의 필요성이 있는 경우, 즉 구속하고자 할 때에는 검사가 지체없이 판사에게 구속 영장의 청구를 요청하여야 하고, 구속 영장을 받지 못한 경우에는 즉시 석방하여야 한다. 수사 기관이 번거로운 구속 영장 발부를 기피하고 긴급 체포를 남용할 우려가 있어 형사소송법은 지체없이 구속 영장 청구를 요하도록 견제하고 있다.

🔍 결론

김 형사의 앞에 있는 사람은 현행범은 아니다. 따라서 현행 범인으로 체포할 수는 없다. 긴급 체포의 요건에 해당할 경우에 긴급 체포할 수 있다(이 사건에서 긴급 체포의 요건은 갖추었다고 판단된다).

34. 이런 방법밖에 없소?

은행의 현금 수송 차량의 운전기사가 고속도로 휴게소에서 용변을 보기 위해 잠시 정차한 틈을 타, 누군가가 그 차량을 운전하여 달아나버렸다고 하자. 차량은 10분 만에 20킬로미터 떨어진 장소에서 발견되었다. 물론 현금은 깨끗이 사라졌다.

비상이 걸린 경찰이 즉각 휴게소로부터 사방 100킬로미터 이내의 모든 도로를 봉쇄하고 도로상 곳곳에서 자동차 검문을 하게 되었다. 가족들과 함께 지방으로 봄나들이를 가던 이보통 씨는 검문 때문에 한 시간 이상을 오도 가도 못 하고 도로상에 갇혀 있자 그만 울화통이 터졌다.

"범인은 그동안 천 리 밖으로 도망갔겠다! 범인 하나 잡자고 이렇게 많은 시민들이 고통을 당해도 되는 거야? 다른 방법은 없소?"

듣고 보니 그렇다. 그렇다면 이보통 씨 입장에서 생각해보자. 이런 식의 자동차 검문을 해도 되는 것일까?

① 정당하다. 법적 근거가 있다. 시민은 범인 검거를 위해 이 정도의 불편은 감수해야 한다.

② 정당하지 못하다. 도주 경로가 아닌 사방 100킬로미터 이내의 모든 도로를 봉쇄하고 검문을 하는 것은 정당성이 없다.

③ 현재로서는 당부당을 따질 수 없다.

범죄도 광역화, 기동화되다 보니 용의자의 검거를 위하여 도로에서의 자동차 검문은 낯선 풍경이 아니다. 그렇다면 자동차 검문은 어느 경우에나 합법이고 정당하며, 선량한 시민들은 그 불편을 감내하여야만 하는가? 자동차 검문의 법률적 근거는 무엇이냐의 질문이다.

자동차 검문에는 보통 세 가지가 있다고 한다. 도로교통법 위반 단속을 위한 '교통 검문(예. 음주 단속 자동차 검문)', 불특정한 일반 범죄 예방과 검거를 목적으로 하는 '경계 검문', 특정한 범죄가 발생하였을 때 범인의 검거와 수사 정보를 수집하기 위한 '긴급 수배 검문' 등이 그것이다.

교통 검문의 경우에는 도로교통법 제47조에 일시 정지권이라는 법적 근거가 있으나, 모든 차량의 검문을 내용으로 하는 경계 검문과 긴급 수배 검문의 경우에는 직접적인 법률적 근거는 없다(학자에 따라서는 경계 검문의 경우 경찰관직무집행법 제3조 제1항의 불심검문이 그 근거가 될 수 있다고 하는 주장도 있다). 그러면 경계 검문이나 긴급 수배 검문의 방식에 의한 범인 검거 수사는 임의 수사인가? 강제 수사인가?

그 수단이 임의적이어야 하고, 검문의 실시가 자동차를 이용하는 범죄의 범인 검거를 위한 목적이 있어야 하고, 이를 위해 꼭 필요하고 적절해야 하며, 자동차 이용자에 대한 자유의 제한이 필요한 최소한도에 그쳐야만 그 검문이 시민의 협력을 전제로 하는 임의 수사로서의 정당성을 갖는다고 보아야 한다. 결국 앞으로도 늘어나게 될 자동차 검문(특히 경계 검문과 긴급 수배 검문)은 그 요건과 한계를 입법에 의하여 해결하여야 한다.

🔍 결론

이 사례에서 경찰의 자동차 검문은 그 수단, 방법에 있어서 정당하지 못하였다고 보고 싶다.

35. 나는 술 마신 일이 없어요

보리밭에만 가도 술에 취하는 체질을 가진 이상해 씨가 박카스 한 병을 마시고 운전을 하다가 교차로에서 신호를 기다리던 앞차를 살짝 충격하였다. 서로 시비를 하던 중 피해 차량 운전자가 경찰에 신고하자 경찰관이 곧 현장에 도착하였다.

경찰관은 이상해 씨의 입에서 술 냄새가 나는 것을 느끼고 음주 측정을 요구하였다. 이상해 씨는 "나는 술 마신 일이 없소. 체질상 술을 못 마시오"라고 강력히 항의하였으나 세 명의 경찰관에 의하여 부근 파출소로 강제 연행되다시피 끌려갔다.

알코올 호흡기로 측정한 결과 이상해 씨는 경미하게나마 0.01퍼센트의 혈중 알코올 농도가 있는 것으로 나타났다. 이상해 씨는 여기에 동의할 수 없어 혈액 채취를 요구하였으나 거부당하고, 일주일 후 음주 운전 혐의로 검사에게 송치되었다.

자, 이상과 같은 경우 경찰관의 조치는 정당한가?

① 음주 측정 요구는 경찰관의 권한이므로 정당하다.
② 음주 측정 요구는 정당하나, 부근 파출소로 연행한 것은 부당하다.
③ 혈액 채취 요구를 들어주지 않은 것이 부당하다.
④ 판단 보류, 검사가 어떻게 판단하느냐에 달려 있다.

술을 먹고 자동차를 운전해서 안 된다는 것은 누구나 알면서도, 현실에서는 음주 운전의 경우가 적지 않다.

도로교통법(제44조)은 음주한 상태에서의 운전을 금지한 다음, 경찰관은 "교통안전과 위험 방지를 위하여 필요하다고 인정하거나 술에 취한 상태에서 운전하였다고 의심할 만한 상당한 이유가 있는 경우 술에 취하였는지를 호흡 조사로 측정할 수 있고, 이 경우 운전자는 그 측정에 응하여야 한다"고 규정하고 있다.

따라서 술을 마시지 아니한 경우에도 경찰관이 음주 측정을 위해 호흡 조사를 요구하면 거부할 수는 없다.

문제는 운전자가 그 측정 결과에 동의할 수 없을 때이다. 도로교통법은 이런 경우에 그 운전자의 동의를 받아 혈액 채취 등의 방법으로 다시 측정할 수 있다고 규정하고 있으나(제44조 제3항), 반드시 혈액 채취 검사를 시행하여야 하는 것은 아니다.

음주 운전 여부와 그 측정 방법을 놓고 단속 경찰과 운전자간의 시비가 끊이지 않고 있는 현실에서, 대법원은 "호흡 측정 방법에 의한 결과에 동의할 수 없는 운전자를 지구대로 데리고 간 경찰관들의 행위는 임의 동행이 아닌 체포에 해당되고, 그 상태에서 음주 측정 요구는 위법한 수사에 해당한다"고 판시한 바 있으나(2013. 3. 14. 선고, 2010도2094 사건), 이는 음주 측정 결과에 동의하지 않는 운전자를 강제로 연행한 조치에 대한 판단이고, 운전자가 음주 측정 자체를 거부할 수 있다는 의미는 아니다.

🔍 결론

이 사례에서는 호흡기에 의한 음주 측정 결과에 동의하지 않는 운전자가 혈액 채취의 방법을 요구하였음에도 거부한 것이 부당하다고 할 수 있다.

36. 사진 찍힌 사람은 출석하라

　정부가 쌀 생산 대국인 미국(米國)과 FTA(자유 무역 협정)를 체결하여 값싼 미국 쌀이 마구 수입되자 쌀농사를 하고 있던 농민들에게 비상이 걸렸다. 이에 어질고 착한 농민들이 대규모로 서울로 올라와서 연일 미국 쌀 수입 반대 시위를 벌이자 온 나라가 시끄러워졌다.

　시위가 연일 계속되자 정부도 강경한 진압 방침을 세웠다. 그런데 시위 중인 농민들에게 물 대포를 쏘고 최루탄을 발사해도 시위가 수그러들지 않자, 경찰은 시위 사진을 촬영하여 이를 증거로 사진이 찍힌 농민들을 속속 소환하기 시작하였다.

　자, 그렇다면 경찰의 시위 현장 사진 촬영은 수사 방법상 허용되는 것일까? 즉 사진 촬영은 강제 수사인가, 임의 수사인가?

　① 강제 수사에 속한다. 따라서 영장이 있어야 한다.

　② 임의 수사에 속한다. 따라서 영장이 없어도 합법이다.

　③ 사진이 법정에서 증거로 제시될 때 법관의 판단에 달려 있다.

수사의 방법 또는 증거 확보의 수단으로 수사 기관에 의한 사진 촬영이 허용되고, 나아가 이 사진이 증거가 될 수 있는가? 이 문제는 사진 촬영이 임의 수사인가, 또는 강제 수사에 속하는가에 따라 결론이 달라진다.

만일 임의 수사에 속한다고 보면 법적 규제로부터 일단 자유로워진다. 그러나 만일 강제 수사에 속한다고 보면 강제수사법정주의와 영장주의의 원칙에 따라 영장 없는 사진 촬영은 허용되지 않는다고 해야 한다.

학자들의 견해는 임의 수사설과 강제 수사설로 나뉜다.

그런데 다수설 내지 통설의 입장은 강제 수사설이다. 즉 사람에게는 초상권이 인정되는 이상 그의 의사에 반하거나 승낙을 받지 않고 사진을 촬영하고 이것을 증거로 쓰려고 하는 것은 형사소송법 제199조가 정하고 있는 강제 처분, 즉 검증에 해당하므로, 영장 없이는 허용되지 않는다고 한다.

임의 수사설에 의하더라도 사진 촬영은 무제한으로 허용되는 것이 아니다. 현행범 또는 준현행범적 상황이 존재하여야 하고, 사진 촬영에 의하지 아니하면 안 될 증거 보전의 긴급성이 인정될 것이라는 엄격한 조건하에서만 허용된다.

어느 설에 의하더라도 조건을 갖추지 못한 사진 촬영은 강제 수사에 해당하므로 영장이 있어야 한다는 결론은 같다. 그러나 도로상에서 무인 장비에 의하여 제한 속도 위반 등의 차량 번호를 촬영하는 것은 임의 수사로 허용된다고 본다.

🔍 결론

통설인 강제수사설에 따라 영장 없는 사진 촬영은 허용되지 않는다고 보아야 한다.

37. 잠시 핸드백을 열어보겠습니다

그렇지 않아도 세상이 테러에 민감한 요즈음, 어떤 사람이 장난으로 공항에 폭탄을 설치하였다고 경찰에 허위 신고를 하였다. 당연히 공항 일대는 비상이 걸렸다. 곳곳에 경찰이 배치되어 출입자들을 검문하게 된 것은 물으나 마나이다.

요조숙녀 양귀비 씨가 미국으로 출국하기 위해 공항에 도착하자 경찰관이 따라와 양귀비 씨의 커다란 핸드백을 열어보라고 요구하였다. 순간 그녀는 자존심이 상하고 불쾌하여 대뜸 이를 거부하였다.

"아니 숙녀의 핸드백은 왜 열어보라는 것이오?"

양 씨가 거부하자 경찰관이 강제로 빼앗고 열어보려고 한다.

자, 이러한 경우에 경찰관은 강제로 소지품을 검사할 수 있는가?

① 양귀비 씨가 동의하지 않는 한 강제로는 불가능하다.

② 양귀비 씨가 폭탄 설치의 혐의자가 아닌 한 불가능하다.

③ 법관의 영장을 제시하여야만 가능하다.

④ 범인의 수사와 체포를 위해 불가피하므로 가능하다.

　앞에서, 경찰관은 거동이 수상한 자에 대하여 일시 정지시키고 질문할 수 있고, 부근의 경찰서 등으로 동행을 요구할 수 있다고 하였다. 이를 '경찰관 직무집행법상의 불심 검문'이라고 한다. 또 상대방의 흉기 소지 여부를 조사할 수도 있다.

　그런데 경찰관이 이 정도를 넘어 상대방의 소지품을 검사할 수도 있을까? 물론 승낙이 있는 경우 할 수 있을 것이다. 또 의복이나 휴대하고 있는 물품의 외부를 손으로 만져서 확인하는 것도 허용된다고 보아야 한다.

　상대방이 흉기나 폭탄을 소지하였다고 의심할 만한 상당한 이유가 있는 경우에는 그 조사를 위해 소지품(예컨대 가방, 백팩, 여성의 핸드백)의 안을 열어볼 것을 요구할 수도 있다고 보아야 한다.

　그러나 이와 같은 경우가 아닌데도, 즉 소지인이 거절하는 경우 경찰관이 그 소지품을 직접 강제적으로 열어보거나 열어볼 것을 강요하는 것은 허용되지 않는다.

　불심 검문의 한계를 벗어난 것이고, 직접 열어보거나 열어볼 것을 강요하는 것은 사실상 강제 수사의 방법이기 때문이다.

　미국의 판례이지만, "경찰관이 행인의 포켓에 손을 넣어 히로인을 발견한 것은 상당한 방법에 의한 것이 아니므로 수정 헌법 제1조에 위반된다"는 판시가 있고(1968), 일본에서도 "각성제 소지 혐의가 있는 사람의 포켓에 손을 넣어 소지품을 꺼낸 경우는 위법하다"는 판례가 있다(1978).

🔍 결론

경찰관의 소지품 검사는 그 소지인이 승낙하지 않는 이상 강제로 직접 가방을 열어서 조사할 수 없다.

38. 3분간의 갈등

홍길동 씨는 평범한 회사원이다. 여느 때처럼 지하철로 퇴근을 하는데 맞은편에서 어떤 남자가 신문을 열심히 읽고 있는 신사의 호주머니에서 지갑을 훔치는 것을 목격하게 되었다.

순간 홍길동 씨는 고민에 빠졌다. 못 본 체 눈을 감을 것인가? 아니면 양심의 명령에 따를 것인가? 다음 정차 역까지는 3분의 시간이 있었다. 갈등을 거듭하던 홍길동 씨는 마침내 정의감을 발휘하여 내리려고 하는 소매치기를 격투 끝에 체포하였다.

수사 기관도 아닌 홍길동 씨의 소매치기 체포는 정당한가?

① 부당하다. 신고는 할 수 있지만 수사 기관이 아닌 시민은 직접 체포할 수 없다.

② 정당하다. 범죄 순간을 목격한 사람은 누구든지 체포할 수 있다.

③ 부당하다. 범행 순간에는 누구든지 체포할 수는 있으나 범행이 끝난 뒤에는 신고할 수 있을 뿐이다.

④ 정당하다. 단 체포된 자가 이의를 제기하지 않은 조건하에서.

누구든지, 범죄의 혐의가 있더라도 구속하지 않으면 증거 인멸과 도망 염려가 있다고 인정되지 않는 한 수사 기관에 의해 구속되지 않는다. 그리고 구속되는 경우에도 법관이 허가한 구속 영장이 있어야 한다. 이것이 우리 형사소송법의 '구속에 관한 원칙'이라고 할 수 있다. 그러나 예외 없는 원칙이 없듯이, 구속에 관해서도 몇 가지 예외가 인정되고 있다.

그 대표적인 것이 현행 범인의 체포이다. '현행 범인'이란 범죄의 실행 중이거나 범행 직후인 자를 말한다. 범행 직후란 시간적으로는 막 범죄의 실행을 마친 직후를 뜻하고, 장소적으로는 범행의 장소에 있었어야 한다. 그러므로 범인이 이러한 시간적 단계 및 장소적 단계를 벗어났으면 이미 현행 범인은 아닌 것이다.

그러나 다음의 사람은, 현행 범인은 아니나 현행 범인으로 간주된다('준현행 범인'). 범인으로 지목되어 추적되고 있는 자, 장물이나 범죄에 사용되었다고 인정하기에 충분한 흉기 등을 소지하고 있는 자, 신체나 의복에 현저한 범죄의 흔적이 남아 있는 자, "누구냐?"는 물음에 대하여 도망하려는 자는 준현행 범인이다.

현행 범인과 준현행 범인은 수사 기관이 아니라도 누구든지 체포할 수 있다. 그리고 체포 과정에서 체포를 위하여 다소의 실력 행사도 가능하다. 수사 기관이 아닌 일반인이 현행 범인을 체포하였을 때에는 '즉시' 수사 기관에 인도하여야 한다.

Q 결론

'절도 범행을 종료한 후 3분이 경과한 자'는 현행 범인인가? 범행 직후이고 아직 범죄 장소에 남아 있는 자이므로 이를 긍정하여야 할 것이다. 따라서 홍길동 씨의 체포는 현행 범인의 체포이므로 정당하다.

39. 판사님 얼굴 좀 보게 해주시오

　회사에서 인력 구조 조정이 실시되자, 나이가 조금 많은 김태평 씨는 그만 명예퇴직을 당하고 졸지에 백수가 되었다.

　건강도 돌볼 겸해서 등산을 열심히 하게 되었는데, 등산객을 상대로 하는 강도가 빈발하자 경찰이 요소요소에 잠복근무를 하였다. 월요일 아침부터 산에 오르는 그를 발견하고 경찰관이 불심 검문을 하였다.

　"선생님은 뭐하는 분이오?"

　"나요? 놀고 있습니다."

　직업이 없다고 하자, 이미 발생한 강도 사건의 용의자와 인상착의도 비슷한 죄(?)로 경찰이 그를 긴급 체포한 다음 사전 구속 영장을 청구하려고 한다.

　억울하기 짝이 없는 김 씨가 구속을 면할 수 있는 방법은 무엇인가?

① 법원에 구속 전 자신에 대한 신문을 해달라고 청구한다.

② 법원에 유능한 변호사의 선정을 청구한다.

③ 법원에 보석 허가를 신청한다.

④ 친척 중 경찰 계통에 있는 사람에게 연락한다.

2007년 6월 1일 자로 개정된 형사소송법에 따라 구속 절차가 인권 옹호 측면에서 대폭 정비, 개선되었다. 종전까지는 수사 기관이 영장을 청구하면서 첨부하는 증거 자료를 법관이 심사하는 방식으로 영장의 발부가 좌우되었지만, 이제는 구속 영장이 청구되는 경우에 법관이 반드시 피의자를 신문하고 영장 발부 여부를 결정하게 되었다. 이를 '구속 전 피의자 신문 제도'라고 하며, 또 '영장 실질 심사 제도'라고도 한다.

이 제도가 발동되는 형태는 두 가지가 있다. 하나는 체포 영장에 의하여 체포되거나 긴급 체포 또는 현행 범인으로 이미 체포된 자에 대하여 수사 기관이 구속 영장을 청구하는 경우이다. 이 청구를 받은 지방 법원의 판사는 지체 없이 그 피의자를 대면하여 신문해야 한다. 특별한 사정이 없는 한 체포되어 있는 피의자에 대한 신문은 영장이 청구된 날의 다음 날까지 신문하여야 한다는 시기적 제한이 있다.

또 하나는 위와 같이 체포되지 아니한 피의자에 대하여 수사 기관이 사전 구속 영장을 청구하는 경우이다. 신문할 피의자에게 변호인이 없는 때에는 판사가 직권으로 변호인을 선정해주고 변호인 입회하에 신문을 하게 된다.

수사 기관의 사전 영장 청구에 대하여 억울하다고 생각하는 사람은 이 판사에 의한 구속 전 피의자 신문 제도를 활용하여야 한다.

🔍 결론

체포된 피의자는 판사에게 구속 전 피의자 신문을 받을 권리가 있고, 이 과정에서 자신의 무고함을 밝힐 수 있다.

40. 나 없으면 우리 회사 망하는데

산신령이 선물로 준 금도끼 은 도끼로 벼락부자가 된 전직 나무꾼 박졸부 씨가 설악산에 대규모 레저 회사를 세워 사장이 되었다. 어느 날 사업상 술을 마시고 취한 채로 차를 몰고 귀가하다가, 횡단보도에서 사람을 치고 그대로 도망을 쳤다. 피해자는 사망하고, 박 씨는 구속되었는데 벌여놓은 사업은 그가 없으면 진척될 수 없고, 자칫하면 도산할지도 모른다.

앞으로 재판이 시작되려면 2개월이나 기다려야 하는데, 박 씨가 구속된 직후 석방될 수 있는 제도는 무엇인가?(현재 박 씨는 수사 중에 있고, 기소되기 전이다.)

① 법원에 보석 허가를 신청한다.

② 법원에 구속이 적법하게 되었는지 여부의 심사를 신청한다.

③ 일단 구속되면 재판이 끝날 때까지는 석방될 수 있는 제도가 없다.

  피의자가 '구속 요건'에 해당되어 법관의 영장에 의하여 구속된 경우, 구속된 피의자가 재판이 끝날 때까지 반드시 구속 상태가 유지되어야 하는 것은 아니다. 구속된 사람이 바로 법원에 구속의 적법 여부를 심사해달라고 청구할 수 있다. 이것을 적부 심사 제도라고 한다. 1995년 개정된 형사소송법은 체포 영장에 의하여 체포된 사람에게도 이 신청권을 인정하였다.

  그래서 적부 심사 제도란, '일정한 사람의 청구에 의하여 법원이 수사 기관의 피의자에 대한 체포나 구속의 적부를 심사하여 그 체포나 구속이 위법, 부당하거나 불필요하다고 인정된 경우, 석방을 명하는 제도'라고 할 수 있다. 이 제도는 영미법계 국가의 '인신 보호 영장' 제도에서 유래한 것으로서, 우리나라는 해방 후 미군정 치하 때인 1948년도에 처음으로 도입되었다. 그런데 1972년 유신헌법하에서 이 제도가 일시 폐지되었다가 1980년 제5공화국 헌법의 개정에 따라 다시 부활되어 오늘에 이르고 있다.

  구속은 국민의 신체의 자유에 대한 합법적 침해이지만, 위법·부당하게 이루어지거나 구속을 계속할 필요가 없는 경우에도 구속을 계속하는 것은 온당치 않기 때문에 인권 보장 차원에서 마련된 것이다.

  신청권자는 체포·구속된 피의자, 그 변호인, 법정 대리인, 직계 친족, 형제자매, 호주, 가족, 동거인, 고용주 등으로 대폭 확대되어 있다. 신청 사유는 제한이 없으나 대개 구속 후 피해 변제, 합의, 고소 취소 등으로 '구속 전의 사정이 변경'된 이유가 많다. 신청을 받은 법원은 심사 결과 이유가 없을 때는 기각하고, 이유가 있을 때에는 수사 기관에 대하여 즉시 석방을 명하게 된다.

🔍 결론

법원의 체포 또는 구속 영장에 의하여 체포나 구속을 당한 피의자는 기소되기 전까지는 법원에 그 구속의 적부에 대한 심사를 청구할 수 있다.

41. 감옥인지 환자 대기소인지

춘향이에게 수청 들 것을 강요하던 남원 고을 변학도 군수는 그야말로 하루아침에 쫄딱 망하고 말았다. 느닷없이 춘향의 서방이라는 자가 암행어사가 되어 나타나더니, 불문곡직하고 자신을 하옥시키는 것이 아닌가?

춘향이가 쓰고 있던 칼을 쓰고, 비좁은 남원구치소에 갇혀 있자니 없던 병도 나는 실정이다. 병명은 신경성 위장병, 신경성 두통, 신경성 관절염, 신경성 근육통 등등 온통 신경성 질병들이다.

재판 날짜는 아직 멀었는데 변학도 피고인이 남원지원에 이른바 '병보석'을 신청하려고 한다. 이몽룡 판사는 이 병보석 신청을 어떻게 처리해야 하는가?

① 보석을 불허할 사유가 없는 한 무조건 허가, 석방하여야 한다. 단 보석 보증금을 내게 하여야 한다.
② 보석의 허가 여부는 이 판사의 재량에 달려 있다.
③ 죄인이 감히 어디에 대고? 무조건 불허해야 한다.

사례에서 보는 것처럼 '높으신 분'들이 죄를 지어 구속되는 경우, 웬 병이 그렇게 많은지 잠시 후면 이른바 '병보석'으로 석방되는 경우가 적지 않다.

그렇다면 보석(保釋)이란 도대체 무엇인가? 보석이란 '구속 영장에 의하여 구속된 피의자나 피고인이 보증금의 납부를 조건으로 석방되는 제도'이다. 즉 법원의 허가에 의하여 보증금을 걸고 일단 석방되나, 그 후에 도주하거나 공판정에 불출석하게 되면 보석 허가 결정은 취소되고 다시 구속된다는 것을 전제로 한 일시적 석방 제도라고 할 수 있다. 이때 보석 허가 결정이 취소되면 보석 보증금은 몰수된다.

일단 구속했으면 그만이지 왜 보증금을 걸도록 하고 석방시키는 것일까? 이것은 우리 모두의 소중한 인권 때문이다. 피의자, 피고인은 구속이 되었다고 하더라도 유죄 판결이 확정될 때까지는 무죄로 추정하도록 되어 있고, 재판이 장기화될 경우 구속된 자의 고통이 매우 크다.

따라서 법원은 피의자, 피고인이 재판 때마다 꼬박꼬박 출석하는 것이 보장된다면 굳이 구속을 유지할 필요는 없다. 이렇게 해서 일시 석방된 경우, 즉시 생업에 복귀할 수 있고, 불구속 상태에서 재판을 준비하면서 재판에 임할 수 있으니 보석 제도야말로 우리 모두에게 소중한 것이 아닐 수 없다.

보석 제도는 한마디로 피의자·피고인의 인권 보장, 더 나아가 누구든지 그 신세가 되었을 때 누릴 수 있는 인권 보장의 소중한 제도이다.

보석의 종류는 두 가지가 있다. 하나는 청구가 있으면 이를 불허할 사유가 없는 한 반드시 허가해야 하는 '필요적 보석'이고, 또 하나는 허가 여부가 법원의 자유 재량에 속하는 '임의적 보석(또는 재량 보석)'이다. 형사소송법은 필요적 보석을 원칙으로 하고 있다. 또 청구가 없더라도 경우에 따라 법원이 자신의 권한으로 허가하는 직권 보석도 있다.

어떤 경우에 청구가 있으면 반드시 보석을 허가해야 하는가?

형사소송법은 일정한 예외 사유를 정해 놓고 이 예외 사유에 해당되지 않으면 반드시 보석 허가 청구를 받아들이도록 하고 있다. '예외 사유'란 피고인이 사형, 무기 또는 장기 10년이 넘는 징역 또는 금고에 해당하는 중한 죄를 범한 때, 피고인이 누범에 해당하거나 상습범인 죄를 범한 때, 피고인이 석방되면 도망하거나 도망할 염려가 있다고 믿을 만한 충분한 이유가 있는 때, 피고인이 주거가 분명하지 아니한 때, 피고인이 석방되면 피해자나 당해 사건의 재판에 필요한 사실을 알고 있다고 인정되는 자 또는 그 친족의 생명·신체·재산에 해를 가하거나 가할 우려가 있다고 믿을 만한 충분한 이유가 있는 때이다.

물론 법원이 이 예외 사유에 해당되어 필요적 보석 허가는 할 수 없으나 여러 사정을 종합하여 임의적 보석 또는 직권 보석 허가 결정을 내려 피의자·피고인을 석방할 수도 있다. 이른바 사회에서 널리 말하는 병보석도 실은 임의적 보석을 말하는데, 이 경우에도 보증금을 납부함은 물론이다.

보석의 청구권자는 구속된 피의자, 피고인, 그 변호인, 법정 대리인, 배우자, 직계 친족, 형제자매, 가족, 동거인, 고용주 등이다.

보석 허가 신청을 받은 법원은 검사의 의견을 묻게 되어 있고, 검사가 3일 이내에 의견을 표명하지 않으면 허가에 동의한 것으로 간주한다. 물론 검사가 허가에 반대하더라도 법원이 여기에 구속되는 것은 아니다.

실무상으로는 보석 허가 청구가 있으면 수사 기록이 법관에게 제출되어 법관이 이를 검토하게 되며, 필요한 경우에는 구속된 피고인을 법원에 소환하여 직접 신문하기도 한다.

보석이 허가되면 보증금이 납부되어야 한다. 이 보증금은 피고인의 출석을 보증할 만한 금액이어야 하나, 피고인의 능력으로 납부가 불가능한 금액이어서는 안 된다(실무상으로는 보증금 대신 보증 보험사가 발행하는 증권을 납부시키는 경우도 많다).

Q 결론

구속 영장에 의하여 구속된 피의자나 피고인이 보석 허가를 청구한 경우, 법원은 이를 불허할 예외 사유에 해당하지 않는 한 반드시 허가하여야 한다(그런데 최근까지도 보석 제도의 운용은 보석을 피고인의 권리로 인식하지 않고, 법원이 시혜를 베푸는 식으로 운용 되어 왔다. 점차 시정되고 있으나 하루빨리 법 정신대로 운용되어야 할 것이다).

보석 제도는 구속되어 기소된 피고인의 경우에만 허용되었으나, 1995년에 개정된 형사소송법은 구속 영장에 의하여 구속된 피의자에게도 '구속 적부 심사를 청구한 경 우에 한하여' 보증금을 납부할 것을 조건으로 하여 법원이 피의자를 석방할 수 있게 하는 피의자 석방 제도를 창설하였다. 인권 보장을 위한 중요한 진전이다.

42. 보증금이 너무 많아요

　의적 홍길동이 관군에게 체포되어 구속되자, 그의 선행에 박수를 보내던 민중들은 그의 석방 운동을 벌였다.

　판사님께서도 굳이 구속하여 재판할 필요는 없다고 판단하고 보석을 허가하였는데, 보석 보증금이 자그마치 1억 원이었다. 민중들이 십시일반 격으로 보석 보증금을 모았으나 5,000만 원밖에 모으지 못하였다.

　자, 보석 허가가 있어도 보석 보증금을 납부하지 않으면 석방되지 못한다. 그를 응원하는 사람들이 홍길동 피고인을 석방시키는 방법은?

① 별 수 없다. 나머지 5,000만 원을 더 모아야 한다.

② 보석 보증금을 깎아달라고 판사에게 집단으로 탄원한다.

③ 모자라는 보석 보증금은 석방 후 1개월 내에 납부하면 된다.

④ 보증 보험 주식회사의 보석 보증 보험 증권으로 대치하면 된다.

　보석 허가는 구속된 자를 구속으로부터 해제하여 일시 석방시키는 제도로서 구속된 사람에게는 아주 중요한 제도이다. 그런데 보석은 피고인 등 일정한 자의 청구를 받아들여 법원이 허가하는 '신청에 의한 보석'이든, 법원이 직권으로 허가하는 '직권 보석'이든, 필수적으로 보석 보증금의 납부를 요구하고 있다.

　그렇다면 보석금의 액수는 어떻게 결정되는가? 보석을 허가하는 법원이 여러 가지 상황과 사정을 참작하여 정한다. 이 보석 보증금의 액수가 너무 많으면, 경제력이 없거나 약한 피고인에게 보석 허가는 그림의 떡이 되고 만다. 또 너무 적으면 피고인의 공판정 출석을 담보할 수 없게 된다. 그래서 개정된 형사소송법에서는 주의적으로 피고인의 자력이나 자산 정도로는 이행할 수 없는 과다한 보석 보증금을 정할 수 없게 하고 있다(제99조 제2항).

　보석 보증금은 현금으로 납부함을 원칙으로 하는데, 몇 가지 예외가 인정된다. 법원은 유가 증권이나 피고인 이외의 자가 제출하는 보증서로 보증금에 갈음하는 것을 허가할 수 있고, 보석 보증 보험 증권을 첨부한 보증서를 제출하는 것을 허가할 수 있다. 이 보험 증권 제도는, 피고인이나 그 가족이 보석 보증금의 1퍼센트에 해당하는 보험료를 보증 보험사에 내고 보석 보증 보험 증권을 발급받아 제출하는 것을 말한다.

🔍 결론

피고인 홍길동을 후원하는 사람들은 법원이 정한 보석 보증금을 보석 보증 보험 증권 제도를 이용하여 갈음할 수 있는 것이다(실무상으로는, 보석 청구 당시에 보석 보증금을 보석 보증 보험 증권으로 갈음하게 해달라고 하는 것이 보통이다).

43. 어떤 성역(?)

밤마다 장안의 밀수범, 탈세범, 뇌물받은 고관대작의 집만 털리는 희대의 사건이 발생하였다. 그 도적은 항상 '의적 홍길동'이라는 이름을 마루나 벽에 써두고 도망쳐서 더더욱 세인의 관심을 끌었다.

방범 비상령이 내려졌어도 홍길동은 어김없이 범행에 성공하였다. 사람들은 대리 만족을 느끼며 의적 홍길동의 활약에 마음으로부터 성원을 보내고 있었다.

경찰의 명예를 건 김 형사는 홍길동의 범행 대상이 부정한 방법으로 돈을 번 사람들이라는 데 착안하여, 어느 밀수범의 집에 일주일간 잠복하였다가 끝내 홍길동을 현행범으로 체포하는 데 성공하였다.

체포는 하였으나 물증, 즉 훔친 금은보석은 전부 고해 성사를 한 어느 신부님의 성당에 두었다는 것이 아닌가? 김 형사가 성당에 들어가서 장물을 압수할 수 있을까?

① 없다. 성당은 치외 법권 지대이다.

② 있다. 신부님의 양해를 얻는다면.

③ 있다. 법관의 수색 영장 또는 압수 영장을 얻으면 된다.

　수사 기관의 수사는 용의자, 피의자를 체포·구속한다고 해서 끝나는 것은 아니다. 오히려 수사의 진면목이라고 할까, 또는 본격적인 수사는 '증거의 수집과 확보'에 있다고 할 수 있다. 대부분의 증거는 수사 기관의 압수와 수색에서 확보된다. 여기서 '압수(押收)'란 수사 기관이 강제적으로 증거물 또는 몰수할 물건의 점유를 취득하는 것을 말하고, '수색(搜索)'이란 압수할 물건 또는 사람의 발견을 목적으로 사람의 신체, 물건, 장소에 대해서 행하는 강제처분을 말한다. 압수와 수색은 별개의 수사 활동이지만, 대개의 경우 수색은 압수를 하기 위해 하게 되므로 병행되는 것이 보통이다.

　물론 압수, 수색은 강제 수사 방법이므로 영장주의의 원칙에 따라 법원의 압수, 수색 영장을 얻어서 행하여진다. 구속 영장과 마찬가지로 압수, 수색 영장도 검사가 판사에게 청구한다. 경찰은 검사에게 이 영장을 청구해줄 것을 요청할 수 있을 뿐이다. 다만 압수, 수색에 있어 반드시 사전에 영장이 필요하다는 원칙에는 몇 가지 예외가 인정된다.

　체포 현장, 현행 범인의 범죄 장소, 그리고 긴급 체포 시에 피체포자가 소유·소지·보관하는 물건에 대하여는 영장 없이 압수·수색할 수 있고, 현행 범인의 체포를 위하여 필요한 경우에는 수색 영장 없이 타인의 주거를 수색할 수 있다. 또 수사 기관은 피의자나 다른 사람이 범죄 현장에 남긴 물건이나 이들이 임의로 제출한 물건을 영장 없이 압수할 수 있다(이를 '임의 제출물 압수'라고 하는데, 실무상 대부분이 이런 방식에 의하여 물건이 압수되고 있다).

🔍 결론

수사 기관은 압수·수색 영장을 얻어 성당에 있는 범죄의 증거물이나 몰수할 물건을 압수할 수 있고, 이 압수를 위해 성당을 수색할 수 있다. 이 영장의 집행 시 성당의 책임자를 참여시켜야 함은 물론이다.

44. 벼룩의 간을 빼 먹지

불경기가 들이닥치자 곳곳에서 실직 사태가 났다. 김명퇴 씨도 그 중한 사람이었는데, 딸린 식구는 많고 목구멍이 포도청인지라 트럭을 한 대사서, 올림픽대로의 정체 지점에서 호두과자 영업을 시작하였다.

아, 그런데 벼룩의 간을 빼 먹는 것이 차라리 낫지, 김 씨가 잠시 소변을 보러 자리를 뜬 사이에 누군가가 그의 트럭을 훔쳐 달아났던 것이다. 도난 신고를 하자 일주일 만에 범인이 붙잡혔다. 물론 트럭도 찾았다.

김 씨가 경찰에게 트럭을 돌려달라고 하자, "이 차는 장물로서, 증거물이기 때문에 범인의 재판이 끝날 때까지 경찰이 유치해야 한다"는 것이 아닌가?

그러면 그동안 김 씨는 어떻게 먹고살란 말인가? 딱한 처지에 빠진 김 씨를 어떻게 도울 수 있는가?

① 경찰에 정식으로(문서로) 반환을 요구하라고 조언한다.
② 법원에 트럭 인도 소송을 내라고 조언한다.
③ 재판이 빨리 끝나기를 기대해보라고 조언한다.

　수사 기관은 범죄의 증거물이나 몰수할 물건을 압수할 수 있다. 용의자의 체포 현장, 범행 중과 범행 직후의 범행 장소에서는 법관의 영장 없이도 용의자가 소유·소지·보관하는 물건은 압수할 수 있고, 압수를 위해서 신체를 수색할 수 있다. 현행 범인의 체포 시와 긴급 체포 시에도 가능하다. 또 용의자가 현장에 남긴 물건이나 소유·소지자가 수사 기관에 협조를 하기 위해서 스스로 제출한 물건도 압수할 수 있다.

　그렇다면 수사 기관이 압수한 물건은 어떻게 처리하는 것일까?

　물론 수사 기관은 재판이 끝날 때까지 증거물인 압수물을 보관해야 하는 것이 원칙이다. 압수물에 대하여 법원이 이를 몰수한다는 판결이 확정된다면 그다음의 단계는 몰수의 집행이 이루어진다. 몰수 판결이 확정된 물품은 검사가 파기 또는 폐기하거나(예컨대 포르노 테이프 등), 사용 가치가 있는 물품은 일반에게 공매 처분하고, 그 대금은 국고에 귀속시킨다. 그런데 몰수할 수 없는 증거물(예컨대 자동차 절도 범죄에 있어서 자동차)은 재판이 확정되면 그 소유자에게 반환하게 된다('피해자 환부').

　그러나 수사 기관은 예외적으로 압수를 계속할 필요가 없다고 인정하는 압수물은 사건의 종결 전이라도 피해자에게 반환할 수 있다. 즉 소유자가 반환해달라고 청구하면 임시로 반환할 수도 있다('피해자에 대한 가환부'). 소유자가 계속 사용해야 하는 물건은 사건 종결 전에 반환하더라도 수사와 공소 유지에 자신이 있으면 소유자를 위해서 반환하는 것이 옳기 때문이다.

🔍 결론

피해자가 수사 기관에 임의로 제출한 물건 또는 압수한 물건은 피해자가 계속 사용해야 할 물건이라면 재판의 종결 전이라도 반환해달라고 청구할 수 있다. 이 청구는 거의 대부분 허용되고 있다.

45. 왕 서방, 망한다 해

비단 장사 왕 서방이 비단옷 경기가 침체하자 보석상으로 업종을 바꾸었다. 미모의 명월이를 직원으로 채용하였는데, 매일 한 개씩 다이아몬드가 사라지는 것이었다.

명월이에게 혐의를 두고, 그녀의 동의하에 몸수색까지 해보았으나 헛수고였다. 그래서 몰래 안 보이는 곳에 카메라를 설치하고 살펴보니, 명월이가 퇴근 무렵 보석을 집어삼키는 것이 아닌가? 왕 서방은 즉시 경찰관을 불렀다.

"명월이 나쁘다 해. 보석을 삼키는 방법으로 우리 보석 훔친다 해."

자, 경찰관이 왕 서방 말이 사실이라고 믿었을 때, 명월이가 삼킨 보석을 강제로 배출하게 하여 절도의 증거물(보석)을 확보하는 것이 수사상 가능한가?

① 가능하다. 단 법관의 영장을 발부받아야 한다.

② 가능하다. 단 의사의 입회하에 가능하다.

③ 불가능하다. 강제 배출 행위는 용의자에 대한 인권 침해이다.

　형사 재판을 하는 목적 중의 하나는 사건의 진상 규명이다. 따라서 법은 수사 기관에게 사건의 진상 파악을 위한 합법적 수단과 권한을 부여하고 있다. 그중의 하나가 검증(檢證)이다. 검증은 수사 기관이 어떤 장소나 물건, 신체 등에 대하여 그 상태를 직접 실험, 인식하는 강제 처분이다. 살인 사건에 대한 현장 검증, 교통사고 현장에 대한 실황 조사, 화재 현장에서의 화재 원인 감식 등은 검증인 것이다.

　그런데 검증의 대상이 사람의 신체 내부일 때는 어떻게 될까?

　문제가 되는 경우는 대체로 다음의 세 가지이다. 하나는 압수할 물건이 피의자의 신체 내부(입속, 배 속)에 있을 때 강제 수색의 허용 여부이고(체내 강제 수색), 둘째는 피의자가 일부러 삼켜 위장 내에 있는 물건을 강제로 배출케 할 수 있는가의 여부이며(강제 배출), 셋째는 피의자의 혈액, 정액, 위액, 소변, 침 등을 강제로 채취할 수 있는가의 여부(강제 채취) 등이다.

　사람 신체 내부에 대한 수사 기관의 수색, 검증, 배출, 채취 등의 강제적 실력 행사를 허용할 수 있는가에 대해 학자들이 찬반양론으로 대립하고 있으나, 그러한 실력 행사가 수사상 반드시 필요하고, 얻어내려고 하는 대상물이 증거로서의 중요성이 있으며, 그 행사의 방법이 사회 통념상 타당한 경우에는 법관의 영장을 얻어 가능하다고 하는 주장(찬성론)이 설득력이 있다.

Q 결론

피의자가 삼킨 물건에 대해 수사 기관은 법관의 영장을 받아 강제로 배출시킬 수 있다고 보아야 한다. 그러나 그 방법도 의사가 구토제나 설사제 또는 튜브를 사용하는 의학적 방법으로 시행하여야 하고, 수사 기관이 직접 하여서는 아니 된다. 그렇다면 최후로 개복 수술을 하는 방법도 허용되는가? 허용되지 않는다고 보아야 한다.

46. 황해도 감사의 지략

　임거정이 황해도 구월산에 본거지를 두고 평안도, 황해도에서 한양으로 올려 보내는 공물을 터는 도적질을 일삼으매, 상감마마가 크게 노하시어 황해 감사에게 추상같은 체포령을 내리셨다.

　황해 감사가 어명을 받아 체포에 나섰으나, 소재를 알 수도 없고 증거도 없어서 애를 태우다가 꾀를 냈다. 건장하게 생긴 포졸 세 명을 농사꾼으로 위장시켜 임거정 일당에게 투항하게 하였다. 이들은 임거정에게 접근하여 "현재 황해 감사가 상경하여 감영이 텅 비었으니, 습격하면 많은 재물을 얻을 수 있다"라고 꼬셨다. 당초 임거정은 감영 습격 같은 행위는 전공이 아니어서 별 생각이 없었으나 이들의 꼬임에 넘어가 감영을 습격하러 나섰다가 매복중인 포졸들에게 붙잡히고 말았다.

　오늘날로 말하면 황해 감사의 수법은 '함정 수사'라고 할 수 있다.

　자, 함정을 파서 범죄를 유발케 한 뒤 체포하거나 증거를 수집하는 함정 수사는 적법한가?

① 적법하다. 범인 검거를 위해서 필수적이고 허용된다.

② 위법이다. 수사 기관이 범죄를 유발케 한 뒤 체포하는 것은 허용되지 않는다.

③ 재판을 하는 재판관의 판단 여하에 달려 있다.

'함정 수사'란, 수사 기관 또는 그 하수인이 신분을 숨기고 범죄를 유발시 킨 후 그 실행을 기다려 범인을 체포하는 수사 방법을 말한다. 마약 사범이나 밀수 범죄와 같이 범죄가 은밀하게 행해지는 경우에는 통상적인 수사의 방 법으로는 범인을 발견, 검거하기 곤란하므로 이런 방법이 예외적으로 허용 되는 것이 불가피하다고 한다.

문제는 수사 기관이 속임수를 써서 범죄를 유발한 다음 범인을 검거하는 것, 즉 '범죄 유발형' 함정 수사가 수사상 허용되는가 여부이다. 마약, 밀수 범죄의 경우에 수사상 그 필요성이 절실하므로 적법하다는 견해도 있으나, 위법설이 대세이다. 즉, 함정 수사는 정정당당하고 순결해야 할 수사의 청렴 성에 반하고, 수사는 적법 절차에 따라 행해져야 함에도 이에 위배된 것이기 때문에 위법하다는 것이다.

우리나라 대법원은 '마약 사범을 단속하는 공무원이 정보원을 앞세워 피 고인으로부터 마약을 사게 하여 범죄를 행하게 한 경우에 전혀 범죄 의사가 없는 피고인으로 하여금 범행을 유발케 하였다면…'이라는 취지로 위법설에 찬성하고 있는 것으로 보인다(2005. 10. 28. 대법원 판결).

함정 수사가 위법이라는 학자들의 대세와 대법원의 판례에 따르면, 함정 수사의 방법으로 범인을 검거하여 기소한 경우에 법원은 공소 제기의 절차 가 부적법하므로 공소 기각의 판결을 해야 한다. 그리고 함정 수사의 방법으 로 수집한 증거도 위법한 절차에 의하여 수집한 증거이므로 그 증거 능력이 부정된다고 보는 것이 통설이다.

결론

범죄 유발형의 함정 수사는 위법이므로 허용되지 않는다.

47. 진돗개 세 마리를 보낸다

마약 청정국에 속하는 우리나라에서 해외여행 자유화 이후 마약 밀수가 급증하게 되자 검사 출신 국무총리가 마약과의 전쟁을 선포하면서 검거 공무원의 2계급 특진을 약속하였다.

공항 경찰서 김번개 형사는 관내의 사업가인 이수상 씨가 중국 출입이 빈번해지자 의심을 하고 집중 감시에 들어갔다. 중국과 자주 통화하는 것에 주목하여 그의 전화를 도청해 "다음 달 초 진돗개 세 마리를 보내니 수령하라"는 내용을 알게 되어 이 씨를 공항에서 긴급 체포하였다. 알고 보니 진돗개 세 마리는 필로폰 마약 1킬로그램짜리 세 덩어리였다.

법원의 허가 없이 도청으로 용의자를 검거한 셈인데, 그렇다면 그의 도청은 어떻게 평가해야 하는가?

① 합법이다. 어쨌든 범인을 검거하였으므로.
② 합법이다. 마약 범죄와 같은 범죄 수사에는 도청이 필수적이므로.
③ 불법이다. 범인 검거와 별개로 허가 없는 도청을 하였으므로.

과학 기술의 비약적인 발달로 전화, 휴대폰, 이메일 등에 대한 도청(盜聽)이 식은 죽 먹기처럼 쉬워졌다. 오늘날 도청에 대한 형사소송법의 입장은 무엇인가?

우선 도청 또는 감청은 조직범죄, 마약 범죄 등 특수한 분야에서는 그 필요성이 절대적으로 요청되고 있지만, 다른 한편에서는 도청이 헌법이 보장하는 개인의 통신 비밀의 자유와 프라이버시를 해치는 것이므로 허용해서는 안 된다는 주장도 만만치 않다.

형사소송법은 이 수사의 필요성과 인권 보장의 요청을 절충하여, 도청은 강제 수사에 해당되므로 법원의 허가를 얻도록 하고 있다. 즉 허가받은 도청은 수사상 허용되는 것이다.

통신비밀보호법 제5조에 의하면 동법 제5조에서 열거하고 있는 범죄에 대하여 '그 범죄를 계획 또는 실행하였다고 의심할 충분한 이유가 있고, 다른 방법으로는 그 범죄의 실행을 제지하거나 범인의 체포 또는 증거의 수집이 어려운 경우', 검사의 청구에 의하여 법관의 허가를 얻어 도청이 가능하다.

도청할 수 있는 기간은 원칙적으로 2개월을 초과하지 못하나 다만 1회에 한하여 2개월의 범위 내에서 연장이 가능하다. 그러나 도청이 필요하고 법원의 허가를 받을 수 없는 긴급한 사정이 있는 경우에는 사전 허가 없이 '긴급 도청'을 할 수 있다.

Q **결론**
도청에 있는 수사는 법원의 사전 허가를 받은 경우에만 가능하고 정당하다.

48. 잠 고문을 당했다?

대형 범죄 사건이 터지면 가장 바빠지는 곳이 검찰청 특별 수사부이다.

전도완, 노대우 일당이 대역죄를 범한 사건이 터지자 검찰청에서는 관련자를 모두 소환하여 철야 조사를 벌였다. 전도완이 거사하던 날 군복을 챙겨준 가정부 봉천댁도 내란을 방조하였다는 혐의로 소환되어 만 3일간 철야 조사를 받고 귀가 조치되었다.

물론 조사받는 과정에서 뺨따귀 한 대 맞은 일 없고, 외부에서 설렁탕을 시켜주어 조사관과 같이 먹기도 하였다. 하지만 잠을 못 잔 탓에 머리가 지끈지끈하고 몸이 말을 안 듣는 것이 몇 대 맞은 것보다 더 고통스럽다. 그렇다면, 철야 조사는 일종의 고문이 아닐까?

자, 형사소송법상 고문은 금지되어 있는데, 철야 조사는 수사 방법으로서 허용된 것일까?

① 고문이다. 허용되지 않는다.

② 신체에 대한 가해가 고문이지, 철야 조사는 고문이 아니다.

③ 생각하기 나름인데, 역시 재판장님의 판단 소관이다.

경찰서나 검찰청이라는 장소에서 수사가 어떻게 이루어지는지는 공개된 바 없지만 들리는 말에 의하면 여러 명의 수사관이 교대로 피의자를 조사하게 되고 그 바람에 피의자가 잠을 자려야 잘 수 없었던 경우도 있다고 한다. 지금까지 고문이란, 육체에 가해지는 유형의 폭력을 의미하는 것으로 인식되고 있다. 그렇다면 철야로 조사하는 것은 분명히 고문은 아니기 때문에 문제를 제기한 사람은 아직 없는 것 같다.

그러나 필자는 잠을 재우지 않는 철야 신문, 철야 조사는 이제 새로운 유형의 고문이라고 주장하고 싶다. 왜냐하면 잠을 재우지 않는다는 것은 인간의 생리적 본능을 인위적으로 제한하는 것이며, 조사관은 교대로 피의자는 지속적으로 신문을 받는 것이 수사상 반드시 정당한 방법은 아니고, 제한된 공간에서 귀가·이동의 자유를 사실상 박탈한 채 조사를 강행하는 것은 피의자에 대한 인권 유린적 측면이 있기 때문이다. 잠을 재우지 않는 것은 육체적 고통을 가하는 것과 다름이 없을 것이다.

따라서 사회적 통념과 수사의 정도(正道)를 넘어서 며칠씩 계속되는 잠 안 재우기식 조사의 강행은 적어도 고문이라고 해야 할 것이며, 그렇지 않다고 하더라도 최소한 이런 방법으로 해서 얻어 낸 자백은 그 임의성을 부정해야 할 것이다.

🔍 결론

하루 이틀 정도의 철야 신문은 모르겠으나 그 이상 계속되는 잠 안 재우기와 계속적 신문은 사실상 고문이라고 보아야 할 것이다. 마침내 대법원이 1997년 6월 27일 "…30시간 동안 검찰청사에서 검사 두 명이 피의자를 잠을 재우지 않는 상태에서 교대로 신문을 하고…, 피의자가 자백을 한 경우 그 자백은 임의로 한 것이 아니라고 의심할 만한 이유가 있는 때에 해당하고…, 그 자백이 기재된 신문 조서는 증거 능력이 없다'라고 판시하여 논란에 종지부를 찍었다.

49. 수상한 졸부

　필로폰을 매매하던 마약 밀매업자들이 붙잡혔다. 제조단 총책이 누군지 대라는 경찰의 추궁에 그들은 한결같이 모른다고 잡아떼고 있다. 고심하던 담당 형사 이수일 씨는 주변 인물 중에 김중배라는 사람을 지목하였다.

　그가 이렇다 할 직업이 없는데도 갑자기 골프 회원권을 사는가 하면, 고급 수입 자가용을 굴린다는 소문을 듣고 이수일 형사는 그를 필로폰 제조단의 총책이라고 단정하였다. 그래서 김중배를 전격 연행하여 철야 신문을 벌였으나 그가 입을 다물고 조사에 응하지 않았다. 석방하면 도망할 것 같고, 성과는 올려야 되겠고….

　이 형사는 우선 김중배가 몇 달 전 포장마차 집에서 술을 먹고 돈을 안 내고 도망친 일이 있음을 알아내고, 김중배를 일단 무전취식, 즉 사기 혐의로 구속 영장을 받아 구속하고, 필로폰 사건 조사를 계속하였다.

　이러한 구속을 어떻게 평가할 것인가?

① 위법이다.

② 적법하다.

고사성어에 '성동격서(聲東擊西)'라는 말이 있다. 성문을 굳게 닫고 대항하는 수비군에 대해 동쪽을 치는 것처럼 위장한 뒤, 기습적으로 수비가 약하거나 수비군이 동쪽으로 이동된 틈을 이용하여 서쪽을 쳐서 성을 함락시키는 고대의 공성법(攻城法)의 하나이다. 유명한 《삼국지》에도 이 전법은 자주 등장하고 있다.

수사상 별건 구속이 바로 성동격서와 비슷하다.

수사 기관이 진짜 수사하려고 하는 범죄는 A이나(본건이라고 한다), A범죄에 대해서는 피의자를 구속할 요건이 구비되지 못하였거나 증거가 충분치 못하여 A범죄와 상관없는 경미한 범죄인 B범죄(별건이라고 한다)로 구속 영장을 받아 구속하는 경우를 '별건 구속'이라고 한다. 수사 기관이 종종 애용(?)하는 수사 기법 중의 하나이다. 수사 기관은 물론 별건으로 구속한 뒤, 그 구속 기간 중에 본건을 수사함은 물론이다.

그렇다면 별건 구속은 과연 합법적인 것인가?

별건도 범죄이고, 그 별건에 대하여 영장을 받아 여죄인 본건을 수사하는 것은 조금도 위법이 아니라는 견해도 있기는 하다. 그러나 대부분의 학자들은 별건 구속이 영장주의의 원칙을 교묘히 피해 빠져나가려는 탈법 행위이므로 위법하다고 보고 있다.

따라서 별건 구속 기간 중에 피의자가 임의로 본건에 대하여 자백을 하거나 이에 따라 본건에 대한 증거가 수집된 경우에도, 위법 증거 배제 원칙에 의하여 그 증거 능력이 부정되어야 한다고 보고 있다.

🔍 결론

별건 구속은 위법이다.

50. 개구리 소년들아, 응답하라

'개구리 소년들'이 실종된 지 몇 년이 지났을 때 일이다. 하늘로 솟았는지? 땅으로 꺼졌는지? 그 많은 수사 인력이 동원되었어도 여전히 행방은 오리무중이다. 물론 납치되었으리라 짐작은 되나 이것도 알 수 없다.

특별 수사본부 김 검사에게 어느 날 결정적인 익명의 전화 제보가 들어왔다. 외딴 산 속에 움막을 짓고 사는 고독한이라는 사람이 수상하다는 내용이었다. 김 검사는 일주일을 관찰한 끝에 일단 혐의가 있다고 보고 고독한 씨를 불구속 입건하였다.

하지만 막상 수사해보니 고독한 씨는 혐의를 부인하고 있고, 물증은 없고, 손을 떼자니 미심쩍고⋯. 개구리 소년 중 한 명이라도 나타나서 증언만 해주면 증거는 충분할 것 같은데⋯.

이처럼 검사가 이러지도 저러지도 못할 때의 법적 조치는?

① 일단 기소하여 법원의 판단을 구해본다.

② 유력한 증거를 확보할 때까지 기소 중지한다.

③ 별건으로 구속하고, 유괴 혐의를 계속 수사한다.

검사는 수사한 사건에 대하여 내리는 결론은 크게 보아 기소와 불기소 중 하나이다. 이 중 불기소 처분은 다섯 가지 종류가 있다.

1. 기소 유예: 혐의 사실이 인정되고 유죄의 증거도 수집하였으나 정상을 참작하여 기소하지 않는 경우이다. 초범이고, 피해자와 합의가 된 경우나 소년범의 경우에 활용하는 처분이다.

2. 혐의 없음: 혐의 사실이 인정되지 않거나 이를 인정할 만한 충분한 증거가 없는 경우 또는 혐의 사실이 범죄를 구성하지 않는 경우이다.

3. 죄가 안 됨: 혐의 사실은 인정되나 범죄의 성립을 조각(阻却)하는 사유가 있는 경우(예컨대 정당방위)이다.

4. 공소권 없음: 혐의 사실에 대해 이미 확정 판결이 있는 경우, 사면이 있는 경우, 공소 시효가 완성된 경우, 범죄 후 법령의 개폐로 형이 폐지된 경우, 동일 사건에 관하여 이미 공소가 제기된 경우, 친고죄에 있어서 피해자의 고소가 취소된 경우, 피의자가 사망한 경우이다.

5. 기소 중지: 피의자가 소재 불명 등 사유로 수사를 할 수 없는 경우, 또 결정적인 중요 참고인이 소재 불명 등의 사유로 수사를 할 수 없는 경우에 그 사유가 해소될 때까지 임시로 기소를 중지해놓는 처분을 말한다.

특히 이것은 잠정적, 일시적 처분이므로 피의자의 소재가 발견되거나 중요 참고인에 대한 소재 파악에 따라 수사가 가능한 경우에는 다시 수사해야 한다. 이 때문에 기소 중지 결정을 한 때에는 피의자를 전국에 지명 수배하는 조치를 하도록 하고 있다.

Q 결론

혐의를 증명할 결정적 증거가 부족한 경우에 검사는 일단 기소 중지라는 처분을 하게 된다.

51. 선녀와 나무꾼의 송사

금강산 나무꾼 돌쇠란 놈이 목욕을 하러 내려 온 선녀의 옷을 감춘 행위는 오늘날의 죄명으로 감금죄에 해당한다(그리고 옥황상제에게 일러 선녀 명부에서 지우겠다고 협박하여 아내로 삼았다면 강간죄에 해당한다고 할 수도 있겠다).

자식을 둘까지 낳고도 선녀는 날이면 날마다 옷을 내놓으라고 요구하였으나, 돌쇠가 듣지 않자 선녀는 10년 만에 강원지방경찰청에 돌쇠를 감금죄로 고소하였다.

이 고소는 법적으로 유효한가?

① 무효이다. 가해자와 혼인까지 하였으므로.

② 무효이다. 공소 시효 기간이 지났으므로.

③ 유효이다. 피해 상태가 고소 당시까지 유지되고 있었으므로.

④ 유효이다. 공소 시효가 아직 남아 있으므로.

'고소'는 범죄의 피해자가 수사 기관에 대하여 범죄 사실을 신고하여 범인의 처벌을 구하는 의사 표시를 말한다. 고소는 처벌의 의사 표시이므로 단순한 범죄 신고와 구별되고, 피해자가 행한다는 점에서 피해자가 아닌 제3자가 범인의 처벌을 구하는 '고발'과도 다르다. 피해자의 고소는 수사 기관의 입장에서는 중요한 수사 개시의 단서가 되고 있다. 그래서 전국의 수사 기관에는 그야말로 쇄도하는 고소로 몸살을 앓고 있다. 우리나라에서 이루어지는 고소의 상당수는 민사 문제로서, 수사 기관의 힘을 빌려 민사적인 피해를 구제받는 데 악용되고 있다는 비판도 제기되고 있는 실정이다.

고소는 구두로 해도 무방하나 대부분의 고소는 문서(고소장)로 이루어지고 있다. 고소가 유효하게 성립하기 위해서는 고소권이 있어야 한다. 고소권이 있는 사람은 범죄의 직접적 피해자이며(따라서 예컨대 성폭행당한 여자의 남편은 고소권이 있는 피해자가 아님), 피해자의 법정 대리인도 고소권자이다. 이렇게 하여 적법한 고소가 접수되면 수사 기관은 반드시 수사에 착수하여야 한다. 고소를 당한 피고소인에게 범죄가 성립되는가의 여부는 수사를 해 보아야 알 수 있는 문제이기 때문이다.

그런데 고소는 언제까지 해야만 한다는 기간의 제한이 있는 것일까? 그렇지는 않다. 고소하는 범죄가 이른바 공소 시효가 완성되어 처벌할 수 없는 경우를 제외하고는 고소 기간의 제한은 없다. 그러나 피해자의 고소가 있어야만 하는 이른바 '친고죄'는 고소의 기간이 정해져 있다. 즉 친고죄의 피해자는 범인을 알게 된 날로부터 6개월 내에 고소하여야 한다.

🔍 결론

고소는 고소권자가 공소 시효 기간이 끝나기 전에 해야 하는데, 감금죄는 공소 시효 기간이 7년이므로 가해자는 처벌되지 않는다.

52. 다른 아홉 명은 어떻게 해?

몇 년 전 소녀 가장을 동네 청년들이 번갈아가며 성폭행한 참으로 파렴치한 범죄 사건이 보도되어 많은 사람을 개탄케 하였다.

"세상이 말세가 아니고서야 어찌 이런 일이 있을 수 있는가?"

자, 가해자가 열 명인데, 피해자는 그중 가장 악랄한 사람 한 명을 지목하여 고소하였다고 가정한다.

그렇다면 고소되지 않은 다른 아홉 명의 가해자는 어떻게 될까?

① 공범자 1인에 대해 고소하면, 나머지 공범에 대해서도 고소의 효력이 미친다.
② 피해자의 고소 효력은 고소한 특정인에게만 미친다.

피해자의 고소가 있어야만 처벌이 가능한 범죄를 이른바 친고죄(예컨대 명예 훼손죄 등)라고 한다. 친고죄로 규정된 범죄는 피해자의 고소나 그 취소가 수사와 재판에 있어서 절대적이다.

그런데 친고죄를 범한 사람이 복수 이상인 경우, 즉 공범인 경우에 피해자가 그 중 1인에 대해서만 고소를 한 경우(또는 고소 후 고소를 취소한 경우에), 고소가 없었던 다른 공범자의 법적 처리는 어떻게 될까?

상식적으로 생각하면 수사나 처벌은 공범 중 고소당한 자에게만 효력이 있을 것 같다. 그러나 그렇지 않다. 형사소송법은 상식과는 반대로, 친고죄의 공범 중 1인에 대한 고소나 취소는 다른 공범자에 대하여도 효력이 있다고 규정하고 있다. 이것을 '고소 불가분의 원칙'이라고 한다.

이 원칙이 인정되는 이유는 고소인의 자의(恣意)에 의하여 친고죄의 공범자 처벌 여부가 좌우되는 불공평한 결과를 방지하기 위해서이다. 따라서 친고죄의 피해자가 공범자 중 1인을 고소하거나 1인에 대해서만 고소를 취소하더라도 그 효력은 공범자 전원에게 미치므로 전원이 처벌되거나 처벌이 면제되는 것이다.

강간죄는 예전에 친고죄로 규정되었으나, 2013년 4월 5일 성폭력범죄의 처벌 등에 관한 특례법의 개정으로, 현재는 친고죄가 아닌 범죄로 되었다.

◯ 결론

친고죄에 있어서는 피해자가 공범자 중 1인을 고소하거나 취소한 경우에도 그 효력은 전원에게 미치고, 또한 범죄 사실의 일부에 대해서 고소하거나 취소하더라도 범죄 사실 전부에 대하여 그 효력이 미친다.

53. 파출소장님의 분노

경치 좋고 물 좋은 곳에는 어김없이 이른바 러브호텔이 들어선다. 자녀
교육상으로나 국민 정서상으로나, 러브호텔은 있어서도 안 되고 있을 수
도 없다고 주장하는 산골 마을 파출소 이도덕 소장은 파출소 전 직원을
총동원하여 대대적인 러브호텔 단속에 나섰다.

그래서 단속된 유부남, 유부녀 중 부부가 아닌 사람들에 대해서는 전원
간통죄로 입건하였다. 단속된 사람이 워낙 많자 이 사건을 맡은 김일복
검사는 우선 기소부터 해놓고, 그 후에 피해자들(남편이나 처)로부터 간
통죄 고소장을 받아 법원에 제출하였다. 왜냐하면 간통죄는 피해자의 고
소가 있어야 하는 친고죄였기 때문이다.

사후(즉 기소 후)에 제출된 고소장도 유효한가?

① 유효이다.

② 무효이다.

③ 법관이 판단하기 나름이다.

앞에서 설명한 대로 친고죄에 있어서 피해자의 고소는 수사나 재판에서 절대적이라고 할 수 있다. 고소가 있어야 수사에 착수할 수 있고 기소할 수 있으며, 일단 기소된 뒤에 제1심 판결 선고 전까지 고소권자가 고소를 취소하면 법원은 유무죄의 판단 이전에 공소를 기각해야 하는 점을 보면 이해가 될 것이다.

그렇다면 친고죄의 고소는 판결 전까지 있으면 되는 것이 아닌가 하는 의문이 생길 수 있다. 즉, 수사와 기소 전까지 피해자의 고소는 없었으나, 기소 후에라도 피해자의 고소만 있으면 그 기소는 유효하게 되는 것이 아닌가? 이 문제를 '고소의 추완'이라고 한다.

고소의 추완이란 친고죄의 공소 제기 이후에 피해자가 고소를 제기함으로써 무효인 공소 제기를 유효로 할 수 있는가의 문제이다. 이에 대하여 학자들 간에는 고소의 추완은 인정할 수 없다는 설과, 인정할 수 있고 또 인정해야 한다는 설이 대립한다.

대법원은, 친고죄가 아닌 강간 치상죄로 공소 제기하였으나 심리 중에 치상 부분이 인정되지 않아 결국 검사가 친고죄인 강간죄로 공소장을 변경한 사안에 대하여 고소의 추완을 인정할 수 없다고 판결하고 있다(1982. 9. 14. 대법원 판결).

Q 결론

판례에 따라 고소의 추완, 즉 친고죄의 경우 공소 제기 후에 친고죄의 고소를 받아 부적법한 당초의 공소 제기를 유효 삼으려는 제도는 인정되지 않는다고 판정한다.

54. 각서가 무슨 소용?

미모의 재원 황진이 양은 대학을 졸업한 뒤, 선망하는 노다지물산의 비서실에 취업하였다. 월급 많고, 근무 환경 좋고, 토요일 휴무도 좋고…. 다 좋은데, 옥에도 티가 있다고 한 가지 괴로운 점이 상사인 김중태 차장의 성희롱이다. 김 차장은 남들이 없을 때면 어느새 다가와서 슬쩍슬쩍 엉덩이도 만지고, 야한 농담도 서슴지 않는다.

견디다 못해 강제 추행 혐의로 고소를 제기하였더니 손이야 발이야 빌면서 용서해달라는 것이 아닌가? 그래서 "다시는 그러지 않는다. 위자료로 1,000만 원을 지급한다"는 각서를 받고 고소를 취소하였다. 그러나 고소 취소 후 김차장은 약속한 위자료를 주지 않는다.

황진이 양은 위 고소의 취소를 다시 취소하고 재고소하려고 한다. 가능한가?

① 가능하다.
② 불가능하다.

범죄 피해자가 하는 고소는 권리이지 의무는 아니다. 마찬가지로 고소의 취소도 자유이다. 즉 피해자는 고소할 수도 있고, 또 고소한 이후에도 그 고소를 취소할 수 있는 것이다. 고소의 취소는 대개 고소 후 수사가 진행됨에 따라 피고소인(가해자)이 고소인에게 사과, 배상 등을 하는 경우(사회에서는 이를 '합의'라고 부르고 있다)에 뒤따르게 된다.

고소의 취소가 있게 되면 친고죄의 경우, 불기소 처분 또는 공소 기각의 사유가 된다(단, 친고죄 고소의 취소는 늦어도 제1심 판결 선고 직전까지 해야 한다). 그리고 비친고죄의 경우에는 피의자나 피고인에게 유리한 정상 참작의 자료(예컨대 기소 유예 처분, 벌금, 집행 유예의 사유)가 된다. 그러므로 고소와 그 취소 제도는 피해자에 대한 사실상의 피해 구제 기능을 하고 있고, 이 때문에 고소가 남용되고 있는 실정이다.

고소를 취소할 수 있는 자는 고소를 할 수 있는 고소권자와 같다. 다만 피해자가 고소 제기 후 사망한 때에는 법정 대리인이 그 고소를 취소할 수 있다.

고소의 취소와 관련하여 제기되는 문제가 바로 사례의 경우이다. 고소를 취소한 뒤 그 취소를 취소, 즉 재고소할 수 있는가이다. 고소의 취소의 취소는 사실상 다시 처벌해달라는 의미를 갖는다.

이 문제에 대하여 형사소송법 제232조 제2항은 고소를 취소한 자는 다시 고소하지 못하도록 규정하고 있으므로, 취소의 취소는 인정되지 않는다고 해석해야 한다.

🔍 결론

고소를 취소한 뒤에는 재고소할 수 없다. 따라서 고소의 취소는 신중할 필요가 있다.

55. 몸통은 어딜 가고 깃털만 나부끼나?

"지위 고하를 막론하고 전면 수사하여 엄벌에 처하라"는 상감의 어명이 내려지자 포도청만 바빠졌다.

수사 결과, 국내 최대의 떡장수인 안석봉 어머니로부터 떡값 명목으로 돈을 받은 조정 신하들은 영의정부터 말단 종9품에 이르기까지 걸리지 않는 이가 없었다. 포도청은 그중 종9품짜리 아홉 명만 뇌물죄로 기소하고, 나머지 100여 명은 전부 기소 유예를 하였다.

백성들은 "말도 안 된다!"고 하면서 포도청을 비난하였는데, 판사는 이 조무래기 피고인들을 어떻게 처리하여야 하는가?

① 법대로 유죄 판결한다.
② 기소 유예된 몸통과 균형을 고려하여 공소 기각 판결을 하여야 한다.
③ 무조건 집행 유예 판결을 하여야 한다.
④ 뇌물을 받은 나머지 100여 명의 기소를 명령해야 한다.

공소권을 독점하고 있는 검사가 그 공소 권한을 남용하는 경우에 대책은 무엇일까?

예를 들면, 범죄의 객관적 혐의가 없고 증거도 불충분한 경우에 기소를 한다든가(무혐의 사건의 기소), 또는 사건의 성질, 정도에 비추어 관대한 기소 유예 처분을 하는 것이 타당한데도 굳이 기소를 한다든가(기소 재량의 일탈), 죄질이 같은 공범자 중 일부만 기소하고 일부는 석방하는 경우(차별적 기소) 등이 검사가 공소권을 남용한 실례라고 할 수 있다.

형사소송법에는 검사의 명백한 공소권 남용에 대해 법원이 어떻게 한다는 명시적 규정이 없다. 따라서 이 문제는 학자들의 세계에서 논란이 되고 있다.

학설에 따라 문제를 해결하면 이렇다. 우선, 무혐의 사건의 기소에 대해서는 법원이 그 공소를 기각해야 한다는 설도 있지만 무죄 판결을 해야 한다는 설이 다수설이다. 다음, 기소 재량의 일탈로 볼 수 있는 기소에 대해서는 법원도 도리 없이 유죄로 판결해야 한다는 것이 다수설이다(법원의 실무에서는 이럴 때 유죄로 하면서도 가급적 관대한 판결을 하고 있다).

마지막으로, 차별적 기소에 대해서는 헌법상 평등의 원칙에 위반되므로 공소를 기각하여야 한다는 주장과 이에 반대하면서 법원은 일반 기소와 동일하게 심리를 하여 유죄, 무죄의 실체를 판결해야 한다는 주장이 대립하고 있다. 대법원은 후자의 입장에 서 있는 것으로 보인다(1996. 2. 13. 대법원 판결).

결론

검사의 공소권은 공정, 무사하게 행사되는 것이 바람직하다. 그러나 현실적으로 명백히 그 공소권을 남용한 경우(이 사례에서는 차별적 기소)에 법원이 그 제동을 걸어야 할 것이다. 이에 대한 필자의 견해는 공소 기각설에 찬성하나, 대법원 판례대로 심리 후 유무죄의 판결을 해야 한다는 ①번을 정답으로 한다.

56. 거봐! 나 아니라니까

　일정한 직업이 없고, 전과가 있는 김시훈 씨가 택시 기사 강도 살인범으로 체포되었다. 경찰의 가혹 행위 끝에 김씨는 범행을 자백하였고, 기소되었다. 그는 법정에서 '살인한 적이 없고, 수사 기관에서의 자백은 고문에 못 이겨 허위로 한 것'이라고 항변하였다.

　그러던 중 정말 진범이 붙잡혔다.

　이런 경우에 김시훈 씨를 기소하였던 검사는 어떻게 하여야 하는가?

① 즉각 사표를 써야 한다.
② 고문한 경찰관부터 처벌해야 한다.
③ 김씨에 대해 공소를 취소해야 한다.
④ 김씨에 대한 항소를 취하해야 한다.
⑤ 김씨에 대한 무죄 판결을 청구해야 한다.

이 문제는 실제로 일어났던 일이다. 일명 '김시훈 사건'이라고 한다. 1981년 경찰이 김시훈 씨를 강도 살인죄로 검거하였고 검사가 기소하였다. 1심인 전주지방법원에서 고문 사실과 증거 불충분을 이유로 무죄를 선고하였다. 검사가 항소하여 광주고등법원에서 유죄로 인정되어 징역 15년이 선고되었다. 김시훈 씨가 대법원에 상고하여 판결을 기다리던 중 진범이 체포되었다.

이 사건에서 보듯이 검사, 판사도 인간이므로, 재판이란 오판의 가능성을 숙명적으로 잉태하고 있는 제도임을 충분히 알 수 있다. 이처럼 재판은 온갖 제도와 장치, 그리고 원칙의 확립에도 불구하고 완전하지 못하기 때문에 '사정의 변화'에 따른 탄력적 대응을 강구해놓을 필요가 있는 것이다.

공소 취소 제도는 바로 공소 제기 후에 일어나는 예상치 못한 사태에 유연하게 대응할 목적으로 검사가 제기한 공소를 철회(취소)하는 것을 말한다. 그 사유가 법정화되어 있지는 않으나 대체로 다음과 같다.

기소된 사건에 대한 증거의 불충분으로 유죄 판결의 가능성이 없는 경우, 진범이 검거되거나 피고인의 알리바이가 명백히 입증된 경우, 기소 후 피해자와 합의하거나 그 범죄에 대한 사회적 인식이나 사정이 변화하여 처벌 가능성이 희박한 경우, 기소 후 사면이나 형이 폐지된 경우, 기소 후에 친고죄의 고소가 취소되어 공소 기각 판결이 예상되는 경우 등이다.

공소 취소는 1심 판결 선고 전까지만 허용된다. 공소의 취소가 있으면 법원은 공소 기각의 판결을 하게 된다.

◯ 결론

진범이 검거되거나, 피고인의 알리바이가 입증된 경우에 검사는 공소를 취소할 수 있다(그러나 필자는 이런 때 검사가 피고인을 위하여 무죄를 선고해줄 것을 요청해야 한다고 생각한다. 이런 멋진 검사가 있다면 삭막한 세상이 얼마나 멋있어질까?).

57. 전파상을 뒤져라

"도대체 전기 고문 기술자 이근한은 못 잡는 거야, 안 잡는 거야?"

온 국민이 수군거리자 대통령이 안전행정부 장관과 경찰청장에게 엄명을 내렸다.

"이근한을 무슨 수를 써서라도 잡으시오!"

"그런데 아무리 수사를 해도 어디 있는지 알 수가 없어서요…."

그러자 대통령은 불같이 화를 내었다.

"아, 있는 곳은 뻔하잖소? 지금쯤 자기 전공을 살려 어딘가에서 전파상을 하고 있을 것 아니오?"

이렇게 해서(?) 전국의 전파상을 뒤진 끝에 이근한이 잡혔는데, 고문이 있은 지 15년이 지난 뒤였다.

범죄 후 도피하여 상당 기간이 경과한 범죄인을 처벌할 수 있을까?

① 없다. 공소 시효라는 것이 지났기 때문이다.

② 있다. 도피 중에는 공소 시효가 정지된다.

③ 있다. 전 국민적 관심사가 된 중대 범죄는 공소 시효가 도피 기간만큼 연장된다.

법률에는 시효(時效)라는 제도가 있다. 민법에서는 일정한 기간이 끝나면 권리를 소멸시키거나('소멸 시효'), 권리를 인정하고('취득 시효') 있다. 형사 소송법과 형법에서도 일정 기간이 경과하면 검사의 공소권, 법원의 재판권, 국가의 형집행권을 소멸시키는 시효 제도가 인정되고 있다.

첫째는 '공소 시효(公訴時效)' 제도이다. 범죄 행위가 종료된 후에 일정한 기간 동안 검사가 그 범죄자에 대해 공소를 제기하지 않으면(또는 못하면) 그 범죄에 관한 검사의 공소권이 소멸된다.

둘째는 '재판 시효' 제도이다. 공소가 제기된 후 재판이 확정되지 않고 일정 기간이 경과하면 법원의 재판권이 소멸된다.

셋째는 '형의 시효' 제도이다. 재판에 의하여 형이 확정된 후에 일정 기간이 경과하면 국가의 형집행권이 소멸된다.

이처럼 일정한 기간이 경과하면 검사의 공소권, 법원의 재판권, 국가의 형집행권이 각각 소멸되는 제도는 세계 각국의 보편적인 현상이라고 할 수 있다. 공소 시효 제도는, 범죄가 있으면 검사는 법률이 정한 일정 기간 내에 반드시 공소를 제기하여야만 한다는 뜻이 된다.

공소 시효 제도를 두는 이유는 여러 가지이다. 즉 범죄 후 장기간이 경과하면 그 범죄에 대한 사회적 관심이 약해진다는 점, 범죄 후 장기간의 경과로 인하여 생긴 사실상의 상태를 법률도 존중해야 한다는 점, 범죄 후 장기간이 경과한 범인의 사회 생활의 안정을 뒤흔들어서는 안 된다는 점, 범죄 후 장기간이 경과되어 증거가 없어짐으로써 공정한 재판을 기대하기 어렵다는 점, 범인이 장기간 도피 생활을 함으로써 형벌의 고통 못지않은 심리적 불안과 고통을 받았다는 점 등이다.

공소 시효의 기간은 형사소송법이 범죄의 법정형을 기준으로 하여 정해놓고 있는데, 최장 기간은 25년이고 최단 기간은 1년으로 되어 있다. 즉 법정형이 사형에 해당하는 범죄는 25년, 무기 징역 또는 금고에 해당하는 범죄는 15년, 장기 10년 이상의 징역 또는 금고에 해당하는 범죄는 10년, 장기 10년 미만의 징역 또는 금고에 해당하는 범죄는 7년, 장기 5년 미만의 징역 또는 금고에 해당하는 범죄는 5년이다.

예를 들어 살인죄의 법정형은 '사형, 무기 또는 5년 이상의 징역'으로서 사형이 포함되어 있으므로, 살인 범죄인은 범죄 후 만 25년 동안 공소 제기됨이 없이 경과하면(다시 말해서 도피하여 잡히지 않는다면) 공소 시효 제도 때문에 공소권이 소멸하여 국가는 그를 처벌할 수 없게 된다. 범죄 후 도피한 범죄자에 대하여 일정 기간이 경과하였다고 하여 처벌할 수 없도록 한 공소 시효 제도가 국민의 상식이나 정서에 어긋나는 것처럼 보일 수 있으나, 어쨌든 공소 시효 제도는 대부분의 문명국가가 채택하고 있다.

공소 시효를 계산하는 시점은 범죄 행위가 종료된 때로부터이다. 여기서 '범죄 행위가 종료된 때'라 함은 범죄의 결과가 발생한 때를 의미한다. 예를 들어 살인죄의 경우 살인 행위가 있은 때가 아니고 결과가 발생한 때, 즉 사망한 때이다. 예를 들어 피해자가 범인이 쏜 총에 맞아서 1년 동안 치료를 받다가 사망한 경우, 공소 시효가 시작되는 시점은 사망한 때부터이다.

공소 시효는 일정한 사유가 있으면 정지되고, 그 정지 사유가 소멸되면 다시 소멸한 때로부터 나머지 시효 기간이 진행된다. 공소가 제기되면 당연히 공소 시효는 정지된다. 또 피해자가 재정 신청을 하면 그 결정이 있을 때까지 공소 시효는 정지된다. 또한 범인이 형사 처벌을 면할 목적으로 '해외로 도피하면' 그 도피 기간 동안은 역시 공소 시효가 정지된다.

범죄가 복수 이상의 사람, 즉 공범자에 의하여 저질러진 경우 공범자 일부에 대해서만 공소가 제기되면, 제기되지 않은 나머지 다른 공범자에 대해서도 공소 시효는 정지된다. 이렇게 일시 공소 시효가 정지되었던 나머지 다른 공범자의 공소 시효는 공소 제기된 공범자에 대한 사건의 재판이 확정되면 그때부터 다시 나머지 기간이 진행된다. 정지된 기간은 공소 시효 기간에서 일단 빼고 계산된다.

공소 시효 기간 동안 공소가 제기되지 않으면(이를 '공소 시효가 완성되었다'고 표현한다) 검사의 공소권은 소멸되어 범죄자에 대해 공소를 제기할 수 없는데, 검사가 공소 시효가 완성된 사실을 모르고 실수로 기소한 경우에는 법원은 '면소 판결'이라고 하는 판결로 사건을 종결하게 된다.

🔍 결론
공소 시효 기간이 경과하여 시효가 완성된 범죄(자)에 대해서는 처벌할 수 없다.

58. 신부님, 신부님, 우리 신부님

검사는 장 발장을 강도죄로 기소하였다.

그런데 피해자인 신부님은 "그 은 식기, 은 촛대는 피고인이 강도짓으로 훔쳐간 게 아니고, 내가 준 것이오"라면서 극구 피고인을 옹호하였다.

검사가 물었다. "피고인이 그 물건을 갖고 나갈 때 증인은 사제관에서 잠자고 있었음이 틀림없지요?"

신부님은 이 질문에는 거짓말을 할 수 없었다.

"네, 그렇습니다."

사건의 성격은 분명해졌다. 장 발장은 강도범이 아니라, 절도범이었던 것이다. 그렇다면 판사는 어떻게 판결해야 하는가?

① 강도죄에 대한 무죄 판결을 선고한다.

② 절도죄에 대한 유죄 판결을 선고한다.

③ 검사에게 죄명을 절도죄로 바꾸어달라고 요구하고, 불응하면 강도죄에 대해 무죄 판결을 선고한다.

검사가 피의자에 대하여 법원에 형사 재판의 개시를 청구하는 것을 공소 제기(기소)라고 한다. 실무상으로는, 검사가 기재한 공소장을 관할 법원에 제출, 접수시키는 것을 의미한다. 공소장은 검사가 수사의 결론을 법률적으로 판단, 표현한 것이라고 할 수 있다. 검사가 유죄를 입증하려는 공격 활동이나 피고인과 변호인이 무죄를 다투는 경우의 방어 활동은 바로 이 공소장에 기재된 범죄 사실과 적용 법률을 중심으로 전개되고, 법원의 재판 대상도 바로 공소장 기재의 범죄 사실과 적용 법률인 것이다.

그런데 기소 후 기소된 범죄 사실과 다른 사실이 드러나는 경우, 검사와 법원은 어떻게 해야 하는 걸까? 예를 들어 사기 사실이 실은 횡령 사실로 밝혀지거나, 강도 사실이 실은 절도 사실로 밝혀지는 등 기소 후의 재판 과정에서 기소된 사실이 실제와 다르다고 밝혀지는 경우가 얼마든지 생길 수 있다. 해답은 간단하다. 검사는 공소장을 변경, 즉 범죄 사실과 적용 법률을 실제의 사실에 맞추어 바꾸면 되는 것이다. 바꾸는 형태는 새로 추가하는 것, 어느 하나를 철회하는 것도 포함된다. 다만 제약은 있다. 처음에 기소한 범죄 사실과 변경하는 범죄 사실이 어느 정도 동일성을 갖고 있어야 한다는 것이다.

판사도 물론 검사에게 심리의 전개에 따라 사정이 바뀌게 된 경우에 공소장을 변경하도록 요구할 수 있다. 판사가 이를 요구하지 않고 처음에 기소된 사실에 대해 무죄를 선고하는 것은 위법이 된다. 다만 판사의 공소장 변경 요구에도 불구하고 검사가 불응하는 경우(실무상으로는 불응의 실례가 없다)에만 법원은 원래의 공소 사실에 대해 판결하게 된다.

🔍 결론

강도와 절도는 재물의 취득 수단의 강제성 여부만 다르고 기본적 사실은 동일하다. 판사는 검사에게 절도죄로 공소장 변경을 요구해야 한다.

59. 판사도 신문을 봐서 알고 있었다

뚜렷한 이유도 없이 사람들을 살해하는 이른바 '내맘대로파'라는 잔인무도한 연쇄 살인범 일당이 드디어 검거되었다. 이들의 범행은 세상 사람들의 분노를 일으켰고, 그래서 사람들은 이구동성으로 "그런 놈들은 재판할 필요도 없이 그저 광화문 네거리에서 공개 처형을 해야 해!"라고 주장하였다.

이들의 살인 사건을 배당받은 판사는 한성지방법원의 '법대로 판사'라는 별명으로 유명한 정의로 판사였다. 정 판사도 이들의 범행은 이미 신문을 보아서 알고 있었음은 물론이다.

기소 전부터 범행 내용을 알고 있던 이 판사는 이들을 재판 과정에서 어떻게 대해야 하는가?

① 재판이 끝날 때까지 무죄로 보고 재판에 임해야 한다.

② 이미 내용을 알고 있으므로 신속히 재판하여 극형을 선고해야 한다.

③ 피고인들이 무죄를 주장할지도 모르므로 가능한 한 재판을 신중하게 해야만 한다.

④ 자신이 알고 있었다는 것을 재판의 종결까지 표시해서는 안 된다.

만일, 범죄를 저질렀다는 '혐의만으로' 기소되고 또 처벌받는다면 그 사람은 얼마나 억울할까?

오늘날 문명사회에서는 혐의를 받는 사람이 자기 결백을 스스로 증명하지 못하는 한 유죄로 보고 처벌하는 '혐의형 제도'는 사라졌지만, 옛날에는 그렇지 않았다. "네가 네 죄를 알렷다!"는 호령 소리와 함께 자백을 강요하는 고문이 행해지고, 혐의를 받는 사람이 무죄를 증명하지 못하는 한 뚜렷한 증거도 없이 유죄로 처벌되었다. 이러한 야만적인 형사 재판 제도가 종식을 고한 것은 200여 년 전에 불과하다.

재판권을 군주의 권한으로부터 빼앗아 권력으로부터 독립된 재판관에게 부여하고, 자백을 받아내기 위한 고문을 금지시키며, 형사 재판에는 자백보다는 증거가 필요하다는 등의 원칙을 확립하기까지 인류는 오랫동안 투쟁해왔고 그 과정에서 수많은 희생을 바쳤다.

근대 형법과 형사소송법은 바로 이러한 인류의 투쟁과 희생의 산물이라고 할 수 있다. 유럽에서 근대 시민 혁명으로 근대 국가가 성립하자 형사 재판 제도는 혁명적으로 변화되었다. 프랑스 시민 혁명의 산물인 '인간과 시민의 권리 선언' 제9조가 "누구든지 범죄인으로 선고되기까지는 무죄로 추정한다"라고 선언한 것이 이른바 '무죄 추정의 원칙'의 시발이었던 것이다.

소추된 자에 대하여 권력으로부터 독립한 사법부가 최종적으로 유죄 판결을 하기까지 무죄로 추정해야 한다는 형사 재판의 원리는 이제 문명국가의 징표가 되어 있다. 이 무죄 추정의 원칙은 1948년 12월 10일 유엔이 제정한 '세계 인권 선언' 제11조에서도 장엄하게 확인되었다.

우리나라에서도 비록 법률에 명문의 규정은 없었지만 이 원칙은 당연한 것으로 인정되고 있다가, 1980년 10월 21일 제5공화국 헌법 제27조 제2항에 명문으로 규정되었고, 이에 따라 같은 해 12월 18일 형사소송법 개정 시에 형사소송법에도 옮겨져 규정되기에 이르렀다.

이 원칙에 따라 검사에 의하여 기소된 '피고인'은 물론, 수사 기관에서 조사를 받고 있는 '피의자'도 유죄 판결이 확정될 때까지는 누구든지 그를 범죄자로 단정해서는 안 되고, 단순히 수사 기관에 의해서 혐의를 받고 있음에 불과하다고 인식하고 대우해야 할 뿐만 아니라, 오히려 적극적으로 무죄라고 추정해 주어야 한다.

이 추정은 오직 법원의 유죄 판결의 확정에 의해서만 깨어질 수 있을 뿐이다. 그 전까지는 무죄의 추정이 지속된다.

여기서 '유죄 판결'이란 문자 그대로 혐의 사실이 증거에 의해서 뒷받침되어 판사가 유죄라고 선고하는 경우의 판결은 물론, 형 면제의 판결, 선고 유예의 판결도 포함된다.

'확정'이란 검사나 피고인이 그 유죄 판결에 대하여 더 이상 다툴 수 없게 되는 경우를 말한다. 예를 들면 1심에서 유죄 판결이 선고되었는데 검사나 피고인이 항소를 제기하지 않으면 그 1심 판결은 확정되었다고 하게 된다.

피고인이 항소 또는 상소를 한 경우에는 항소심 또는 상소심의 판결이 있을 때까지 1심 판결이 확정되지 않은 것이므로, 역시 그 기간 동안 무죄로 추정된다.

무죄 추정의 원칙을 의미 있게 만드는 것은 선언에 그치는 것이 아니라 운용하는 데 있다고 할 수 있다. 유죄인지 무죄인지 의심스러운 때에는 과감하게 무죄를 선고한다든가, 피의자에 대한 구속을 최대한 억제한다든가, 구속된 자에게도 인간적인 배려를 하는 것 등이 그 실례이다.

Q 결론

제 아무리 잔인무도한 극악한 범행을 한 피의자나 피고인도 유죄 판결이 확정될 때까지는 무죄로 추정되어야 한다. 이 원칙은 수사 기관은 물론 법원도 지켜야 한다.

수사 기관이 피의자를 고문하는 행위, 강압적으로 신문하는 행위, 검사나 판사가 법정에서 피고인에게 반말을 하거나 모욕적인 언사를 하는 행위 등은 모두 무죄 추정의 원칙에 어긋나는 행위들이다.

또한 판사는 사건을 심리함에 있어서 사전에 신문 보도 등을 통하여 피고인의 범행 내용을 알게 되었다고 하더라도, 유죄라는 선입견을 갖고 재판을 진행해서는 안 된다. 이런 의미에서 우리나라 언론 매체들이 수사 초기 단계에서 용의자, 피의자에 불과한 사람을 진범, 공범, 범인 등의 표현을 사용하는 보도 관행은 시급히 시정되어야 한다고 생각한다. 판사도 사회 구성원의 하나이므로 언론 매체의 범죄 보도에 접하게 될 것은 분명하고, 이 보도를 통하여 인간으로서 어떤 인상·느낌·심증을 갖게 될 것이며, 그 후 자신에게 문제의 사건이 배당되어 재판을 진행할 때 이러한 심증으로부터 자유로울 수 없을 것이다.

그러므로 오늘날의 무죄 추정의 원칙이 가장 준수되어야 할 곳은 무분별하게 경쟁적으로 또 선정적으로 범죄 사건을 보도하는 언론 기관이라고 할 수 있다. 언론 매체는 보도 기관이지 재판 기관은 아니다. 따라서 언론의 보도로 사실상 재판을 하나마나로 만드는 '언론 재판', '여론 재판'은 우리가 하루 빨리 극복해야 할 후진성의 하나인 것이다.

60. 판사님의 분노

    인기 여배우 심미모 씨가 간통죄로 피소되자 장안의 화제는 단연 재판이 어떻게 될 것인지였다. 심 씨는 간통 사실을 완강히 부인하였다. 유무죄의 결정적 증인은 호텔의 종업원이었는데, 이 사람의 말 한마디 여하에 심 씨의 운명이 걸려 있다.

    법정 밖에서 변호인은 기자들에게 '문제의 호텔 종업원은 가공인물이거나 검사에 의해 조작된 증인'이라고 몰아붙였다. "아니라면 그 신원을 공개하라"고 요구하였다. 검사도 화가 나서 호텔 종업원의 신원을 공개하고 증인으로 채택할 예정이라고 맞받아쳤다.

    담당 판사는 더 화가 났다. 왜일까?

① 검사와 변호인이 판사의 권위를 무시하였기 때문에.

② 상대적으로 뉴스의 조명 대상이 되지 못해서.

③ 법정이 아닌 장외에서 공방전을 펼치므로.

검사와 변호사는 형사 재판에서 숙명적으로 대결하는 주역들이다. 검사는 피고인의 유죄를 입증하기 위해 각종 공격을, 변호사는 이에 맞서 피고인을 위하여 각종 방어 활동을 전개하게 된다. 창과 방패의 대결이 아닐 수 없다. 그러나 이 대결은 공판 절차에서 전개되어야 한다. 즉 심판관(법원)이 보는 데서 싸워야 한다.

이처럼 기소된 사건의 실체에 대한 공격과 방어, 이에 대한 유무죄의 심증 형성을 공판 심리에 의하여야 한다는 원칙을 '공판 중심주의'라고 한다. 공판은 현장 검증과 같이 법정 밖에서도 할 수 있으나, 거의 대부분이 법정이라는 공개된 장소에서 이루어지므로 공판 중심주의는 공판정 중심주의라고도 말할 수 있다.

형사소송법은 제정 당시부터, 그 전까지 공판 전에 시행하던 예심 제도를 폐지하고 이 원칙을 채택하였다. 이 원칙에 따라 법관이 백지의 심리 상태에서 심리에 임하도록 하기 위하여 기소 제기 시에는 검사의 공소장만을 법원에 보내고('공소장일본주의'), 피의자 신문 조서나 참고인 진술 조서 등 각종 수사 기록은 공판 기일에 증거 조사를 위해 제시되며, 수집된 증거들은 공판 기일에 조사하며, 기소 후에는 수사 기관의 피고인·참고인 등에 대한 조사를 불허하는 등 공판중심주의를 강화하고 있다.

Q 결론

증거 조사, 증인 신문 등은 모두 판사의 주재하에 공판 기일에 이루어져야 한다. 장외(법정 밖, 공판 기일 외)에서 벌이는 검사와 변호사의 공방전은 공판 중심주의에 위배된다. 이것이 비록 위법은 아니라고 할 수 있지만, 바람직한 일은 분명 아니다.

61. 배심원 따로, 판사님 따로

유명한 대학교수인 심달변 교수가 여제자를 성추행하였다는 혐의로 법정에 서게 되었다.

"나는 여제자를 성추행한 일이 없소."

문제가 될 때부터 법정에서까지, 그는 일관되게 혐의를 부인하였다. 그는 배심원에 의한 재판을 받겠다고 요구하여 그에 대한 재판은 배심원 재판으로 열리게 되었다.

재판결과 배심원들은 만장일치로 그가 무죄라고 평결하였다. 그러나 재판장은 그에게 유죄라고 하면서 징역 3년을 선고하였다. 배심원들은 법률을 잘 모르는 시민들이었고, 재판장은 경력 20년의 노련한 법관이었다.

그렇다면 배심원들이 무죄라고 평결한 결과를 재판장이 유죄라고 선고할 수 있을까?

① 그렇다. 유무죄에 대한 최종적 판단은 법관의 권한이므로, 법관은 배심원의 평결 결과에 따르지 않고 독자적인 판단을 할 수 있다.

② 그렇지 않다. 배심원들이 무죄라고 평결하였으면 재판장은 유죄의 심증이 있었더라도, 무죄를 선고하여야 한다. 그렇지 않으면 배심원 재판은 왜 하는가?

③ 배심원 평결과 재판장의 선고 결과가 불일치하면 대법원의 판단 대상이 되므로, 대법원의 판결 결과를 기다려 보아야 한다.

전처를 살해한 혐의로 법정에 서게 된 미국 미식축구 스타의 '오 제이 심슨 사건'은 재판 결과 무죄가 되었는데, 그가 유죄라고 믿고 있었던 일반인들의 상식과 다른 결과가 나온 것은 바로 그의 변호인단이 배심원들을 검사보다 더 멋지게 설득했기 때문이었다(다만 그 후에 벌어진 민사 재판에서는 패소하였다).

미국 형사 재판에서는 배심원 재판이 보편적이다. 미국의 수정 헌법 제6조는 배심에 의해 재판받을 권리를 국민의 기본권으로 선언하고 있을 정도이다. 형사 재판은 물론이고, 소가가 20달러를 초과하는 민사 사건의 재판에서도 배심에 의해 재판받을 권리가 인정되고 있다. 영국에 기원을 둔 배심 제도는, 피고인이 자기와 같은 시민 동료에 의한 재판받을 권리를 쟁취하기 위해 시작된 제도로, 피고인의 인권 옹호와 밀접한 관련을 갖는다.

배심원은 결국 법률가가 아닌 일반 시민들이다. 배심 재판과 직업 법관에 의한 재판은 각각 장단점을 갖고 있으나, 배심 재판의 최대 장점이자 미덕은 평범한 시민 중에서 선정된 배심원이 형사 재판 과정에 참여하여 사실의 인정, 유무죄의 결론 도출, 형의 범위를 정하게 함으로써 이에 관한 법관 독재를 배제하고 사법 재판의 민주적 정당성과 판결에 대한 국민의 신뢰를 담보할 수 있다는 점이다.

우리나라에서도 2008년 1월 1일 '국민의 형사재판 참여에 관한 법률'이 제정됨으로써 배심원 재판 제도가 시행되게 되었다. 이 제도를 일명 '국민 참여 재판'이라고도 하는데, 미국식 배심 제도와는 다른 점이 적지 않다.

우선 배심원 재판의 대상이 되는 사건은 대부분 무거운 범죄를 대상으로 정해져 있고, 이러한 사건에 대해 배심원 재판으로 할 것인가의 여부는 피고인 의사(희망)가 우선이나, 법관은 피고인이 원하지 아니하거나 배심원 재판으로 하는 것이 적절하지 아니한 경우에는 배심 재판으로 할 것을 배제하는 결정을 할 수 있다.

배심원은 만 20세 이상의 국민 중 무작위 방법으로 선정된다. 즉 지방 법원장은 매년 안전행정부 장관으로부터 송부받은 관할 구역 내에 거주하는 20세 이상 국민의 주민등록 자료를 활용하여 배심원 후보 예정자 명부를 작성하는데, 이 명부 중에서 무작위 추출 방식으로 선정하는 것이다. 배심원 인원은 대상 사건에 따라 9인, 7인, 5인으로 정해진다.

선정된 배심원은 공판 절차의 시작부터 종료 시까지 참여해야 한다. 배심원들은 공판 기일에 참석하여 필요 사항을 필기할 수도 있고, 피고인이나 증인에 대하여 직접 신문을 할 수는 없으나 재판장에게 필요한 사항을 신문하여 줄 것을 요청할 수 있다.

공판 절차가 종료되면 배심원들은 피고인의 유무죄에 관하여 평의하여야 하고, 양형에 관해서도 토의하고 의견을 제시할 수 있다. 그 평의의 결과를 '평결(評決)'이라고 한다. 유무죄의 평결은 전원 일치의 경우도 있을 수 있고, 의견이 일치하지 않을 때에는 다수결로 할 수 있다.

배심원들의 평결이 유죄인 경우에 배심원들은 심리에 관여한 판사와 함께 형의 범위(양형)에 관하여 토의하고 그에 관한 의견을 제시하게 되는데, 그렇다면 배심원들의 평결과 양형에 관한 의견은 법관을 구속하는가?

그렇지 않다. 국민의 형사재판 참여에 관한 법률 제46조 제5항은 "법원을 기속하지 아니한다"라고 명문으로 규정하고 있다.

이 점이 미국 배심 재판과의 결정적 차이인데, 이 때문에 어렵게 만들어진 국민 참여 재판이 의미 없다는 무용론의 근거가 되고 있다. 이것은 한국식 배심 재판의 한계라고 할 수 있다(선의로 해석하자면, 이것은 법률 전문가가 아닌 일반 시민들의 법률에 대한 무지·오해, 미묘한 증거 판단에 대한 착오·실수 등을 배제하여. 배심원들이 무죄를 유죄로, 또는 유죄를 무죄로 평결하는 오류 등을 바로잡으려는 것으로 해석되나, 기왕지사 도입한 배심 재판의 실효를 거두려면 이 점에 대한 근본적인 입법적 결단이 필요해 보인다).

🔍 결론

국민의 형사재판 참여에 관한 법률에 의하면 배심원들의 평결 결과나 양형에 관하여 제시된 의견에 법관이 꼭 따라야 하는 것은 아니다(2013년 유명 시인 안도현 씨가 공직선거법 위반 등의 혐의로 기소되고 이 재판이 국민 참여 재판으로 진행되었는데, 배심원들은 전부 무죄로 평결하였으나 법관이 그중 일부의 죄를 유죄로 인정하고 벌금 100만 원에 대한 선고 유예 판결을 하여, 배심원 따로, 법관 따로인 배심원 재판 제도가 비판의 대상이 되었다. 이 사건은 고등 법원에서 전부 무죄가 선고되어 대법원의 판단이 주목을 받고 있다).

62. 자백은 증거의 왕?

화성 연쇄 살인 사건의 범인이 마침내 검거되었다고 가정하자.

경찰은 "범인이 양심의 가책에 못 이겨 순순히 범행 일체를 자백하였다"고 발표하면서 자백하는 장면을 찍은 비디오테이프를 기자들에게 공개하였다. 범인도 기자들 앞에서 "자백을 하고 나니 이제 속이 후련합니다"라고 천연스럽게 말하기까지 하였다.

범인이 살인죄로 기소된 경우 유죄로 판결될 것인가?

① 자백이 진실하다면 유죄이다.

② 자백 이외에 증거가 없다면 무죄이다.

③ 재판을 하는 판사의 판단에 달려 있으므로 유죄, 무죄를 섣불리 예측하기 어렵다.

현대의 형사 재판은 '증거재판주의'이다. 이 말은 범죄 사실을 유죄로 인정하기 위해서는 적법하게 수집, 조사한 증거가 있어야 한다는 것이다. 우리 형사소송법 제307조가 "사실의 인정은 증거에 의하여야 한다"라고 한 것은 바로 증거 재판의 원칙을 천명한 것이다. 여기서 '사실을 인정한다'라는 것은 법관이 공소가 제기된 범죄 사실의 존재에 관하여 심증을 형성하는 것을 말한다. 법관이 증거에 의하여 사실을 인정한 경우에 "사실이 증명되었다"라고 한다. 바꾸어 말하면 심증이 형성되었다는 뜻이다.

그렇다면 증명은 어느 정도로 해야 하는가?

공소 사실의 존재에 대하여 '합리적 의심이 없을 정도의 확신'을 가질 것을 요한다. 의심할 수 없고, 확신이 서는 경우에만 피고인은 유죄인 것이다. 법관이 확신을 갖는 수단, 즉 매개물이 증거임은 두말할 필요도 없다.

그런데 이 증거는 '증거로 사용할 수 있는 자격'이 있어야 한다. 이를 '증거능력'이라고 한다. 증거는 이를 제시하는 수사 기관이 적법한 절차에 따라 수집한 것이거나, 법관이 직접 적법한 증거 조사를 거친 증거만이 증거 능력을 갖게 된다. 따라서 위법하게 수집한 증거는 증거로 쓸 수 없다.

형사소송법은 증거재판주의를 선언하면서, 동시에 그 증거가 증거 능력이 있어야 한다는 것을 선언, 요구하고 있다. 그러므로 증거재판주의는 "증거 능력 있는 증거에 의하여 법관이 공소 사실을 합리적 의심의 여지가 없을 정도의 확신을 갖는 경우에만 유죄로 할 수 있다"라는 뜻이 된다. 자백은 이제 증거의 왕이 아니다.

🔍 결론

이 사례에서 자백 이외에 이 자백을 보강할 증거가 없으면 결론은 무죄이다. 자백 과정이 녹화되었어도 결론은 같다.

63. 빨리 재판받고 싶어요

"피고인은 공소장에 기재된 범죄 사실을 인정하는가?"

재판장이 재판이 시작되자마자 물었다.

"네, 모두 인정합니다."

입건될 때부터 간통 사실을 중상모략이라면서 법정에서 흑백을 가리겠다고 호언장담하던 인기 배우 최유룡 씨가, 재판이 시작되자 의외로 자백을 한 것이다. 이유는 '빨리 재판을 끝내고 싶어서'였다.

자, 피고인이 법정에서 공소 사실을 인정하는 자백을 하게 되면, 나머지 재판 절차는 어떻게 되는가?

① 판사는 즉시 판결(유죄)을 선고한다.

② 자백은 자신에게 불리한 증거에 대한 동의의 의사 표시이므로 증거 조사 절차만 생략될 뿐이다.

③ 자백을 하더라도 검사가 유죄를 입증할 책임이 면제되는 것은 아니다.

독자들은 아마 미국의 할리우드 영화 중 법정물 또는 수사물, 또는 법정 드라마를 보았을 때 법정에 선 피고인에게 판사가 최초로 묻는 다음의 질문을 기억할 수 있을 것이다.

즉 미국에서는 판사가 피고인에게 먼저 "Guilty or Not Guilty?"라고 묻는 것이 보통이다. 이때 피고인이 '낫 길티(무죄)'라고 대답하는 경우에만 미국의 법정은 본격적인 심리에 들어가게 된다.

우리나라의 경우도 비슷한 제도가 있다. 피고인이 법정에서 기소된 범죄 사실을 시인(자백)하는 경우에 이는 유죄를 인정하는 취지의 진술을 한 것으로 간주하여, 복잡하고 장기간이 소요되는 증거 조사 절차는 생략한다. 피고인의 법정 자백은 동시에 검사가 제시한 증거들에 대하여 유죄의 증거로 사용할 수 있음을 피고인이 동의한 것으로 간주되기 때문이다. 이 절차와 제도를 '간이 공판 절차'라고 한다.

이처럼 피고인이 유죄를 인정하는 경우 형사 재판을 신속하게 마치는 것이 피고인에게도 유리하고, 법원의 업무를 경감시켜 주기 때문에 도입하게 된 것이다. 우리나라에서 기소된 사건의 90퍼센트는 바로 이 간이 공판 절차에 의하여 처리된다고 해도 과언이 아니다.

♀ 결론

피고인이 법정에서 공소 사실을 자백한 경우에 법원은 증거 조사 절차를 생략하는 간이 공판 절차에 의하여 신속하게 재판하게 된다. 증거 조사 절차만 생략될 뿐 간이 공판 절차에서도 검사의 구형, 피고인의 최후 진술, 판사의 판결문 작성, 선고의 절차는 정식 공판 절차와 같다. 무엇보다 유죄의 증거가 있어야 하는 것은 물론이다.

64. 버선목처럼 뒤집어 보일 수도 없고

중세 일본에서의 이야기이다.

무사의 아들이 호떡 장수의 호떡을 훔쳐 먹었다는 이유로 야단을 맞고 있었다. 무사는 "무사의 아들은 도둑질하지 않는다"고 항변하였으나 호떡 장수는 틀림없다고 우겨댔다.

무사는 차고 있던 칼을 빼어 아들의 배를 가른 다음 배 속에 호떡이 없음을 보인 뒤 호떡 장수를 베어버렸다고 한다. 무죄를 증명하는 방법으로는 너무 무식하고 끔찍하다고 하지 않을 수 없다.

우리네 속담에도 억울한 누명을 썼을 때 "버선목처럼 뒤집어 보일 수도 없고…"라는 말이 있다. 절도범이 절도 혐의로 법정에 섰다고 하자. 절도범은 억울하다고 항변한다.

이 경우 절도 여부의 증거를 댈 책임은 누구에게 있는가?

① 피고인이 자기 결백을 증명해야 한다.

② 검사가 피고인의 절도 사실을 증명해야 한다.

③ 판사가 증명을 요구하는 자에게 있다.

자, 요즘 시대의 재판은 증거에 의하여야 한다는 증거재판주의 시대이다. 증거재판주의는 형사 소송의 기본 원칙이다.

그렇다면 증거를 댈 책임('입증 책임')은 누구에게 있는가? 검사에게 있는가, 아니면 피고인에게 있는가? 두말할 것도 없이 재판을 청구한 검사에게 있다. 입증 책임이 검사에게 있으므로 검사가 그 입증을 다하지 못하면 판사는 검사에게 불리한 재판을 하게 되어 있다.

그러므로 검사는 피고인의 범죄 사실(공소 사실)을 증명할 수 있는 각종 증거를, 그것도 합법적인 증거를 제시하여야만 한다. 이 증거의 종류에는 제한이 없다. 물증, 증인, 증거가 되는 서류(서증)는 물론이고 정황 증거도 무방하다. 검사가 공소 사실의 유죄를 입증하기 위해 제시한 합법적인 모든 증거는 법관이 '의심할 여지가 없을 정도'의 증거, 즉 '유죄라는 확신을 갖기에 족할 정도'의 증거이어야 한다(이를 '엄격한 증명'이라고 한다).

더 나아가 검사는 피고인에게 위법성 조각 사유와 책임 조각 사유에 해당되지 않는다는 것도 입증할 책임이 있다. 예를 들어 살인죄의 피고인이 살인 사실 자체는 인정하면서도 그것이 정당방위였다고 주장하거나, 정당방위 여부가 재판 과정에서 문제된 경우에 정당방위가 아니라는 입증 책임은 원칙적으로 검사에게 있다.

이처럼 공소 사실의 유죄를 입증할 책임을 검사에게 부과하고, 그 책임을 다하지 못하여 판사가 유죄의 확신을 갖게 하는 데 실패할 경우 검사에게 불리한 판결을 하도록 하는 이유는 증거재판주의, 무죄 추정의 원칙, '의심스러운 때에는 피고인의 이익으로'라는 대원칙이 있기 때문이다.

🔍 결론

공소 사실이 유죄라는 입증 책임은 검사에게 있다.

65. 특종까지는 좋았다

한누리일보의 최민완 기자가 특종을 했다. 내용인즉 '칠성재벌, 여당인 민주창조당에 거액의 정치 자금을 헌납하고 금강산 독점 개발권 따내'라 는 것이었다. 칠성재벌과 민주창조당은 최 기자를 즉각 명예 훼손죄로 고 소하였다. 이에 대하여 최 기자는 '정경 유착의 실태를 국민들에게 고발 하기 위한 사실 보도'라고 반발하였다.

만일 최 기자가 명예 훼손죄로 기소될 경우에, 보도 내용의 사실 여부 는 누가 증명하여야 하는가?

① 검사가 사실 무근임을 증명해야 한다.

② 피고인이 사실임을 증명해야 한다.

③ 검사는 사실 무근임을, 피고인은 사실임을 각각 증명한 뒤, 법관이 판결 로써 최종 판단을 하게 된다.

증거재판주의하에서 공소 사실에 대한 유죄의 입증 책임은 원칙적으로 검사에게 있다. 그러나 예외적으로 피고인에게 입증 책임이 있는 경우가 있다.

즉 명예 훼손죄의 경우 공익성, 진실성의 입증 책임이 피고인에게 있다는 데 학자들의 견해와 법원의 판례가 일치하고 있다. 명예 훼손죄란 어떤 사실 또는 허위의 사실을 구체적으로 적시하여 불특정 다수인에게 발표, 공개, 전파하는 행위를 처벌함으로써 사람이면 누구나 비밀로 하고 싶은 사실을 지켜 명예를 보호하려는 것이다.

그런데 사람에게는 언론의 자유가 있고 또한 언론 매체 종사자는 사실의 보도를 직업으로 하고 있기 때문에, 여기에서 명예 훼손죄로 처벌 보호하려는 개인의 명예와 국민 그리고 언론의 자유 및 알 권리는 서로 충돌하게 된다. 그리하여 형법 제310조는 명예를 훼손하는 사실의 공개, 전파, 발표 행위가 있었어도 그 사실이 진실한 사실로서 오로지 공공의 이익에 관한 때에는 처벌하지 않는다 규정하여 이 충돌을 해결하려고 하고 있다.

따라서 그 사실이 진실이라는 '진실성', 공개의 동기가 공익을 위한 것이라는 '공익성'에 관한 입증 책임은 행위자, 즉 피고인에게 있다고 보는 것이다. 결국 피고인이 진실성, 공익성에 관하여 입증을 하지 못하거나 불충분한 경우 피고인에게 불리한 판결, 즉 유죄의 판결을 받게 되는 것이다.

○ 결론

기자가 특정인의 명예를 훼손할 수 있는 사실을 보도하여 출판물에 의한 명예 훼손 죄로 기소된 경우, 그 보도 사실이 진실이고 공익을 위한 것이라는 점은 피고인이 입증해야 한다.

66. 빠른 자만이 살아 남는다

1800년대의 미국 서부 개척 시대는 총을 가장 빠르게 뽑는 자만이 살아 남는 시대였다. 은행을 습격하던 악당들에 맞서 정의의 보안관 게리 구피가 그중 한 명을 사살하였다. 악당들은 순회 판사에게 보안관을 살인죄로 고소하였다.

보안관은 이렇게 말하였다.

"그 악당이 뒤에서 총을 먼저 뽑길래 그랬습니다. 정당방위였습니다."

오늘날의 법정에서도 심심치 않게 정당방위를 주장하는 경우가 있다.

그렇다면 정당방위였다는 사실에 대한 입증 책임은 누구에게 있는가?

① 검사가 정당방위가 아니라는 점을 입증한다.

② 피고인이 정당방위였다는 점을 입증한다.

③ 검사는 아니라는 것을, 피고인은 정당방위라는 것을 각각 입증하면, 판사가 심증에 따라 판결한다.

정당방위란 타인의 불법한 공격에 대하여 자신의 권익을 지키기 위하여 가해자에게 반격하는 행동이다. 그 반격 행위로 말미암아 극단적으로 가해자를 사망케 하였더라도 그 반격이 상당하다고 판단되면 위법성이 부정되어 살인죄의 책임을 지지 않게 된다. 예를 들어 밤에 흉기를 들고 침입한 강도를 격투 끝에 사망케 한 경우이다.

형법에서는 정당방위, 긴급 피난, 자구 행위, 피해자의 승낙을 받고 한 행위 등을 위법성을 부정하는 '위법성 조각 사유'라고 한다.

그렇다면 정당방위에 의한 행위임에도 불구하고 검사가 기소한 경우, 정당방위라는 것을 입증할 책임은 검사와 피고인 중 누구에게 있을까? 다시 말해서 검사가 '정당방위가 아니라는 것'을 입증해야 하는가, 아니면 '정당방위였다'라는 것을 피고인이 입증해야 하는가?

형사소송법은 유죄의 증거를 제시하여 법관으로 하여금 유죄의 심증을 형성하여야 할 책임을 검사에게 부담시키고 있다. 따라서 검사가 '피고인의 행위는 정당방위가 아니라는 것'을 입증해야 한다. 그러나 실무상으로는 피고인 측에서도 검사의 입증을 기다리지 않고, 오히려 적극적으로 정당방위라는 것을 입증하는 경우가 더 많다(필자도 정당방위를 입증하는 데 성공하여 피고인으로 하여금 살인죄의 무죄 판결을 받도록 한 경험이 있다).

🔍 결론
이론상으로, 피고인에게 정당방위와 같은 위법성 조각 사유가 존재하지 않는다는 점에 대한 입증 책임은 검사에게 있다.

67. 나만 빼놓고 자기들끼리

　수입업자 정국제 씨는 국세청 세무 조사를 받게 되자, 007가방에 현금 3억 원을 싸 들고 여당의 유력한 대권 후보이자 권력 실세인 막강한 씨를 찾았다. 마침 정치 자금 모으는 데 혈안이 돼 있던 막 씨가 세무 조사를 막아달라는 정국제 씨의 청탁을 받아들였음은 당연지사!

　그러나 사필귀정이라는 말처럼, 정권이 바뀌고 그의 수뢰 사실이 드러나자 정 씨는 외국으로 달아나고 막 씨는 뇌물죄로 구속되었는데, 검사는 뇌물을 전달하는 것을 막 씨의 가정부가 보았다는 진술을 확보하였다. 그리고 가정부가 나중에 법정에서 말을 바꿀 것에 대비하여 법원에 이른바 증거 보전 신청을 하였다. 그 후 아니나 다를까, 가정부도 행방을 감추었다.

　피의자나 피고인이 입회하지 않은 가운데 검사, 판사, 증인 간에 이루어진 증거 보전 절차에서 가정부에 대한 증인 신문 조서는 증거가 될 수 있을까?

① 없다. 피의자가 증인을 신문할 수 없었기 때문이다.

② 있다. 판사가 조사하였기 때문이다.

③ 결국 그 증인 신문 조서의 내용을 법관이 믿느냐 여부에 달려 있다.

　증거는 재판이 개시된 후, 즉 공판 기일 이후에 판사에게 제출하는 것이 원칙이다. 그러나 공판 시작 전이나 수사 단계에서 검사나 피고인은 긴급하게 필요한 경우 자기에게 유리한 증거의 보전을 판사에게 청구할 수 있다. 이 청구에 의하여 공판 기일 이전에 판사가 증인 신문, 감정, 검증을 하거나 압수, 수색 영장을 발부하는 제도를 '증거 보전 절차'라고 한다.

　예를 들면 장차 공판정에서 증인이 될 사람의 생명이 위독하게 될 염려가 있거나 공판 기일 이후 장기간 해외여행을 하게 되는 경우, 검사나 피고인은 이 증인의 증언을 미리 증거 보전 절차를 이용하여 확보할 필요가 있다.

　증거 보전 절차는 이처럼 미리 증거를 보전하지 아니하면 사용하기 어렵거나 곤란한 사정이 있는 때, 즉 증거 보전의 필요성이 있는 경우에만 허용된다. 따라서 보전의 필요성이 없는데도 증인이 나중에 공판 절차에서 말을 바꿀 우려가 있다는 이유로 증거 보전 절차를 악용(?)하는 것은 허용되어서는 안 될 것이다.

　증거 보전 절차에서도 반대 당사자(예컨대 검사가 청구한 경우에는 피의자가 그 반대 당사자임)의 참여와 증인 신문권이 보장된다. 그러므로 반대 당사자의 참여가 배제된 채 이루어진 증거 보전 절차는 위법이다.

　증거 보전 절차에서 법원이 작성한 증인 신문 조서, 검증 조서 등 각종 기록은 무조건 증거 능력이 인정된다. 물론 이 기록도 공판 기일에서 증거 조사를 하게 됨은 물론이다.

🔍 결론

증거 보전 절차에서 반대 당사자의 입회를 배제한 채 이루어진 증인 조사와 그 증인에 대한 신문 내용을 기록한 증인 신문 조서는 위법으로, 증거 능력이 없다.

68. 지나가던 행인이 뭘 봤겠소

천하의 명도(名盜) 루팡은 현장에 범죄의 직접 증거를 남기지 않았기 때문에 오랫동안 그 명성을 유지할 수 있었다.

루팡이 요크 백작이 수백 년 동안 보관하고 있던 왕관을 훔쳐갔을때 남긴 증거는 없었다. 다만 지나가던 행인이 그 시각, 루팡이 그 집 부근에서 서성이는 것을 잠깐 보았을 뿐이었다. 루팡이 당황한 빛을 보인 것을 행인은 똑똑히 기억하고 있다.

루팡이 범행을 부인할 경우, 지나가던 행인이 피의자를 잠깐 보았노라는 증언도 증거가 될 수 있을까?

① 그렇다.
② 아니다.
③ 재판장 마음이다.

서구에서 근대 시민 혁명이 성립한 후 대두된 근대 형사소송법 이전에는, 나라마다 정도의 차이는 있었으나 범인으로 지목된 사람이 자기 결백을 스스로 입증하지 못하는 한 유죄로 인정되어 형사 처벌을 받는 것이 보편적이었다. 즉 혐의가 있는 경우 무죄의 증명이 없으면, 혐의만으로도 처벌하였던 인권 부재의 시대였던 것이다. 그러나 근대의 형사소송법은 증거재판주의를 철칙으로 한다. 증거가 없으면 원칙적으로 무죄인 것이다.

증거는 관점에 따라서, 다음과 같이 분류할 수 있다.

1. 직접 증거, 간접 증거: 범죄 사실을 직접적으로 증명하는 증거가 직접 증거이고, 간접으로 증명하는 증거를 간접 증거 또는 정황 증거라고 한다. 예를 들어 범행 목격자의 증언은 직접 증거이며, 범행 현장에서 채취된 피의자의 지문은 간접 증거라고 할 수 있다.

2. 인증(人證), 서증(書證), 물증(物證): 사람의 증언, 판단, 감정 등이 증거가 되는 경우를 인증, 서류의 내용이 증거가 되는 경우를 서증, 서류 이외의 물건이 증거가 되는 경우를 물증이라고 한다.

3. 본증(本證), 반증(反證): 범죄 사실의 존재를 입증할 책임이 있는 검사가 제출하는 증거를 본증, 본증에 의하여 증명하려는 사실을 부정하기 위하여 (주로 피고인 측이) 제출하는 증거를 반증이라고 한다.

증거에서 가장 문제가 되는 것은, 그 증거를 유죄의 자료로 사용할 수 있느냐 (증거의 '증거 능력')와 그 증거를 믿을 수 있느냐(증거의 '증명력')이다.

Q 결론

범행 현장에서 피의자를 목격하였다는 행인의 증언은 간접 증거, 즉 정황 증거라고 할 수 있다. 문제는 이 증언을 법관이 믿을 수 있느냐에 달려 있다(실무상으로 이런 사례의 경우 정황 증거 하나만으로는 유죄를 인정할 수 없다고 할 것이다).

69. 나는 현장에 없었다니까요

밤 11시 5분. 달도 없고 가로등마저 꺼진 어두운 밤, 데이트 중인 두 남녀 앞에 두 사람의 괴한이 나타나 흉기를 들이대고 금품을 빼앗아간 사건이 발생했다.

그 이튿날 같은 시각에 그 공원에 놀러 나왔던 어리숙 씨가 잠복근무 중인 형사들에게 붙잡혔다. 검사는 "어리숙 씨가 범인 같다"는 피해자들의 진술에 따라 그를 강도범으로 기소하였다.

법정에서 어리숙 씨는 "나는 그날 집에서 TV를 보고 있었다"라고 하면서 범행을 부인하였다. 어리숙 씨의 집은 사건 현장에서 5분 거리이다.

용의자가 범행 시각에 범행 현장에 없었음을 증명하는 것을 알리바이라고 한다. 그렇다면 알리바이는 형사 소송 절차에서 어떻게 다루어질까?

① 범인들의 상투적 변명에 불과하다. 피해자의 진술에 따라 유죄로 재판한다.

② 범인들이 무죄를 입증하지 못하는 한 유죄를 면치 못한다.

③ 알리바이를 주장하는 경우에 증명할 수 있는 기회를 주어야 하고, 증명되면 무죄로 판결해야 한다.

(이 문제는 필자가 실제로 변호하여 무죄 판결을 끌어냈던 사건에서 만들어본 것이다.)

복제 인간이 현실화된다면 사람은 동시에 두 군데 이상의 장소에 있거나 나타날 수 있겠지만, 아직은 그렇지 않다. 즉 사람은 아직까지는 같은 시각에 서로 다른 장소에 있을 수 없는 것이다. 이처럼 피고인이 범행 시각에 그 범죄 장소 이외의 장소에 있었다는 사실을 증명하기 위하여 주장, 제출하는 증거를 '알리바이(Alibi : 현장 부재 증명)'라고 부른다. 실제로도 법정에서는 혐의를 부인하는 피고인이 자기 결백을 증명하기 위해서 알리바이를 주장하는 경우가 적지 않다.

알리바이는 검사가 유죄를 입증하기 위하여 증명하려는 공소 사실의 존재를 부인하기 위해 피고인 측이 제출하는 증거, 즉 일종의 반대 증거(반증)인 셈이다. 예를 들어 공범자들이 A라는 사람도 공범자로서 현장에 함께 있었다고 주장하는 경우, A가 그 시각에 자신은 교도소에서 복역 중이었다고 주장하고 교도소장이 이를 확인해 줄 경우 알리바이가 성립(입증)되어 무죄의 판결이 가능하게 된다(필자는 위 사건에서 피고인이 범행 시각에 자기 집에서 TV 연속극을 보고 있었다는 주장, 즉 알리바이의 신빙성을 입증하는 데 성공하여 무죄 판결을 받아낼 수 있었다).

Q 결론

알리바이 입증이 성공하는 경우, 즉 알리바이 존재 증거의 신빙성이 있는 경우, 이는 피고인이 범죄 현장에 있지 않았다는 결정적 증거가 되므로 대개 무죄가 선고된다.

70. 몽둥이로 두드릴 고(拷), 물을 문(問)

"네 이놈! 나의 녹을 먹으면서 어찌 감히 반역을 꿈꾸었더냐?"

세조가 성삼문을 문초하면서 일갈한 소리이다.

"허허, 나으리, 소인은 나으리의 녹을 먹은 일도 없거니와, 반역을 꿈 꾼 것이 아니라 반정을 도모하였을 뿐이오."

"저런 발칙한 놈! 안 되겠다. 저놈을 매우 쳐라!"

"나으리, 헛수고 말고 이 몸이 반역하였다는 증거를 대보시오."

"증거? 오냐. 저놈이 불 때까지 매우 쳐라!"

이것은 1456년 사육신 사건 때의 이야기로, 성삼문은 끝까지 견뎌냈다.

하지만 매 앞에 장사 없다는 말처럼 피의자가 고문 때문에 범행을 자백 하였다고 하자. 오늘날에는 이런 자백을 어떻게 취급하는가?

① 고문한 것이 입증되면 자백 여부와 관계없이 무조건 무죄로 판결한다.

② 고문을 해서 얻은 자백만이 유죄의 증거로 삼을 수 없을 뿐이다.

③ 고문에 의한 자백은 물론, 이 자백을 기초로 하여 수집한 증거도 유죄의 증거로 삼지 못한다.

옛날에는 '자백은 증거의 왕'이었다. 따라서 범죄 혐의자로부터 자백이라는 범죄 사실의 시인을 받기 위해 고문이 허용되고 정당화되었다. 이로 인해 인간은 상상할 수 없는 고문의 종류와 기술을 개발해왔다. 근대 형사소송법 체제는 바로 이 고문 체제와의 결별로부터 출발하였다고 해도 과언은 아니다. 우리나라의 경우도 마찬가지이다.

헌법 제12조 제2항은 "모든 국민은 고문을 받지 아니하며, 형사상 자기에게 불리한 진술을 강요당하지 아니한다"고 선언하여 고문을 받지 아니할 권리, 고문으로부터 해방될 권리를 인간의 기본권의 하나로 삼고 있다. 이에 따라 형법은 수사 기관의 고문 행위를 범죄로 처벌하고 있다. 한편 형사소송법은 '고문에 의한 자백' 가능성에 대하여 갖가지 견제 장치를 두고 있다.

첫째, 피의자, 피고인의 자백은 임의로 한 경우에만 증거로 할 수 있다. 수사 기관의 강제, 허위, 기만에 의해 얻어 낸 자백은 임의성이 없어 유죄의 증거로 할 수 없다.

둘째, 자백이 임의로 한 것이라는 입증 책임은 검사에게 부담시키고 있다.

셋째, 자백은 증거로 쓸 수 있는 경우에도 다시 그 자백이 신빙성이 있어야만 범죄를 증명하는 효력(증명력)이 있다고 하고 있다.

넷째, 자백이 임의로 한 것이고 또 믿을 수 있는 것이라고 하더라도 이 자백을 뒷받침할 다른 보강 증거가 없으면 피고인을 유죄로 판결할 수 없다. 즉 자백만 있고 다른 보강 증거가 없으면 역시 유죄로 판결할 수 없다는 것이다.

따라서 오늘날 피의자, 피고인의 자백도 증거는 될 수 있으나 옛날처럼 '증거의 왕'이 아니라 증거의 하나에 불과한 것이다.

🔍 결론

고문을 해서 얻어진 자백과 이 자백을 통해 수집한 증거는 증거 능력이 없다.

71. 권불십년, 화무십일홍?

정치권에 줄을 대어 승승장구하던 K물산 박 사장은 정권이 교체되자 검찰의 전격적인 수사대상이 되고 말았다. 검찰은 우선 그를 탈세 혐의로 구속한 뒤 그가 정치인에게 뇌물을 주었는지를 집중적으로 수사하였으나, 그는 이를 부인하면서 버티었다.

"박 사장, 그렇게 버틴다고 무슨 소용이 있겠소?"

"그럼 제가 주지도 않은 뇌물을 어떻게 주었다고 시인하란 말입니까?"

"이렇게 합시다. A정치인에게만 주었다고 하면, 당신을 탈세 혐의로만 기소하겠소. 그러면 기업은 살릴 수 있지 않겠소?"

"그럼 검사님 약속만 믿겠습니다."

이렇게 해서 그가 뇌물 1억 원을 주었다는 자백을 하게 되었다고 가정하자. 이 자백도 유효한가?

① 자백한 내용이 사실이라면, 유효하다.

② 선처하겠다는 약속에 의한 자백은 무효이다.

③ 뇌물을 받았다는 사람이 유죄가 되는 조건하에서 유효하다.

근대 형사 절차에 있어서 자백을 받기 위한 고문은 불법이며, 자백만으로는 사람을 유죄라고 재판할 수도 없고, 그 자백을 보강할 보강 증거가 있어야 한다. 그러나 형사소송법은 이것만으로도 모자라 "피고인의 수사 기관에서의 자백이 고문, 폭행, 협박, 신체 구속의 장기화, 또는 기망, 기타의 방법으로 임의로 한 것이 아니라고 의심할 만한 이유가 있는 때에는 이를 유죄의 증거로 하지 못한다"라고 규정하고 있다. 임의로 한 것이 아닌 자백의 증거 능력을 인정하지 않고 있는 것이다.

문제는 '기타의 방법으로 한 임의성 없는 자백'에, 수사 기관이 자백하면 이익을 주겠다고 회유하여 받아낸 자백도 해당된다고 볼 수 있느냐이다. 이를 '이익과 결부된 자백' 또는 '권유에 의한 자백'이라고 한다.

여기서 이익에는 반드시 형사 처분과 관계있는 것임을 요하지 않고, 일반적·세속적 이익도 포함된다고 하는 데 학설상 이견이 없다. 또 반드시 그 이익과 자백이 현실적으로 교환되어야 할 필요도 없다. 이익에 의한 자백, 약속에 의한 자백도 임의성 없는 자백으로 보아야 할 것이다.

일본의 판례이지만, 자백하면 기소 유예해주겠다고 하여 이를 믿고 한 자백이나, 우리나라 판례로 형이 무거운 특가법을 적용하지 않고 가벼운 수뢰죄로 기소하겠다고 한 약속에 따른 자백, 보호 감호를 청구하지 않겠다는 약속에 의하여 한 자백을 각각 임의성 없는 자백으로 보고 있다.

🔍 결론
이익을 주겠다고 약속하고 얻어낸 자백도 '임의성 없는 자백'으로 보아야 하므로, 증거 능력이 없다.

72. 요즘 세상에 누가 고문을 합니까?

살인죄로 기소된 피고인이 범행을 완강히 부인하고 있다. 판사가 물었다.

"그러면 경찰에서는 왜 범행을 시인(자백)하였는가요?"

"경찰관이 너무나 심한 고문을 하였기 때문입니다."

담당 경찰관이 증인으로 나왔다.

"고문이라뇨? 요즘 같은 세상에 어떻게 고문을 합니까?"

변호인이 반대 신문에 나섰다.

"피고인이 경찰서 유치장에 있을 때 증인이 물파스를 사다가 발라준 적이 있지요?"

증인은 당황하더니 할 수 없이 대답하였다.

"네, 그런 일이 있습니다."

사실상 고문을 시인한 대답이었다.

판사는 어떤 판결을 해야 하는가?

① 다른 증거가 있건 없건, 고문하였다는 사실만으로 무죄 판결을 한다.

② 고문에 의한 자백을 제외한 다른 유죄의 적법한 증거도 없어야 무죄 판결을 한다.

헌법, 형법, 형사소송법에서 제 아무리 고문을 금지하고, 고문 행위를 처벌하고, 고문에 의한 자백의 증거 능력을 부인하고, 또 고문에 의해 얻어진 자백에 따라 수집한 증거를 배척하도록 하고 있어도, 고문은 현실적으로 존재할 가능성이 언제나 있는 것이다. 박종철 군 고문 사건, 부천서 성 고문 사건, 김근태 씨 고문 사건은 우리의 기억에 여전하다.

그렇다면 그 고문의 사실은 과연 어떻게 증명하여야 하는가? 피고인이나 변호인이 법관에게 고문 사실을 증명해 보인다는 것은 대단히 어렵다. 실제로 고문하는 수사관이 있다면 그 고문의 증거를 남길 만큼 서투를 리 없기 때문이다. 고문은 입증하기가 매우 까다롭기 때문에, 법정에서는 종종 고문 사실이 주장되고 폭로되어도 그 고문이 증명되어 피고인이 무죄 판결되는 사례는 많지 않은 실정이다.

가령 피고인이 경찰에게서 고문을 당했다고 주장했다 하자. 이때 조사 경찰관이 증인으로 법정에 나오는데 고문 행위를 순순히 시인하는 경찰관은 한 사람도 없다. 고문은 범죄 행위이기 때문이다.

변호인이, 조사 경찰관이 고문 끝에 자백을 받아내고는 인간애(?)를 발휘하여 고통을 호소하는 피고인에게 물파스를 사다 발라주었던 사실을 입증한 것은, 간접적으로 고문했음을 입증한 것으로 볼 수 있다.

어쨌거나, 고문이 입증되었다면 고문에 의한 자백은 증거가 될 수 없고, 그 고문에 의한 자백을 통해 수집된 증거도 증거가 될 수 없다는 점은 분명하다.

◎ 결론

고문 행위가 입증되어도 '무조건' 무죄 판결이 되는 것은 아니다. 다른 적법한 유죄 증거가 있으면 고문에도 불구하고 유죄 판결을 할 수 있다.

73. 용서 빌면 만사 OK?

　고단수 형사는 피의자들에게 손찌검 한 번 안 하고 자백을 받는 명수 사관으로 이름이 높았다.

　고 형사가 이번에 맡은 사건은 뺑덕어멈 낙찰계 사건. 계주인 뺑덕어멈이 운영하던 낙찰계가 계원 한 사람이 돈을 타고 도망가는 바람에 깨지게 되자, 다른 계원들이 그를 배임죄로 고소한 사건이다. 뺑덕어멈을 담당한 고 형사는 "아줌마, 별것 아니오. 잘못했다고 시인하면 아마 판사님도 용서해주실 거요"라고 하면서 자백을 권유하였다.

　뺑덕어멈은 계가 깨진 것이 자기 책임은 아니었지만, 일단 계원들이 계금을 못 타게 된 잘못(?)이 있는 데다가, 고 형사의 권유가 고마워 "실은 욕심이 나서 계금을 지불 못 했다"라고 허위로 자백을 하였다.

　법정에 서자, "법정에서도 계속 잘못했다고 말해야 용서받게 될 거요"라는 고 형사의 말 때문에 자백을 하고, 경찰에서의 피의자 신문 조서를 증거로 인정하는 데에도 동의하였다.

　뺑덕어멈은 유죄인가? 무죄인가?

　① 유죄이다.
　② 무죄이다.

수사 기관의 수사 활동은 범인의 검거, 조사, 증거의 수집으로 나타난다. 어느 활동이나 법률이 정한 절차와 방식, 즉 적법 절차에 따라야 하지만, 증거 수집 활동은 더욱더 그래야 한다. 만일 수사 기관이 적법한 절차에 의하지 않고 증거를 수집하였다면 그 증거는 어떻게 취급해야 하는가? "유죄의 증거로 사용할 수 없다"는 것이 정답이다.

이처럼 적법한 절차에 의하지 않고 수집한 증거는 증거로 사용할 수 없다는 증거법상의 원칙을 '위법 수집 증거 배제 원칙'이라고 한다. 미국에서는 주로 대법원 판결에 의하여 이 원칙이 확립되어 왔다. 우리나라에서는 이 원칙을 형사소송법이 한 개의 조문 형식으로 규정하고 있지는 않지만, 고문 등에 의한 자백의 증거 능력을 부정하는 형사소송법 제309조를 중심으로 학설과 판례가 이 원칙을 발전시켜왔다.

이 원칙에 따라 지금은, 어떤 경우에 위법 수집 증거가 되는가에 대한 법원의 판례가 상당수 축적되어 있는 실정이다. 수사 기관이 영장주의에 위반하여 압수 수색한 경우의 증거물, 도청이 위법한 경우 그 결과물인 녹음테이프, 함정 수사의 방법으로 취득한 압수물, 변호인과의 접견·교통을 불법으로 제한하고 그 기간 중에 얻은 자백, 불법 구속 기간 중에 얻은 자백 등등은 모두 위법 수집 증거가 되어 유죄의 증거 능력을 인정하지 않고 있다. 형사소송법 제309조는 수사 기관이 피의자를 고문하고, 협박하고, 속여서 얻은 자백은 증거 능력이 없음을 명문으로 규정하고 있다.

Q 결론

수사 기관이 법률 지식이 없는 피의자에 대해 "자백을 하더라도 별것 아니다. 처벌되지 않는다. 법원도 선처할 것이다"라고 속여 피의자가 허위로 자백하면 이 자백은 증거 능력이 없다.

74. 내 권리를 돌리도

샌프란시스코에서 연쇄 살인 사건이 발생하였다. 강력반 형사 클린트 웨스트우드는 범인과 총격전 끝에 용의자를 체포하였다. 현행 범인으로 체포한 것이다.

범인은 법정에서 범행을 시인하면서도, 다만 체포될 때 자신은 형사로부터 혐의 사실이 무엇인지, 또 자신의 권리가 무엇인지를 고지받지 못하였다고 주장하였다. 이 주장은 사실로 밝혀졌다. 물론 범인이 유죄임을 입증할 증거는 충분하다.

이런 경우에 판사는 어떻게 판결하여야 하는가?

① 증거가 충분하므로 유죄 판결을 해야 한다.

② 적법 절차에 의해 체포되지 않았으므로 무죄로 판결하여야 한다.

③ 관대한 판결을 해야 한다.

이 문제는 미국의 영화배우 클린트 이스트우드가 형사로 열연하였던 〈더티 해리〉라는 영화를 본 독자라면 금방 답을 알 수 있을 것이다.

시민들을 공포로 몰아넣었던 연쇄 살인범을 생명을 걸고 총격전 끝에 체포하였으나, 체포 당시 '피의자의 권리'를 고지하지 않았다는 이유로 범인은 검사에 의하여 석방된다. 범인은 다시 살인을 재개하고, 클린트 이스트우드는 다시 추격한다. 마침내 쫓기다 지쳐 쓰러진 범인에게 형사가 절규하듯 피의자의 권리를 고지하는 대목은 지금도 긴 여운을 남기고 있다.

체포 당시에 고지하는 '피의자의 권리'란 무엇일까? 미국에서는 1966년 이른바 '미란다 사건'의 판결로 확립되었다. 즉 수사 기관이 피의자를 체포할 때엔 반드시 혐의 사실의 요지, 묵비권, 변호인을 선임할 권리가 있음을 고지하여야 한다는 것이다. 이를 '미란다 원칙'이라고 한다. 우리나라 형사소송법 제72조도 이 원칙을 명문으로 규정하고 있다.

이 원칙이 요청되는 이유는 두 가지이다. 하나는 피의자의 인권 보장을 위해서이다. 제 아무리 극악한 흉악범이라고 하더라도 유죄 판결이 확정될 때까지는 무죄로 추정되는 이상, 체포 당시 피의자의 권리를 고지하는 것은 너무나 당연한 것이다. 또 하나는 피의자의 방어권 행사에 실질적으로 도움을 주기 위해서이다. 체포되는 이유, 혐의 사실의 내용을 미리 알아야 자신을 방어할 수 있고, 묵비권을 행사할 수 있으며, 변호인의 조력을 받을 수 있음은 물으나 마나 한 일이 아니겠는가?

◯ 결론

미국에서는 이런 경우 기소될 수 없다. 우리나라에서도 피의자가 체포 당시 자신의 권리를 고지받지 못하고 범행을 자백하게 된 경우, 이 자백과 자백을 기초로 수집한 증거의 증거 능력은 부정된다. 따라서 무죄이다.

75. 청산리 벽계수의 망신살

인격이 고매하기로 소문이 난 벽계수 선생을 황진이가 시험해보기로 하였다. 이때 유혹하기 위해 지은 시조가 유명하다. 바로 "청산리 벽계수야, 수이 감을 자랑마라. 일도 창해하면 다시 오기 어려우니, 명월이 만공산하니 쉬어간들 어떠리"가 아닌가?

황진이의 미모와 유혹에 벽계수 선생이 무너진 것은 물론이다. 벽계수 선생의 부인이 남편과 황진이를 간통죄로 고소하자 황진이는 도망쳤다. 홀로 법정에 선 벽계수 피고인은 부끄러워하며 범행을 시인하였다.

그런데 간통죄의 증거는 피고인의 자백 외에 "두 사람이 여관에서 나오는 것을 보았다"는 행인의 증언뿐이다. 말하자면 간통 장면을 목격하였다는 증거는 없는 셈이다.

벽계수 피고인은 유죄인가?

① 무죄. 피고인의 자백 이외에는 증거가 없다.
② 유죄. 행인의 증언도 증거가 될 수 있다.
③ 도망간 황진이를 체포할 때까지는 판결 불가이다.

　범죄 혐의자가 자기의 범죄를 시인, 즉 자백을 할 때에 그 자백은 진실이거나 허위, 둘 중 하나이다.

　근대의 형사소송법은 그 자백이 수사 기관의 고문이나 유도, 속임수에 의한 허위 자백일 가능성에 대비하여 수사 기관의 고문을 금지하고 이를 처벌하며, 고문에 의한 자백의 증거 능력을 인정하지 않고 있다.

　더 나아가 그 자백이 진실한 것이고 수사 기관의 고문 등이 없는 임의성이 있다고 인정하더라도, 그 자백이 유죄의 유일한 증거인 때에는 자백만으로 유죄 판결을 할 수 없도록 하고, 유죄 판결을 하기 위해서는 이 자백을 뒷받침할 다른 증거를 요구한다. 이때의 증거를 '보강 증거'라고 한다.

　실제로도 피고인이 자백을 하였음에도 보강 증거가 없거나, 보강 증거가 불충분하거나, 그 보강 증거의 신빙성이 없을 때, 무죄 판결이 선고되는 사례가 적지 않다. 보강 증거의 종류는 묻지 않는다. 증언, 물증, 서증, 직접 증거, 정황 증거든 증거 능력이 있는 증거로서 자백의 진실성을 뒷받침할 수 있는 증거라면 모두 보강 증거가 될 수 있다.

　보강 증거는 피고인 자백의 진실성을 입증할 수 있으면 되므로, 보강 증거 자체만으로 범죄 사실을 인정할 수 있음을 요하지는 않는다. 즉 자백과 보강 증거를 합하여 범죄 사실을 인정할 수 있으면 되는 것이다.

〇 결론

자백에는 이를 뒷받침할 다른 보강 증거가 있어야 유죄로 판결할 수 있다. "간통죄의 남녀가 여관에서 나오는 것을 목격하였다"라는 행인의 증언도 보강 증거가 될 수 있다. 간통죄란 은밀한 곳에서 이루어지므로, 목격자가 있기 어려운 범죄 아닌가? (대법원 판결도 이와 같다.)

76. 제 목소리만 한 증거가 어딨어?

견우가 바람이 났는지 외박이 부쩍 심해지자 직녀는 생전 처음 경찰서에 찾아가 상의를 하였다. 경찰관은 "증거만 잡으면 되니, 증거를 잡으시오"라고 조언하였다. 직녀는 궁리 끝에 집 전화기에 도청 장치를 해두었다. 이 사정을 꿈에도 모르는 견우는 직녀가 외출한 틈을 타서 요즘 사랑에 빠진 애인 아랑에게 전화를 하였다.

"오늘도 어제처럼 갤럭시 호텔 1001호로 와."

직녀는 이 녹음테이프를 이용하여 견우와 아랑을 간통죄로 고소하였다.

개인이 몰래 녹음한 녹음테이프도 유죄의 증거가 되는가?

① 수사 기관의 도청, 녹음은 불법이지만, 개인은 자유이므로 증거가 된다.
② 누구를 막론하고 도청, 녹음은 불법이므로 증거가 되지 못한다.
③ 피의자, 피고인이 자백을 하는 조건하에서 증거가 될 수 있다.

엎지른 물을 주워 담을 수 없는 것처럼, 사람이 한 번 내뱉은 말도 다시 담을 수 없다는 말이 있다. 그러나 지금은 과학 기술의 발달로 인간이 한 번 한 말을 주워 담을 수 있게 되었다. 바로 녹음이 그것이다.

수사 기관이 법관의 영장 없이 타인의 전화상의 대화를 녹음하는 것은 도청이 되어 그 녹음테이프는 유죄의 증거로 사용할 수 없지만, 문제는 수사 기관이 아닌 개인이 전화 내용을 몰래 녹음한 녹음테이프가 형사 사건에서 유죄의 증거가 될 것인가에 있다.

전자 기술의 발달로 마음만 먹으면 녹음쯤이야 식은 죽 먹기인 세상이 되었는데, '개인의 전화 녹음'은 법률에서 어떻게 취급하고 있는 것일까? 1993년 12월 27일 제정된 '통신비밀보호법'은 바로 이 때문에 제정된 것이라고 할 수 있다.

이 법은 제3조에서 "누구든지 이 법과 형사소송법 … 의 규정에 의하지 아니하고는 … 전기 통신의 감청 … 을 하거나 공개되지 아니한 타인 간의 대화를 녹음 또는 청취하지 못한다"라고 규정하여 국민의 헌법상 통신과 비밀의 자유에 대한 침해를 금지하고 있다.

따라서 이 규정에 의하여 금지된 녹음과 전자 장치 또는 기계적 수단을 이용한 청취 행위를 처벌하고 있다. 그리고 불법적 도청에 의하여 취득한 전기 통신의 내용은 재판 절차에서 증거로 사용할 수 없다고 못 박고 있다.

○, 결론

영장에 의하지 아니한 수사 기관의 전화 도청도 위법이지만, 개인의 전화 도청도 위법이고 그 녹음테이프도 형사 재판에서 유죄의 증거로 사용할 수 없다.

77. 현대 과학의 힘을 빌려서라도

아사녀가 아사달을 간통죄로 한양지방검찰청에 고소하였다.

조사를 하던 검사는 진퇴양난에 빠졌다. 물증은 없는 데다가 아사녀는 "여자의 육감에 비추어 틀림없다"고 주장하고, 아사달은 "다른 여자의 손도 잡은 일이 없다"고 펄펄 뛰기 때문이다.

둘 중의 한 사람은 거짓말을 하는 셈인데, 누가 거짓말을 하는지 두 사람을 거짓말 탐지기로 조사해보기로 하였다. 검사 결과, 아사달이 거짓말을 하는 것으로 나타났다. 검사는 이 결과에 기초해 아사달을 간통죄로 기소하였다.

거짓말탐지기에 의한 결과가 유죄의 증거가 될 수 있을까?

① 그렇다. 기계는 거짓말을 못 한다.

② 그렇지 않다. 거짓말 탐지기라는 기계가 인간의 심리적 반응을 정확히 가려낸다는 보장이 없다.

③ 판사에게 달려 있다.

                             거짓말 탐지기의 증거 능력

현대는 과학 기술 시대. 따라서 수사도 과학 수사이어야 한다. 범죄 사건이 터지면 동일 수법의 전과자나 그 지역의 우범자들을 용의자로 지목하고 자백이나 받아서 사건을 해결하려는 수사 기법은 점점 통하지 않고 있다. 범죄자들의 머리도 이제는 고도화되어 있다.

그러나 과학 수사는 그저 입으로 강조만 한다고 해서 저절로 되는 것은 아니다. 과학적 수사 기법의 개발, 첨단 과학 장비의 도입과 훈련, 전문 수사 요원의 사기 앙양과 양성, 이를 위한 과감한 예산 투자 등 우리나라 수사의 과학화에는 허다한 과제가 기다리고 있는 실정이다.

과학수사 기법의 하나로 일반에게도 잘 알려진 장비가 거짓말 탐지기(Polygraph : Lie detector)이다. 사람이 거짓말을 하면 반드시 일정한 심리 상태의 변동이 일어나고, 그 심리 상태의 변동은 반드시 일정한 생리적 반응(예컨대 맥박, 호흡, 혈압 등의 반응)을 일으키므로, 그 반응을 검사, 분석하여 거짓말 여부를 판별해낼 수 있는 장치이다. 이 탐지기를 사용하여 피의자, 참고인, 증인 등의 진술의 허위 여부를 가려내는 조사는 수사상으로는 '감정'에 해당한다. 거짓말 탐지기는 피검사자가 동의할 경우에 그 사용이 허용된다.

문제는 거짓말 탐지기에 의한 검사 결과를 유죄의 증거로 사용할 수 있는가 여부에 있다. 학자들은 찬반양론으로 견해가 갈려 있다. 그런데 대법원은 "아직까지는 이 검사 결과의 과학적 정확성을 인정할 수 없다"는 이유로 증거 능력을 부정하고 있는 것으로 보인다(1979. 5. 22. 대법원 판결).

🔍 결론

대법원의 판결에 따라, 거짓말 탐지기를 사용한 검사 결과는 지금까지의 과학 기술의 수준에서는 그 과학적인 정확성을 인정할 수 없으므로 유죄의 증거로 사용할 수 없다고 해야 할 것이다.

78. 어떤 배신

유비, 관우, 장비가 도원결의를 하였다. "태어난 날은 각자 다르지만, 죽을 때는 같이 죽자"는 결의이다.

이들은 군사를 일으켜 위나라에 대해 쿠데타를 일으키려다가 실패하고 조조에게 체포되었다(고 가정한다). 오늘날로 말하면 이들은 '내란 음모죄'로 기소되었는데, 관우와 장비는 자백을 하면 용서해준다는 조조의 꾐에 넘어가 법정에서 자백을 하였다. 유비 혼자 범행을 부인하였다.

오늘날의 법정으로 사건을 되돌려보자.

공범자(또는 공동 피고인)의 일부가 자백을 하고, 일부가 부인을 하는 경우, 자백한 공동 피고인의 자백을 갖고 범행을 부인하는 공동 피고인의 유죄를 인정하는 증거로 사용할 수 있는가?

① 부인한 피고인만 불리해지므로 허용되지 않는다.

② 자백이 진실하다는 조건하에서만 허용된다.

③ 무조건 허용된다.

공동 피고인의 자백의 증거 능력

2인 이상이 범행을 함께 한 경우에 이들을 '공범자'라고 부르고, 공범자가 기소된 경우에 이들을 '공동 피고인'이라고 한다. 그런데 예를 들어 공동 피고인 중 A는 법정에서 범행을 부인하고, B는 범행을 A와 함께하였다고 자백한 경우, B의 자백을 A의 범행에 대한 유죄의 증거로 사용할 수 있는가?

이에 대하여 학자들의 견해는 나누어져 있다.

먼저, 범행을 자백하는 공동 피고인 B에 대하여 A는 B의 진술의 진실성 여부를 반대 신문할 수 없고, B의 자백은 증인과 같이 선서와 위증죄로 처벌하는 방법으로 그 진실성을 확보할 수 없으므로 A에 대한 유죄의 증거로 사용할 수 없다는 반대설이 있다. 한편, A는 법정에서 피고인 신문 절차 과정을 통하여 B에 대하여 반대신문을 할 수 있으므로 B의 자백은 A에 대한 증거로 사용할 수 있다는 찬성설이 있다.

그런데 우리나라 형사소송법은 미국과 같이 공동 피고인이 다른 공동 피고인에 대한 반대 신문권을 보장하지 않고 있는 실정이다. 또한 공동 피고인의 자백을 다른 공동 피고인에 대한 증거로 사용할 경우, 부인하는 피고인만 불리하게 되는 불합리한 결과를 낳게 된다. 따라서 이론상으로는 반대설이 옳다고 할 수 있다.

그러나 대법원은 찬성하는 입장에 서 있다. 더 나아가 공범자가 검사의 수사 단계에서, 가령 공범자 A는 범행을 부인하고 공범자 B는 자백을 한 경우 공범자 B에 대하여 검사가 작성한 피의자 신문 조서는 A에 대한 증거로 사용할 수 있다고 판시하고 있다.

🔍 결론

이론상으로는 공동 피고인 중 1인의 자백을 다른 공동 피고인에 대한 증거로 사용할 수 없다고 보지만, 대법원 판례에 따라 ③번을 정답으로 한다.

79. 들어서 알게 되었습니다

　독립운동가의 후예인 오광복 씨는 조국이 해방된 지 반세기가 넘도록 친일파가 청산되지 못한 것을 늘 개탄하였다. 그래서 입버릇처럼 "정부가 못 하면 개인이라도 나서야 한다"고 역설하고 다녔다.

　어느 날 친일파 이안용이 자택에서 살해되었다. 경찰이 오 씨를 용의자로 전격 체포하자, 오 씨는 범행을 완강히 부인하였다.

　오광복 씨는 유치장에서 좀도둑 김처음 씨가 "이안용은 누가 죽였을까요?" 하고 묻자, 빙그레 웃으며 "그야 물론 나지" 하고 실토하였다. 김처음 씨는 유치장에서 나온 뒤 친구 이재탕 씨에게 이 사실을 털어놓았다.

　이 소식을 듣고 검사가 이재탕 씨를 증인으로 세웠다. 이재탕 씨는 "김처음으로부터 들었습니다"라고 증언했다.

　자, 이재탕 씨의 증언도 증거가 될 수 있을까?

① 이재탕 씨가 피고인으로부터 직접 들은 것이 아니므로, 증거가 될 수 없다.

② 이재탕 씨의 증언이 신빙성이 있느냐 여부에 달려 있다.

③ 피고인이 이재탕 씨의 증언을 증거로 해도 좋다는 동의가 있으면 가능하다.

가령 갑이라는 사람이 강도죄를 범하였다고 가정하자. 이때 갑의 범행 피해자나 갑의 범행을 목격한 A가 법정에서 하는 진술, 증언은 직접 증거로서 증거 능력이 있는 증거이다. 그러나 B가 "갑의 강도 범행을 A가 목격하였다는 말을 A로부터 들었다"고 증언하는 것은 증거 능력이 없다. 남에게 들었다는 증언이나 그 진술을 기재한 서류를 '전문(傳聞) 증거'라고 한다. 전문 증거는 원칙적으로 증거 능력이 없다. 이것을 '전문 증거 배제 법칙'이라고 한다.

우리나라 형사소송법도 이 원칙을 규정하고 있다. 즉 남에게 들은 증거를 증거로서 배척하는 이유는 피고인이 원진술자에 대해(이 사건에서는 김처음 씨) 반대 신문을 할 수 없기 때문이다. 김처음 씨가 증인으로 나와 증언을 하게 되면 피고인은 김처음 씨에 대한 반대 신문을 할 수 있지만, 김처음 씨에게서 들었다는 이재탕 씨가 증인으로 나오면 피고인은 형사소송법상 자기에게 보장된 원진술자 김처음 씨에 대한 반대 신문을 해볼 도리가 없기 때문이다.

그런데 형사소송법은 한편에서는 전문 증거는 증거 능력이 없다는 것을 원칙으로 하면서도, 또 한편에서는 많은 예외를 인정하고 있다. 법정에서 반대 신문을 거치지 않더라도 진실성과 신용성이 있다고 볼 수 있는 전문 증거는 예외적으로 증거 능력을 인정하는 것이다.

예컨대 피고인이 한 말을 들었다는 증인의 전문 증언, 공판 심리 절차에서 법원이 작성한 공판 조서, 증인 신문 조서, 검증 조서, 검사가 작성한 피의자 신문 조서, 공문서 등은 진실성, 신용성이 높으므로 예외적으로 증거 능력이 인정되고 있다. 전문 증거임에도 피고인이 증거로 사용하는 데 동의하면 증거 능력이 있음은 물론이다.

Q 결론

남에게 들은 것을 내용으로 하는 증언은 증거 능력이 없다.

80. 염라대왕에게 보낸 소환장

정년을 몇 년 앞두고 졸지에 명퇴(명예퇴직)를 당한 황당해 씨는 앞길이 막막했다. 그때 마침 사기꾼 이지능이 접근하여 "월급쟁이 100년 하면 뭐합니까? 돈 버는 데는 장사가 최고지요!"라면서 자신이 하는 '끝내주는 건강식 개구리 엑기스' 사업에 퇴직금을 투자해보라고 꼬드겼다.

황 씨가 대리점 개설 명목으로 퇴직금 1억 원을 투자하자, 이지능은 이 돈을 챙겨 도망을 쳤다. 황 씨는 전국 방방곡곡을 뒤져 천신만고 끝에 이 씨를 잡아 경찰에 사기죄로 고소하였다.

사기범은 구속되었으나, 황 씨는 이래저래 세상 살기가 비관스러워 스스로 삶을 마감하고 말았다. 구속된 이지능이 범행을 부인하자 황 씨가 증인으로 채택되었으나, 그는 이미 저세상 사람. 염라대왕 앞으로 소환장을 보낼 수도 없고….

다만 황 씨가 경찰서에서 소상하게 진술한 진술 조서가 남아 있는데, 이 조서가 증거가 될 수 있을까?

① 피고인이 동의하지 않고 있으므로 불가능하다.

② 죽은 자를 증인으로 부를 수 없으므로, 예외적으로만 가능하다.

③ 경찰에서의 그 진술이 신빙성이 있다는 조건하에서 가능하다.

'남에게 들은 이야기'는 전문 증거라고 하여 유죄의 증거로 사용할 수 없다는 것은 이미 살펴보았다('전문 증거 배제의 법칙'). 그러나 전문 증거라고 하더라도 피고인이 공판정에서 이를 증거로 사용하는 것을 동의하면, 이 동의로 말미암아 증거 능력이 있게 된다. 그런데 전문 증거를 증거로 배제하는 원칙을 끝까지 고집하고, 피고인도 전문 증거의 증거 사용에 동의하지 않으면 결국 유죄인 자가 무죄가 되는 모순에 빠지게 된다.

그래서 형사소송법은 전문 증거 배제 법칙의 예외를 인정하고 있는데, 굳이 피고인의 반대 신문을 거치지 않더라도 그 전문 증거가 고도로 믿을 수 있고, 증거로 사용할 필요성이 있는 조건하에서 허용된다. 이 예외가 적용되는 것은 주로 전문 서류이다.

가령 피해자나 목격자가 수사 기관에서 진술한 참고인 진술 조서는 원진술자가 법정에 나와 자기가 진술한 것이라고 밝혀야 증거 능력이 발생한다. 그러나 이 원진술자가 일정한 사유, 즉 사망, 질병, 해외 거주, 기타 사정으로 공판정에 출석하여 진술할 수 없거나 곤란한 경우에는 예외적으로(피고인의 부동의에도 불구하고) 증거 능력이 부여된다. 원진술자가 행방불명되어 소환할 수 없는 경우, 불의의 사고로 기억력을 상실한 경우, 노인성 치매에 걸린 경우도 기타 사유에 포함된다고 보고 있다.

Q 결론

피해자가 수사 기관에서는 진술을 하였으나 그 후 사망, 질병, 해외 거주, 기타 사유로 공판정에 출석할 수 없거나 출석하는 것이 곤란한 경우에는 예외적으로 그 진술을 기재한 서류를 증거로 쓸 수 있다.

81. 송아지는 왜 따라와?

"피고인은 절도죄를 인정하는가요?"

검사가 묻자, 방쇠가 펄펄 뛰었다.

"저는 길바닥에서 새끼줄 하나를 주워 들었을 뿐, 그 줄에 송아지가 매어 있는 줄은 꿈에도 몰랐습니다."

검사가 목격자 먹쇠를 증인으로 신청하였다. 증인은 "피고인이 외양간에서 송아지를 훔쳐가는 것을 우연히 보았습니다"라고 증언하였다. 그러자 방쇠는 "먹쇠는 지난달 저와 함께 술을 먹다가 주정을 부리는 바람에 저에게 한 대 얻어 맞아 감정을 품고 위증을 하는 겁니다. 이 사실을 증언할 수 있는 돌쇠를 증인으로 불러주십시오"라고 호소했다.

재판장의 조치는?

① 먹쇠의 증언으로 충분하므로, 피고인의 증인 신청을 기각한다.

② 죽은 사람 소원 하나 들어주는 셈치고, 증인 신청을 받아준다.

③ 먹쇠의 증언의 진실성을 다투고 있으므로 기회를 주는 뜻에서 받아들여야 한다.

예를 들어 살인 사건에서 증인 A가 증인으로 나와서 "피고인이 피해자를 향하여 권총을 쏘는 것을 보았다"라고 증언하였다고 하자. 이때 A의 증언은 피고인에게는 결정적으로 불리한 증거가 된다. 그런데 실은 A가 B에게 "총소리를 듣고 달려가 보니 범인은 이미 도망가서 보지 못했다"라고 말한 사실이 있다고 하자. 이때 피고인 측에서 A의 증언의 신빙성을 파괴, 부정시키기 위하여 B를 증인으로 신청하여 B가 A로부터 들은 이야기를 증언시키면 A의 증언은 효과적으로 부정된다. 이러한 경우에 B의 증언을 '탄핵 증거'라고 부른다.

탄핵 증거는 증인의 신빙성을 규탄하는 것을 목적으로 하는 증거 제도이다. 실무상으로도 유무죄를 다투는 사건에서 피고인이나 그 변호인측에서는 A에 대한 반대 신문을 통하여 A의 증언을 무력화시키거나 믿을 수 없는 증언이라는 점을 부각시키기도 하지만, 결정적으로는 또 다른 증거, 즉 탄핵 증거를 통하여 A의 증언을 규탄하곤 한다.

탄핵 증거의 목적은 기소된 범죄 사실의 존재 여부를 증명하려는 것이 아니고, 법관으로 하여금 편향적인 증명력 판단을 봉쇄하여 합리적인 판단을 도모하려는 데 있다. 따라서 탄핵 증거로서 탄핵하려는 범위는 증거의 증명력을 다투는 것, 즉 증명력을 감소, 약화, 무력화시키는 경우에만 사용이 허용된다.

🔍 결론

증인의 증언의 신빙성을 다투기 위한 증거를 탄핵 증거라고 한다. 검사 측의 증인에 대한 탄핵을 목적으로 하는 탄핵 증거의 신청 조사는 허용된다.

82. 적반하장도 유분수지

　심순애 양이 직장에서 소속과인 경리과장 김중배 씨로부터 여러 차례 성희롱을 당하자 견디다 못해 고소를 하였다. 김중배 씨는 강제 추행 혐의로 기소되었는데 법정에서 범행을 완강히 부인하였다. 뿐만 아니라, 심순애 양이 유부남인 자기를 여러 번 유혹하였다고 공세를 전개하였다. 적반하장도 유분수지, 참으로 뻔뻔하다.

　심순애 양은 김중배 씨의 재판에 증인 자격이 아닌 '피해자 자격'으로 진실을 펼칠 권리가 있다면 좋겠는데, 우리나라 형사소송법상 가능한가?

① 불가능하다. 증인으로 채택되어야 증언의 형식으로 진실을 밝힐 수 있을 뿐이다.

② 법원의 허가가 있어야 가능하다.

③ 물론 가능하다. 법원에 신청만 하면 된다.

범죄로 인하여 생명, 신체, 자유, 명예, 재산 등이 침해되거나 위협받은 자를 피해자라고 부른다. 형사소송법에서 피해자는 다음과 같은 권리를 갖는다. 고소권, 고소 취소권, 고소 사건을 검사가 불기소 처분을 한 경우에 항고권, 재정 신청권, 압수된 피해 물품의 반환 청구권(환부 청구권), 배상 명령 신청권, 재판서 등본 청구권 등은 명시적으로 피해자에게 인정된 권리이다.

또 피해자로서 자신의 억울한 처지를 수사 기관이나 법원에 진정하고 탄원할 수 있는 권리도 신원권(伸寃權)이라고 하여 권리로서 대우하고 있다. 이 밖에도 1987년 11월 28일 제정된 '범죄피해자구조법'에서는 가해자가 경제적 배상 능력이 없거나 행방불명되고 피해자가 범죄로 인하여 생계 유지가 곤란하게 된 경우, 국가가 피해자의 신청을 받아 일정한 범위의 금액을 지급할 수 있게끔 배려하고 있다.

이러한 권리 이외에도, 가해자가 법정에서 범행을 부인하는 경우 피해자가 스스로 증인을 자청하여 법정에서 자신의 주장을 펼칠 수 있는 권리는 없는 것일까? 헌법 제27조 제5항은 형사 피해자의 공판정에서의 진술권을 인정하고 있는데, 1987년 11월 28일 개정된 형사소송법에서 이것을 받아들였다. 따라서 피해자는 스스로 증인이 되겠다고 법원에 신청할 수 있다.

다만 법원은 피해자를 신문할 경우 공판 절차가 지연될 우려가 있거나 피해자가 수사 기관에서 충분히 진술하여 다시 공판정에서 진술케 할 필요가 없다고 인정되는 경우에는 이 신청을 허용하지 않을 수도 있다.

🔍 결론

피해자는 법원에서 증인으로 채택하지 않더라도 스스로 증인이 되겠다고 신청할 권리가 있다. 법원이 이를 받아들이면 피해자는 법정에서 자신의 증언을 통해 법원의 진상 규명에 도움을 줄 수 있게 된다.

83. 전례가 없소

광해군이 인조반정으로 쫓겨나 강화도로 유배되었다.

신하들의 쿠데타로 졸지에 왕이 된 인조는 재위한 지 몇 년 후, 병자호란을 미리 막지 못했기 때문에 실각하고 내란죄로 기소되었다(물론 가정이다). 인조는 내란 혐의를 완강히 부인하였다.

사태가 이쯤 되자, 인조가 신하들과 미리 반정 모의를 하였는지의 여부를 밝히기 위해 광해군의 증언이 필요하게 되었다. 광해군은 일언지하에 증인 출석 요구를 거절하였다. 이유는 "일국의 임금이 재직 기간 중 수행한 국사에 관하여 법정에서 증언한 전례가 없소"였다. 뒷날 자서전에서 그 전모를 밝힐 수는 있다나?

그렇다면 전직 대통령은 증언 의무가 없는 것일까?

① 그렇다. 헌법에 규정되어 있다.
② 그렇다. 전직 대통령이 증언대에 선 전례가 없다.
③ 그렇지 않다. 전직 대통령일지라도 증언 의무가 있다.

  형사 재판에서 증인이 될 자격이 있느냐, 또는 증인으로 신문할 수 있느냐의 문제를 '증인 적격'의 문제라고 한다. 이에 대하여 형사소송법 제146조는 "법원은 법률에 다른 규정이 없으면 누구든지 증인으로 신문할 수 있다"고 규정하고 있으므로, 이 규정대로라면 법률에 다른 규정이 없는 한 "누구든지 증인이 될 수 있다"고 할 수 있다. 따라서 전직 대통령은 물론 현직 대통령에 대해서도 법원은 증인으로 채택하여 소환, 신문할 수 있음은 물론이다. 증인으로 신문할 수 없다는 다른 법률의 규정이 없기 때문이다.

  증인 적격이 있느냐 여부를 둘러싸고 논의되는 구체적 사례를 살펴보자. 우선, 피고인은 증인으로 신문할 수 없다고 보는 것이 학계의 통설이다. 피고인은 소송 당사자이지, 제3자가 아니기 때문이다. 따라서 누구도 피고인에 대한 형사 재판에서 그 피고인을 증인으로 세워 신문할 수 없고, 피고인도 자기의 사건에 관하여 스스로 선서하고 증언을 할 수는 없다(미국과 같은 영미법계 국가에서는 우리와 반대이다).

  피고인이 복수일 때, 즉 공동 피고인 중에서 증인 적격을 인정할 수 있는가에 대해서는 학자들에 따라 찬성과 반대로 나누나, 자기의 피고 사건과 관련이 없는 사실에 대해서는 다른 공동 피고인에 대해 증인으로 신문할 수 있다는 견해가 다수설과 실무의 입장이다. 다음으로, 공판에 간여하고 있는 변호인, 검사도 그 사건에 관하여 증인으로 신문할 수 있다는 견해가 역시 다수설의 입장이다. 해당 사건의 공판을 진행하고 있는 법관에 대해서는 그 지위에 있는 한 해당 사건에서 증인이 될 수 없다는 것이 통설이다.

결론

법률상 및 이론상으로는 전직 대통령도 증인이 될 수 있다. 단, 출석해서 증언을 거부할 수는 있으나, 이 경우에도 정당한 사유가 없으면 제재(과태료)를 받는다.

84. 대답하면 잡아가려고?

먹쇠와 돌쇠는 십수 년간 해온 종살이가 지겨워 주인의 돈을 훔쳐 외딴 지방으로 도망갔다. 그곳에서 훔친 돈으로 족보를 산 뒤 양반 행세를 하며 살았다. 그러던 어느 날 현상 수배 전단을 본 동네 주민의 신고로 먹쇠가 체포되었고, 돌쇠는 마침 그날 외출 중이어서 체포를 면하였다.

법정에 선 먹쇠는 의리 있게 모든 범행을 자기의 단독 행위라고 주장하였으나, 검사의 눈은 예리했다. 증인으로 소환된 돌쇠에게 검사가 물었다.

"범행은 증인도 함께 하였다는데 사실인가요?"

자, 이 질문에 돌쇠는 어떻게 대응해야 할까?

① 걱정할 것 없다. 대답하지 않거나 아니라고 대답해도 된다.

② 이쯤되면 털어놓고 용서를 빌어야 한다.

③ 기소되지 않는다는 보장하에 사실대로 대답하여야 한다.

형사소송법 제146조에 따르면, 대한민국 국민은 누구든지 법원이 증인으로 채택하여 소환하면 출석하여 증언할 의무가 있다. 만일 증인으로 소환된 사람이 정당한 사유 없이 소환에 불응하면 500만 원 이하의 과태료에 처해질 수 있고, 선서나 증언을 거부하면 50만 원 이하의 과태료를 부과할 수 있다. 또 강제로 구인(법정에 강제로 출석당하는 것)될 수 있다. 그리고 소환에 응하여 선서를 한 후에 자기의 기억에 반하는 허위의 증언을 하게 되면 형법상의 위증죄가 되어 처벌받게 된다.

그렇다면 증인은 출석·증언 의무만 있고, 권리는 없는 것일까? 있다. 증인은 다음과 같은 일정한 경우 출석하였어도 증언을 거부할 권리가 있다.

첫째, 증언을 하게 되면 자기가 형사 소추를 당하거나 유죄 판결을 받을 사실이 드러날 염려가 있는 증언은 거부할 수가 있다. 헌법 제12조 제2항에서 "모든 국민은 … 형사상 자기에게 불리한 진술을 강요당하지 않는다"라고 보장하였기 때문이다. 자기에게 불리한, 자기 무덤을 파는 증언은 법률로도 강요할 수 없다.

둘째, 자기의 증언으로 말미암아 자기의 친족, 가족 또는 이러한 관계가 있었던 자의 형사 책임에 관하여 불리한 증거가 될 수 있는 증언도 거부할 수 있다. 예컨대 아버지가 피고인인 아들의 증인으로 나오는 경우에 자신의 증언으로 아들이 불리해질 수 있다면 증언을 거부할 수 있다. 증언 거부권을 행사하려면 위에 든 거부 사유를 밝히면 된다. 출석하여 증언 그 자체를 거부해도 되고, 증언을 시작하여 개개의 질문에 대해서도 위에 든 사유에 해당되는 질문에는 답변을 거부할 수 있다.

Q 결론
공범자가 자기도 기소될 가능성이 있는 경우에 증언을 거부할 수 있다.

85. 미우나 고우나 내 환자인데

신기에 가까운 기술을 갖고 있던 성형외과 의사 허준 박사가 법원으로부터 증인 소환장을 받았다. 환자 중의 한 사람이었던 이선조 씨가 강도 살인죄로 지명 수배를 받은 후 허준 박사에게 얼굴 전부를 성형 수술받은 일이 문제가 된 것이다.

검사는 성형 수술을 받은 이선조 씨가 범인이라고 주장하였고, 이선조의 변호사는 지금의 얼굴은 부모로부터 물려받은 얼굴이라고 주장하였다. 허준 박사의 말 한마디에 피고인의 운명이 달려 있는 셈이다. 의사로서 환자의 비밀을 지켜줄 의무가 있는 허준 씨, 참으로 입장 난처하게 되었는데….

자, 과연 법정에 나가 증언할 의무가 있는가?

① 물론이다. 대한민국 국민은 법원이 소환하면 출석, 증언할 의무가 있다.

② 입장이 난처하므로 출석하지 않을 권리가 있다.

③ 출석은 하여야 하지만, 증언은 거부할 수도 있다.

앞에서 우리는 자기의 증언으로 인해 자기가 처벌될 염려가 있거나 자기의 친족, 가족 등이 불리하게 될 경우, 증인은 그 사유를 밝히고 증언을 거부할 수 있음을 알게 되었다.

이 밖에도 '일정한 직업'을 갖고 있는 사람은 업무상으로 알게 된 타인의 비밀에 관한 것은 증언을 거부할 수 있다. 여기서 일정한 직업은 변호사, 변리사, 공증인, 공인 회계사, 세무사, 대서업자, 의사, 한의사, 치과 의사, 약사, 약종상, 조산사, 간호사, 종교의 직에 있는 자(승려, 목사, 신부)이다. 이러한 사람들은 타인의 사무를 처리해주는 것을 업으로 하고 있으므로 업무상 알게 된 타인의 비밀을 지켜 주어야 할 법률상 의무가 있기 때문이다.

이들은 증언이 아닌 경우에도 의뢰인의 비밀을 누설한 경우에는 형법상 '업무상 비밀 누설죄'로 처벌된다. 그렇기 때문에 형사소송법에서는 이러한 사람들이 대한민국 국민의 의무인 증언의 의무도 거부할 수 있도록 하여 업무상 비밀을 지킬 수 있는 장치를 마련해놓고 있다.

때문에 형사소송법은 증언 거부권 보장을 위해 법원으로 하여금 증인에 대한 선서 전에 일정한 사유가 있는 경우 증언 거부권이 있음을 미리 고지하도록 하고 있다. 그러나 증언 거부권이 있는 증인이 거부권을 행사하지 않고 증언하는 것은 물론 증인의 자유이다.

형사소송법은 업무상 증언 거부권자의 직종을 명시하고 있으므로 그 이외의 직업의 종사자에게는 증언 거부권이 없다고 해석된다. 그런데 신문, 방송 기자가 취재원(取材源)에 관하여 증언 거부권이 인정되느냐에 대하여 없다는 부정설이 다수이나, 있다고 하는 소수의 견해도 있다(필자도 소수설에 찬성).

🔍 결론
의사는 업무상 알게 된 타인의 비밀에 대한 증언 거부권이 있다.

86. 이의 있소!

"재판장님, 이의 있습니다. 검사는 지금 증인에게 유도 신문을 하고 있습니다."

성폭력범 피고인의 변호사가 일어나면서 외쳤다. 검사는 피해자에게 바로 전 이렇게 물었다.

"증인은 그 호텔 문 앞에서 들어가지 않겠다고 말하였는데도, 피고인이 눈을 부라리며 협박을 하였지요?"

피고인은 강제가 아니었고, 피해자와 임의로 그 호텔에 가게 된 것이라고 주장하고 있었던 것이다.

재판장의 조치는 무엇인가?

① 유도 신문이므로 검사의 질문을 금지하고 그 질문을 없던 것으로 한다.

② 변호사의 불필요한 이의 제기이므로 검사에게 계속 질문토록 한다.

③ 휴정을 하고 검사와 변호사의 타협을 종용한다.

법정에서 증인을 신문하는 순서는 법으로 정해져 있다. 증인을 신청한 측에서 먼저 묻는다. 가령 검사가 신청한 증인이면 검사가 먼저 묻게 되어 있다. 이를 주신문(主訊問)이라고 한다. 주신문이 끝나면 반대 당사자가 신문하게 되는데 이를 반대 신문(反對訊問)이라고 한다. 이와 같이 증인 신문의 순서는 주신문—반대 신문—재주신문—재반대 신문의 방식으로 하게 된다. 이를 '교호(交互) 신문제'라고 부른다.

재판장은 이와 같이 소송 당사자(검사 및 피고인)의 교대적인 신문의 방식으로 이끌어내는 증언을 통하여 자연스럽게 유무죄의 심증을 형성하게 되는 것이다. 물론 재판장도 소송 당사자의 신문이 끝난 뒤에 증인 신문을 할 수 있는데, 이를 보충 신문이라고 한다.

교호 신문제는 재판장이 먼저 팔을 걷어붙이고 나서는 경우보다 소송 당사자에게 맡기는 것이 훨씬 합리적, 효율적이라는 점에 근거하고 있다.

또한 교호 신문 제도의 핵심이자 진면목은 주신문에서 이끌어낸 증언을 반대 신문에서 무력화시키거나 자기 모순의 증언을 이끌어내려는 데 있다. 즉 반대 신문권을 보장하는 것이 교호 신문제의 핵심이다. 따라서 주신문에서는 신문자가 희망하는 답변을 유도·암시하는 유도 신문은 금지되나, 반대 신문에서는 원칙적으로 유도 신문이 허용된다.

예를 들어 이 사례에서처럼 피고인이나 변호인이 "증인은 그 호텔 앞에 갈 때까지는 피고인으로부터 어떠한 강요나 협박도 받은 일이 없지요?"라고 유도 신문하여 '예'라는 대답을 이끌어내는 것은 허용된다.

🔍 결론

교호 신문제하에서 주신문자의 유도 신문은 금지된다. 반대 당사자는 판사에게 즉각 이의 신청을 하여 판사로 하여금 제지시킬 수 있다.

87. "땡!" 하고 시보가 울렸습니다

일요일 오후. 직원들이 모두 외출한 갑도산업의 공장 기숙사에서 남자 직원 한 명이 살해된 채로 발견되었다. 혐의는 동료 직원인 어굴해 씨에게 쏠렸다. 그 전날 어굴해 씨가 피해자로부터 돈을 빌려달라는 요청을 받고 이를 거절하자, 피해자로부터 '피도 눈물도 없는 놈'이라는 모욕을 당했기 때문이다. 살해된 시각은 토요일 밤 11시경이었다.

어굴해 씨는 살인죄로 법정에 섰다. 기숙사가 있는 공장 출입 초소에 근무하는 경비원이 증인으로 나와, "토요일 밤 11시경 피고인이 공장을 나가는 것을 보았다"고 증언하였다. 변호인이 물었다.

"어떻게 밤 11시경이라는 것을 기억하지요?"

"초소에서 TV를 켜니 11시 시보가 울리면서 〈KBS 뉴스라인〉이 방송되었기 때문입니다."

그러나 그날 밤 〈KBS 뉴스라인〉은 월드컵 중계방송으로 인해 밤 1시에 시작되었다. 그렇다면 분명히 피해자가 살해된 시각에 그 공장을 나가는 것을 목격하였다는 증인의 말을 믿을 수 있을까?

① 믿고 안 믿고는 판사의 자유이다.

② 믿을 수 없다. 11시에 뉴스가 시작되었다는 증언이 허위로 밝혀졌으므로.

③ 믿을 수 있고, 또 믿을 수밖에 없다. 목격 증인이기 때문이다.

증거재판주의를 원칙으로 하는 형사 재판에서 증거 능력이라는 말과 증명력이라는 말이 자주 사용된다. '증거 능력'은 증거의 종류를 불문하고 증거가 범죄 사실을 인정할 수 있는 자료로서 사용할 자격이 있는가의 문제이다.

예컨대 범행을 지시하는 전화를 도청하여 녹음한 녹음테이프가 증거로 제출되었을 때, 이 테이프는 우선 증거 능력이 있느냐 없느냐가 논란이 된다. 형사소송법은 적법하게 수집한 증거에 대해서만 증거 능력을 인정한다. 따라서 도청이 불법하게 이루어졌다면 그 녹음테이프는 증거 능력이 없게 된다. 즉 법관이 유죄의 증거로 쓸 수 없다.

'증명력'이란 일단 증거 능력이 있는 증거가 범죄 사실을 입증할 수 있는 실질적 가치가 있느냐의 문제이다. 위에서 말한 녹음테이프가 증거 능력이 있다고 인정되는 경우에도 그 녹음테이프에 녹음된 내용을 법관이 믿을 수 있느냐의 문제가 남게 된다.

대체적으로는 증거가 증거 능력이 있으면, 증명력이 있다고 할 수 있지만, 반드시 그렇다고 할 수는 없다. 즉 '증거 능력＝증명력'은 아닌 것이다. 때문에 형사소송법은 증거 능력이 없는 증거(불법 증거)에 의하여 증명력이 부여되는 경우를 방지하기 위하여 세심하게 제한을 가하고 있다. 임의성이 없는 자백, 자백이 피고인에게 불리한 유일한 증거인 때, 위법하게 수집한 증거의 증거 능력을 원천적으로 법률에서 봉쇄한 것은 이 때문이다.

결국 증거 능력이 있는 증거에 대해 그것을 믿고 안 믿고는 법관의 자유 재량에 달려 있다고 할 수 있다.

◯ 결론

목격 증인의 증언은 일단 증거 능력이 있다. 그러나 그 내용에 허위가 있는 경우 증명력은 없다. 이 사례가 바로 그런 경우에 해당된다.

88. 도련님은 효자

"양심에 따라 숨김과 보탬이 없이 사실 그대로 말하고, 만일 거짓이 있으면 위증의 벌을 받기로 맹서합니다."

선서를 마친 방자는 "도련님(피고인 이몽룡)이 춘향 아씨와 결혼식을 올리지 못한 것은 과거 급제가 늦어졌기 때문입니다"라고 변명하였다.

검사가 날카롭게 물었다.

"그렇다면 피고인이 과거 급제를 하고도, 영의정 딸과 결혼한 이유는 무엇 때문이오?"

"그건 도련님이 아버지인 이조 판서 대감의 명을 어길 수 없었기 때문입니다. 도련님은 효자거든요."

판사의 눈으로 보아도 사기죄로 기소된 이몽룡 피고인의 증인으로 나온 방자의 증언은 명백한 위증이었다.

판사는 방자를 위증죄로 처벌할 수 있는가?

① 가능하다. 선서하였기 때문이다.

② 불가능하다. 검사가 위증죄로 기소하지 않는 이상.

③ 불가능하다. 하인이 주인을 위하여 위증하는 것은 당연하다.

근대의 형사소송법은 범죄자를 기소하는 소추 기관(검사)과 이를 심판하는 심판 기관(법원)을 분리하고 있다. 우리나라도 3권 분립 체제를 취하여, 재판 기관인 법원은 사법부(司法府)에 속하며, 소추 기관인 검사는 행정부(行政府)에 속하게 하고, 검사에게는 수사권과 공소권을 부여하고 있다.

이러한 체제 구성의 논리적 귀결에 따라 법원은 검사의 기소가 없으면 재판할 수 없고, 그 재판도 검사가 재판을 청구한 부분에 한하여 할 수 있다. 이처럼 "법원은 검사의 기소가 없으면 재판할 수 없고, 검사가 기소한 사건에 한하여 재판하여야 한다"는 원칙을 '불고불리(不告不理)의 원칙'이라고 한다. 이 원칙에 있어서 의미가 있는 것은 "법원은 검사가 기소한 사건에 한하여 재판하여야 한다"는 대목이다.

따라서 법원은 검사가 절도죄로 기소한 사건을 심리 결과 피고인이 재물 취득 과정에서 폭행, 협박 또는 흉기를 사용하여 실제로는 강도죄가 된다고 보더라도 검사가 공소장을 변경하지 않는 한 강도죄로 판결할 수가 없다. 더 나아가 만약 심리 과정에서 절도죄 외에 사기죄가 드러나는 경우에도 검사가 사기죄를 추가로 기소하지 않는 한 사기죄에 대하여는 판결할 수가 없다.

또한 가령 심리 과정에서 증인이 피고인을 위하여 명백히 위증을 하는 것을 알았다고 하더라도, 판사는 단지 그 증언을 위증이라고 하여 믿지 않고 배척할 수는 있을 뿐 검사가 그 증인을 위증죄로 기소하지 않는 한 스스로 위증죄로 심리, 처벌할 수 없다. 만일 법원이 불고불리의 원칙에 위반하는 판결을 한 경우 이는 상소 이유가 된다.

Q 결론
법원은 검사의 기소가 없는 한, 또 검사가 기소하지 않는 부분에 대해서는 재판할 수 없다.

89. 변론하다 날 새겠네

　삼룡이가 먹고살 길이 막연하여 길거리에서 야바위판을 벌이다 현행범으로 체포되었다. 빈곤을 이유로 국선 변호인 선임 신청을 내자 법원에서는 김맨득 변호사를 국선 변호인으로 선정하였다. 법정에서 삼룡이는 범행 일체를 자백하였다.

　"변호인은 변호하시오."

　김맨득 변호사는 "존경하는 재판장님!" 하면서 말문을 열더니, 장장 두 시간째 삼룡이의 범죄가 국가의 잘못된 부의 분배 정책과 빈약한 복지 정책 때문이라면서 장광설을 늘어놓기 시작하였다.

　"간단히, 요점만 해주시지요. 여기는 법정입니다."

　판사가 주의 겸 사정을 하였으나 일단 입을 연 김 변호사의 변론은 언제 끝날지 모른다. 판사는 이런 경우에 어떻게 해야 하는가?

　① 변호사의 변론을 중지시킬 수 있다.

　② 변호사의 변론 제한은 변론권 침해이므로 끝날 때까지 참아야 한다.

　③ 국선 변호사를 새로 선정하여야 한다.

형사 재판에서 판사(재판장)의 역할은 운동 경기에서의 심판(judge)과 꼭 같다. 판사는 그저 검은 법복을 입고 법대에 앉아 근엄하게 판결만 하는 것은 아니다. 판사는 재판을 지휘한다. 재판정에는 검사와 피고인 또는 그 변호인이 유무죄를 놓고 불꽃 튀는 공방전을 전개하고, 증인도 출석하며, 중요 사건에는 방청객이나 기자 들도 몰려온다. 이렇듯 수많은 사람이 운집하는 법정에서 질서를 잡고 공판 심리를 진행하여야 하는 재판장에게 오케스트라의 지휘자와 같은 권한, 즉 '소송 지휘권'을 인정하고 있다.

재판 날짜를 지정하거나 변경하는 것, 피고인에 대해 인정 신문을 하는 것, 국선 변호인을 선정하는 것, 증거 조사를 하는 것 등 허다한 일이 심판인 재판장의 임무이자 권한이다.

그런데 재판장이 갖고 있는 권한으로 변호인의 최후 변론을 제한(저지, 중단을 포함)하는 것이 과연 가능할까? 왜냐하면 변호인의 변론권도 형사소송법상 보장된 합법적인 권리이기 때문이다.

이에 대하여는 재판장은 소송 당사자 그 누구에게도 "진술 또는 신문이 중복된 사항이거나 그 소송에 관계없는 사항인 때에는 소송 관계인의 본질적 권리를 해하지 아니하는 한도에서 이를 제한할 수 있다"고 형사소송법 제299조에 규정되어 있으므로, 제한이 가능하다고 말할 수 있다. 그러므로 재판장은 요점만 진술해달라든가, 재판과 관계없는 사항의 진술은 피해달라는 요구를 할 수 있고, 듣지 않는 때에는 중단시킬 수 있다고 해석해야 한다.

🔍 결론

피고인이 자백을 하는 사건에서 변호인이 장황하게 두 시간에 걸쳐, 그것도 소송과 관계없는(?) 장광설을 늘어놓는다면 재판장은 당연히 변호인의 변론을 중지시킬 수 있다. 이 조치는 변론권의 침해는 아니다.

90. 어용 판사, 물러가라

물가가 날마다 천정부지로 올라가고, 실업자가 속출하고, 무역 적자는 누적되고⋯. '평등공화국'의 경제 위기는 진정될 줄 몰랐다. 이때 은인자 중 기회를 엿보던 강심장 장군은 위기에 처한 조국을 구한다는 명분으로 쿠데타를 일으켜 정권을 잡았다.

그가 정부에 비판적인 언동을 하는 사람을 조국 혼란 방조죄로 다스렸건만, 국민들은 "강심장은 물러가라!"면서 연일 데모를 벌였다.

감옥으로의 행진은 계속되었다. 야당 지도자마저 법정에 서자 법정은 초만원을 이루고, 방청객들이 소리쳤다.

"어용 판사, 물러가라!"

재판을 도저히 진행할 수 없게 된 판사가 형사소송법에 의하여 적법하게 행사할 수 있는 권한과 조치는 무엇인가?

① 정숙을 유지해달라고 호소할 수 있을 뿐이다.
② 질서 유지를 경고하고, 불응하는 방청객들을 전원 퇴정시키거나 감치시킬 수 있다.
③ 방청객들을 법정 방해죄로 처벌할 수 있다.
④ 휴정을 선언하고, 다음 기일에 재판하여야 한다.

한때 우리의 법정은 정의를 실현하는 도장이 아니라, 욕설과 고함과 운동권 노래가 어지러이 난무하는 비극의 현장이 되곤 하였다. 32년에 걸친 어두운 독재 시대의 지울 수 없는 상흔이었다고나 할까?

이른바 시국 사범, 양심범의 재판이 열릴 때면 법정은 초만원. 어김없이 이어지는 소란과 난동은 재판을 파행으로 얼룩지게 하기 일쑤였다. 이제 그것은 과거라고 치부하자.

법정은 공개되어야 하는데, 공개되는 이상 사람이 모여들 수밖에 없다. 따라서 별별 사람이 모여드는 법정에 소란과 난동의 가능성이 늘 있어왔다. 그러나 그렇다고 번번히 경찰관을 법정에 앉혀 놓을 수는 없다.

이때 법정의 질서를 유지하고 심리의 방해를 제지하기 위해 재판장에게 인정된 권리가 바로 '법정 경찰권'이다. 이 권한에 따라 재판장은 방청권의 발행, 방청권을 갖지 못한 사람의 입장 금지, 경찰관의 파견 요구, 소란자에 대한 퇴정 명령, 공판정에서의 녹화·촬영·중계방송의 제한 등 다양한 조치를 취할 수 있다.

최후로는 법정 질서 문란 행위자에 대해 100만 원 이하의 과태료를 물게 하거나, 20일 이내의 범위에서 경찰서 유치장, 구치소 또는 교도소에 유치시키는 감치(監置) 처분을 할 수 있다. 이때의 과태료 부과 처분, 감치 처분은 재판에 해당하므로 당사자는 이의 신청 또는 항고로써 그 부당함을 다툴 수는 있다. 어쨌든 이제 법정에서의 소란은 종언을 고해야 할 것이다.

Q **결론**

법정에서의 소란 행위에 대해 재판장은 강력한 법정 경찰권을 갖고 있다. 과태료 부과, 감치 처분은 그 실례이다.

91. 음식물로 장난을 치다니

"사람이 먹는 콩나물에 농약을 쳐서 재배한 콩나물을 수억 원어치나 판 피고인들은 불특정 다수인, 특히 서민들을 울린 악질 경제 사범입니다. 정상 참작의 여지가 없으므로 피고인들을 무기 징역에 처해주시기 바랍니다."

김다혈 검사가 핏대를 올리며 무기 징역을 구형하였다. 그러나 자비심 많기로 이름이 높은 황희 판사는 유죄를 인정하면서도 피고인들이 뉘우친다는 이유를 들어 징역 1년의 관대한 형을 선고하였다.

자, 판사가 검사의 구형을 이토록 무시해도 되는 걸까?

질문의 핵심은 '판사는 검사의 구형에 따라야 하는가?'이다.

① 그렇다. 검사는 형벌권을 청구하고 형벌을 집행하기 때문이다.

② 그렇지 않다. 판사는 자기 소신대로 판결할 수 있다.

③ 유죄의 판결을 할 때에는 검사의 구형대로 해야 한다.

　형사 재판에서 사실 심리와 증거 조사를 마치면 검사의 의견 진술, 변호인
이 있는 경우 변호인의 변론, 피고인의 최후 진술의 순서로 공판 절차는 종료
하고 판사의 판결 선고만 남게 된다. '검사의 의견 진술'을 실무상으로는 일
명 '구형(求刑)'이라고 부른다. 물론 중대한 사건의 경우에는 사건의 성격, 쟁
점, 법률적 견해 등을 진술하는 이른바 검사의 논고(論告)라는 절차도 구형
에 앞서 행해지기도 한다. 검사의 구형은 실무상으로는 피고인에 대한 형의
종류와 기간을 특정해서 판결해주도록 요구하는 것이라고 할 수 있다.

　검사는 수사권자이고, 형사 재판 청구권자일 뿐만 아니라 법원의 판결에
의해서 확정된 형을 집행하는 형집행 기관이라는 여러 가지의 지위와 권능을
갖고 있다. 그렇다면 이러한 위치에서 행하는 검사의 구형에 판사는 따라야
만 하는 걸까? 예를 든다면 검사가 징역 10년을 구형하면, 판사도 유죄로 인
정할 경우 징역 10년을 선고해야만 하는 것일까? 대답은 '그렇지 않다'이다.

　판사는 검사의 구형을 참작할 수는 있지만 검사의 구형에 구속되는 것은
아니다. 즉 판사는 한 사람 한 사람이 '헌법과 법률에 의하여 양심에 따라 재
판'하는 사법 기관이다. 따라서 유무죄의 판결, 유죄일 경우에 그 형의 종류
와 형기에 대해서는 법률에만 구속될 뿐이고, 법률이 허용하는 한도에서(즉
법률에 위반되지 않는 한) 형의 종류와 형기를 재량으로 정할 수 있는 것이다
(다만, '재량'이라고 하더라도 판사의 권능은 법률에는 구속되므로 예컨대 법정
형이 징역형밖에 없는데 판사가 벌금을 선고할 수는 없다).

◯ 결론

판사는 검사의 구형에 구속되어 구형대로 재판하는 것은 아니다. 검사는 판사의 선
고형이 죄질, 결과 등에 비추어 너무 가볍거나 구형에 비해 지나치게 가벼운 형이
선고된 경우에는 '그 양형의 부당함'을 이유로 항소할 수 있을 뿐이다.

92. 인정 때문에

인정 많은 재판장으로 소문이 난 최인정 판사가 아버지를 때린 혐의로 기소된 패륜아 김막심 군에 대한 심리를 마쳤다. 별로 반성하는 것 같지 않아 판결문에는 실형(징역) 1년을 선고한다고 기재하였다. 다음 날 아침, 법정에서 판결을 선고하기 전 피고인에게 물었다.

"피고인은 그동안 잘못을 반성하였는가?"

피고인이 재빨리 감을 잡고 "죽을 죄를 졌습니다. 어떠한 벌도 달게 받겠습니다"라면서 고개를 숙였다.

마침내 최 판사가 판결을 내렸다.

"판결을 선고합니다. 피고인에 대해서 금번에 한하여 집행 유예를 선고합니다."

자, 판결문에 기록된 내용과 법정에서 입으로 선고한 형이 다른 경우에 판결의 효력은?

① 입으로 선고한 형이 우선하여 효력이 있다.

② 판결문에 기록된 형이 효력이 있다.

③ 판결문 기록과 구두 선고가 일치하지 않으면 무효이므로 그 선고는 효력이 없다. 새로 판결 선고해야 한다.

법원이 기소된 사건에 대하여 심리를 마치게 되면, 그다음은 판결을 선고하게 된다. 실무적으로는 소송 기록을 검토하고, 제출된 증거를 따져 보며, 합의부 재판일 경우 구성법관들이 유무죄 여부와 유죄일 경우 양형 등을 '합의'하고, 그다음에는 판결문을 작성한 뒤 선고 기일에 법정에서 판결문대로 주문(主文)을 낭독하고, 판결의 이유(요지)를 설명하는 순서대로 진행된다.

학자들은 위 순서와 과정 중 재판부가 합의부인 경우에는 구성 법관들이 합의를 마친 때, 단독 판사인 경우에는 그가 판결문을 작성한 때, 그 판결은 '내부적으로 성립'되었다고 파악하며, 이 성립된 판결문을 법정에서 피고인에게 고지, 즉 선고할 때 그 판결이 '외부적으로 성립'되었다고 표현하고 있다.

법원의 판결이 언제 성립되느냐의 문제(특히 외부적 성립)는 피고인에게 중요한 이해관계가 걸려 있는 문제이다. 왜냐하면 판결이 외부적으로 성립, 즉 선고될 때 그 판결은 재판을 한 법원도 변경할 수 없는 구속력이 생기며, 상소 기간도 그때부터 진행되기 때문이다.

그런데 사례에서처럼 판결문(판결의 내부적 성립시)에는 실형을 선고하는 것으로 기재되어 있다가, 선고(판결의 외부적 성립시)에는 판결문과 다른 판결이 선고된 경우, 판결은 어느 경우를 유효한 것으로 볼 것인가의 문제가 생기게 된다(실무상으로도 가끔 있는 일이다). 학자들의 견해와 대법원 판결에 의하면, 이런 경우에 법정에서 재판장이 입으로 한 선고가 판결의 효력이 있다고 한다. 따라서 판결문에 기재된 형과 선고한 형이 서로 다른 경우, 실제로 선고한 형만이 유효하므로 형의 집행도 여기에 따르게 된다.

결론

판결은 판결문에 어찌 기록되어 있든 간에 법관이 법정에서 입으로 선고한 판결만이 유효하다.

93. 엿장수는 하루에 가위질을 몇 번 하는가?

"피고인은 무죄!"

재판장의 판결이 선고되자 강도죄 피고인은 감격의 눈물을 흘렸고, 검사는 기가 막혔다. 검사가 판사에게 따졌다.

"피해자도 피고인이 범인이라고 증언하였고, 물증(흉기)도 제출되었는데, 어째서 무죄란 말입니까?"

"검사가 제시한 증거들을 믿을 수가 없었소."

"왜요?"

"엿장수가 하루에 몇 번이나 가위질을 하던가요?"

"그야 엿장수 마음이지요."

"그렇소. 믿고 안 믿고는 재판장 마음이오!"

자, 유죄라고 할 만한 증거가 있고, 또 무죄라고 할 만한 증거가 팽팽히 대결하고 있을 때, 판사는 어떻게 판결해야 하는가?

① 그가 형성한 심증에 따라 자유롭게 판결한다.

② 무죄라는 결정적 증거가 없는 이상, 유죄로 판결한다.

③ 일단 유죄로 판결하고, 피고인을 집행 유예로 석방하는 타협적인 판결을 한다.

엿장수의 가위질이 그의 자유이듯이, 증거를 믿느냐 안 믿느냐는 법관의
자유이다. 이처럼 증거의 증명력, 즉 신용 여부를 법관의 자유 판단에 맡기는
원칙을 '자유심증주의'라고 한다.

자유심증주의가 근대 형사소송법의 원칙이 되기 이전에는 일정한 증거가
있으면 그 증거를 반드시 믿도록 한 증거법정주의가 증거법의 원칙이었다.
천차만별의 증거에 대한 신용 여부를 법관에게 일임한 것은 증거법정주의의
경직성보다 훨씬 합리적이라고 인정하였기 때문이다. 자유심증주의는 적법
한 증거, 즉 증거 능력이 있는 증거를 믿고 안 믿고를 법관의 재량으로 하도
록 한 것이므로, 부적법한 증거는 증거 능력조차 없으므로 자유심증주의를
논할 여지가 없다.

그러나 자유심증주의는 법관의 자의(恣意)까지 허용되는 것은 아니다. 합
리적이어야 한다. 즉 논리상의 법칙과 경험 법칙에 부합되어야 한다. 따라서
법관은 심증을 형성하게 된 근거와 자료를 판결에 표시하여 소송 당사자나
상급심에 대하여 그 판단의 정확성을 확인받게 된다. 즉 유죄의 판결에는 증
거의 요지를 기재하여야 하고, 무죄의 판결에는 공소 사실에 부합하는 증거
능력 있는 증거를 왜 안 믿게 되었는지를 표시하게 된다.

그런데 자유심증주의의 원칙에도 예외가 있다. 가령 피고인의 자백은 임
의성이 있더라도 법관은 그 자백을 보강할 증거가 없는 한, 이 자백만을 믿고
유죄로 인정할 수 없다는 제약이 그것이다.

🔍 결론

법관이 증거 능력이 있는 증거들 중에서 "믿지 않는다. 또는 믿을 수 없다"는 이유
로 일부 또는 전부를 배척할 수 있고, 상반되는 증거들 중에서 어느 증거를 채택할
것인가도 완전히 자유이다.

94. 빌라도의 오판

재판장은 로마의 유대 총독 빌라도, 검사는 대제사장 가야바, 피고인은 예수. 빌라도가 검사 가야바에게 물었다.

"예수라 하는 저 청년이 도대체 무슨 죄를 범했다는 것이냐?"

"자기의 추종 무리를 이끌고 온 유대 땅을 돌아다니며 강연회를 열어서 인기를 좀 얻더니, 감히 로마에 대해 반역을 하려 하였습니다."

"그래, 도대체 무리가 몇 명이더냐?"

"베드로라는 자를 위시해 열두 명입니다."

《성경》은 예수를 재판하던 빌라도의 착잡한 심경을 이렇게 기록하고 있다. "… 이 사람의 피에 대하여 나는 무죄하니 너희가 당하라(〈마태복음〉 27장 24절)." 예수는 끝내 정치범으로 처형되었다.

실제로 오늘날의 재판에서도 재판장이 유죄의 확신 없이 재판하는 경우가 없다고는 할 수 없다. 그렇다면 재판장이 유죄의 확신을 갖지 못한 경우, 즉 유죄인지 무죄인지 의심스러운 때에는 어떻게 해야 하는가?

① 무죄의 판결을 내린다.

② 검사에게 계속 유죄의 입증을 촉구한다.

③ 상급심의 판사에게 미룬다.

형사 재판은 정의를 실현하기 위하여 인류가 고안해 낸 제도이다. 정의 실현의 전제 조건으로서 실체적 진실 발견이 필요하다. 그러나 신이 아닌 인간이 수행하는 재판인 이상 법관도 끝내 유죄인지 무죄인지 모르는, 다시 말해서 진실을 알 수 없는 '절대 한계'에 봉착하게 될 경우에 재판은 어떻게 해야 하는 것일까? "진실은 신만이 알고 계신다"라는 말은 뒤집어 보면 "인간은 모른다"는 고백과 다름없다.

우선, 이런 경우에도 법관은 재판을 포기할 수는 없다. 그렇다면 유죄 판결을 해야 하는 것일까?

이것은 말도 안 된다. 왜냐하면 형사 재판에서 "열 사람의 범인을 놓치더라도 한 사람의 무고한 자를 벌할 수는 없다"는 원칙 때문이다. 이런 절대 한계의 상황에서는 무죄 판결을 하여야 한다는 것이 형사소송법의 요구이다. 이를 '의심스러운 때에는 피고인의 이익으로'라는 원칙이라고 한다.

피고인은 원래 유죄 판결을 받을 때까지는 무죄로 추정되기 때문에('무죄추정의 원칙'), 법관이 온갖 증거와 지혜에도 불구하고 유무죄에 대한 확신이 서지 않는 경우에는 무죄로 판결하는 것이야말로 무고한 자를 벌하지 않으려는 형사소송법의 정신에 부합되는 것이다. 오판을 배제하려는 인류의 염원이 '의심스러운 때에는 피고인의 이익으로'라는 원칙을 제도화하였던 것이다.

🔍 결론

법관이 유죄인지 무죄인지 심증을 형성하지 못한 경우에 최후의 비상구는 무죄 판결이다. '의심스러운 때에는 피고인의 이익으로'라는 원칙 때문이다.

95. 애국 열사를 석방하라

평범한 시민 박 모 씨가 백범 김구의 암살범 안두희를 살해한 것은 우리에게 하나의 큰 충격이었다. 박 씨는 범행 동기에 대하여 "그런 자를 살려두는 것은 민족의 수치이다. 나는 실종된 민족 정기를 되살리기 위해 민족의 이름으로 응징하였을 뿐이다"라고 당당히 밝혔다. 법정 밖에서는 "애국 열사를 석방하라"는 광복회원들의 구호가 드높다(가정임).

박 씨의 행위는 동기가 어찌되었든간 현행법상 유죄이다.

여기서 한번 가정해보자. 판사는 피고인에게 유죄를 선고하면서 그 증거와 근거 법률을 밝혀주고, 억울하면 상소하라고 안내해주었다. 그러자 피고인이 물었다.

"나의 범행 동기에 대한 판사님의 견해를 듣고 싶습니다!"

판사는 피고인의 범행 동기가 개인적인 것이 아니고 민족과 국가를 위한 것이었다는 피고인의 주장에 대해서도 판단해야 하는가?

① 그렇다.

② 그렇지 않다.

③ 피고인이 상소할 의사를 밝힐 경우에만 그렇다.

버스 기사로 일하는 평범한 시민 박기서 씨가 백범 김구 선생의 암살범인 안두희 씨를 살해한 사건은 우리에게 적잖은 충격을 주었다. 이 사건은 1997년 3월 인천지방법원에서 유죄가 선고되었는데, 애국자를 살해한 암살범을 살해하는 행위도 명백한 유죄라는 의미를 갖는다는 것을 보여준다.

'유죄 판결'이란 무엇일까? 대부분은 법관이, 검사가 공소 제기한 공소 사실에 대하여 유죄의 증거가 충분하고 또 이것을 믿을 수 있다는 전제하에 기소된 사실이 어느 법률에 해당된다고 판단한 뒤, 형을 정하여 선고하는 일련의 작업, 즉 유죄라는 법원의 판단을 말한다. 그 밖에 형 면제의 판결, 형의 선고 유예의 판결도 유죄 판결에 해당한다.

유죄 판결문에는 주문과 이유가 있는데, 이유에는 다음의 세 가지를 반드시 기재하게 되어 있다. 첫째는 '범죄 사실'인데, 거의 대부분의 경우 검사가 제기한 공소장에 기재된 공소 사실을 기재하고 있다. 둘째는 '증거의 요지'이다. 법관이 공소 사실을 유죄로 받아들이게 된 증거들을 그 요지만 적도록 하고 있다. 셋째는 '적용되는 법령'이다. 죄형법정주의의 요청 때문이다.

그 밖에도 피고인이 '법률상 범죄의 성립을 조각하는 사유 또는 형의 가중, 감면의 이유가 되는 사실 진술이 있는 때'에는 법관이 이에 대해 판단한 바를 기재하도록 되어 있다. 예컨대 피고인이 정당방위를 주장한 경우 이는 범죄의 성립을 조각하는 사유이므로 법관은 그 당부를 판단하여야 하고 그 판단을 판결문에 기재하여야 하는 것이다.

🔍 결론

법관이 유죄 판결문을 작성하고, 이 판결문에 따라 선고 기일에 주문과 이유의 요지를 고지하면 법관의 임무는 끝이 난다. 피고인의 살해 동기에 대해 법관이 자신의 견해를 밝혀야 하는 의무는 없다.

96. 미결 구금 일수라도 봐주시오

　전직 국회의원이자 유명 정치인인 전봉준 씨가 방송에 출현하여 상대 당의 대선 후보를 "친일파"라고 비난하였다. 이 바람에 명예훼손죄로 구속되어 재판을 받게 되었는데, 1심에서 유죄, 2심에서도 유죄가 인정되어, 징역 1년이 선고되었다.

　상고해도 희망이 없다고 판단한 그는 상고를 포기하였다. 2심에 이르기까지 구속된 기간은 총 300일이었다. 이럴 경우에 형이 확정되기까지 구속된 기간(기일)을 '미결 구금 일수'라고 한다.

　그렇다면 전봉준 씨의 미결 구금 일수는 1년이 선고된 징역형과 어떤 관계가 있는가?

① 미결 구금 일수 전부가 1년의 징역형에 전부 산입된다(따라서 65일만 더 복역하면 석방된다).

② 미결 구금 일수는 최종심의 판사가 1년의 징역형에 전부 산입해주느냐 마느냐의 재량권이 있으므로, 이를 따져 보아야 한다.

　구속된 피고인의 재판 결과가 유죄이고, 징역 1년이 선고되었다고 가정하자. 이 선고된 1년의 징역형을 '본형(本刑)'이라고 한다. 그렇다면 판결이 확정되기까지 피고인이 구속된 기간(이를 '미결 구금 일수'라고 한다)은 선고된 징역형인 본형과 어떤 관련이 있을까?

　우선 미결 구금 일수는 본형에 산입하는 것이 원칙이다. 이 미결 구금 일수를 본형에 산입하는 것을 실무상으로는 '미결 통산(未決通算)'이라고 하는데, 이에 관해서는 두 가지의 경우가 있다.

　하나는 미결 구금 일수 전부를 본형에 산입하는 '법정 통산'의 경우이다. 이로서 미결 구금 일수 1일은 본형(징역형)의 1일로써 간주되는 것이다. 즉 본형의 기간이 미결 구금 일수만큼 공제되는 것이다. 1심 판결에 대하여 검사가 상소한 때, 검사 아닌 자(즉 피고인)가 상소하여 상소심에서 1심 판결이 파기된 때에는 상소 제기 후 상소심 판결 선고 전까지의 구금 일수는 전부 본형에 산입한다. 피고인과 검사가 모두 상소하였는데, 원판결이 취소·파기된 경우에도 같다.

　또 하나는 미결 구금 일수의 본형 산입을 판사의 재량에 따라 산입하는 '재정 통산(裁定通算)'의 경우이다. 판사는 형의 선고와 동시에 미결 구금 일수의 전부 또는 일부를 재량에 따라 본형에 산입할 수 있다. 피고인이 상소하였으나 상소를 기각하는 경우에는 그 상소 제기 후 상소 제기 기간 만료일부터 상소 이유서 제출 기간 만료일까지의 구금 일수는 본형에 산입해주지 않는다. 상당한 이유 없이 상소를 제기한 것에 대한 일종의 제재이다.

🔍 결론

이 사례에서는 전봉준 씨의 미결 구금 일수의 처리는 사실상 법원의 재량, 즉 재정 통산의 대상이 된다.

97. 검사여, 너 자신을 알라

　소크라테스가 "아테네 청년들을 미혹시켰다"는 이른바 혹세무민죄로 기소되었다.

　검사는 엄숙한 목소리로 "피고인의 궤변은 청년들의 영혼을 부패시켰습니다. 이는 100만의 적군이 쳐들어온 것보다 더 큰 해악이었습니다"라고 논고하였다.

　소크라테스가 최후로 한 말은 이것이었다.

　"검사여, 너 자신을 알라."

　판사가 눈을 감고 판결하였는지는 알 수 없으되, 소크라테스는 사형 선고를 받고 처형되었다.

　오늘날의 경우라면 어떨까? 즉 일단 유죄의 증거는 있지만, '기소된 사실이 범죄로 여겨지지 않을 때, 판사는 어찌해야 하는가?

① 유죄의 증거가 있으면 유죄이고, 다른 판결을 할 수 없다.
② 기소된 사실이 범죄로 여겨지지 않을 때에는 증거가 있더라도 무죄를 선고할 수도 있다.
③ '의심스러운 때에는 피고인의 이익으로'라는 원칙에 따라 처리한다.

판사는 심리를 마치면 유죄나 무죄 둘 중의 하나를 선고해야만 하는 숙명적 존재이다. 판사가 무죄를 선택하였다고 하자. 어떤 경우에 무죄를 선고해야 하는지 알아보는 것도 흥미있는 일이므로 무죄의 사유를 추적해보자.

우선 무죄 판결이란 우리의 상식처럼 문자 그대로 죄가 없다는 선언, 확인이 아니다. 증거재판주의에 따라 판결해야 하는 오늘날 무죄 판결의 의미와 사유는 다음 세 가지이다.

하나는 "피고 사건에 대하여 범죄의 증명이 없다"는 뜻이다. 유죄의 증거가 일단 제시되었으나 그것만으로 유죄의 증거가 충분치 않다고 판단하는 경우, 또는 그 유죄의 증거를 믿을 수 없는 경우, 제시된 유죄의 증거에 의해서도 유죄라는 확신이 서지 못하는 경우, 유죄인지 무죄인지 의심스러운 경우, 피고인이 범행을 자백하였으나 이에 대한 보강 증거가 없거나 충분치 못한 경우 등등은 범죄의 증명이 없는 것에 해당되어 무죄가 선고되는 것이다.

또 하나는 '기소된 사건이 범죄로 되지 아니할 때'이다. 쉽게 말하면, 기소된 사실이 일단 범죄의 구성 요건에 해당하나 정당방위, 긴급 피난, 자구 행위, 피해자의 승낙에 의한 행위 등과 같이 범죄의 성립을 조각하는 사유에 해당되거나, 기대 가능성이 없는 행위, 강요된 행위, 심신 상실로 인한 행위 등과 같이 형사 책임을 조각하는 사유에 해당될 때 이는 '범죄로 되지 아니하는 것'에 해당된다.

마지막으로, 기소된 사실에 대해 법관이 '범죄가 아니라고 해석하는 경우'에도 역시 무죄 판결을 할 수 있는 근거가 된다.

🔍 결론

기소된 사실에 대해 법관이 범죄에 해당되지 않는다고 해석, 판단하는 경우에도 역시 무죄이다. 혹세무민죄가 있다고 하더라도, 어떤 행위가 이에 해당되는가에 대해 법관은 자유로이 판단할 수 있다.

98. 화무십일홍, 권불십년이로다

믿거나 말거나, 이야기 하나를 해보자.

조선 왕조는 제31대 순종 임금 이후 제32대 임금부터는 백성들이 투표로 선출하였다더라. 제32대 임금으로 이공삼 씨가 당선되었는데, 그 둘째 아들 이연철은 아버지의 권세를 믿고 국정에 깊이 관여하는 등 월권 행위가 이만저만이 아니라고 하더라.

모든 신문들이 겁이 나서 보도를 아니하였는데 유독 온세상일보만 이연철의 비리를 보도하였다고 하더라.

"괘씸한 온세상일보! 내가 감히 누군 줄 알고!"

이연철은 온세상일보를 명예 훼손죄로 사헌부에 고소하였다더라. 재판이 길게 가는 도중 아버지 임기가 끝나고 그 권세가 다하자, 백성들 눈이 무서워 고소를 취소하게 되었다더라. 재판관은 이럴 때 어찌하여야 하는고?

① 무죄 판결이 가한 줄로 아뢰오.

② 소신껏 유죄 판결을 함이 옳은 듯싶습니다.

③ 잘됐으니 얼른 공소 기각 판결을 하소서.

　사실 심리와 증거 조사를 마친 법원이 사건에 대한 법원의 판단을 제시하는 것이 바로 판결이다. 판결은 대부분이 유죄 또는 무죄의 판결이지만, 경우에 따라 유무죄 판결 이외에 공소 기각의 판결 또는 결정도 있다. 공소 기각의 재판은, 법원이 기소된 사건에 관하여 일정한 사유가 있는 경우 사건의 실체에 대한 판단에 우선하여 내리는 재판이라고 할 수 있다.

　공소 기각은 법원의 '결정' 형식으로 하는 경우가 있고, '판결' 형식으로 하는 경우가 있다. 기소된 사건에 관하여 검사가 공소를 취소한 때, 피고인이 사망하거나 피고인인 법인(法人)이 존속하지 아니하게 되었을 때, 관할의 경합으로 이중 기소가 된 때, 공소장 기재 사실이 범죄를 구성하지 아니한다고 인정될 때에는 공소 기각의 결정으로 제1심 재판을 종료시킨다.

　그리고 피고인에 대하여 재판권이 없는 때, 동일 사건에 대하여 동일 법원에 이중으로 공소가 제기된 때, 친고죄의 경우에 고소가 취소된 때, 피해자의 명시적 의사에 반하여 처벌할 수 없는 반의사 불벌죄의 경우 피해자가 처벌을 원치 않는다는 의사 표시가 있은 때, 공소 제기 절차가 무효인 때에는 판결로 공소를 기각하게 된다.

　공소 기각의 사유가 있는 경우에 설사 법원이 무죄의 심증을 형성하였다고 하더라도 공소 기각의 재판이 우선이다. 공소 기각의 재판은 검사에게 불리한 것이므로 검사가 상소할 수 있음은 물론이다. 다만 피고인이 공소 기각의 재판에 대하여 무죄를 주장하여 상소할 수 있는가에 대해서는 논란이 있으나, 대법원은 상소의 이익이 없다는 이유로 이를 부정하고 있다.

🔍 결론

명예 훼손죄는 친고죄, 피해자가 고소를 취소하면 검사는 대개 공소를 취소하고, 검사가 공소를 취소한 때에 법원은 공소 기각 판결을 내린다!

99. 새벽이 왔으므로

군사 독재 시대는 너무도 길었다. 숨막힐 듯한 시대, 그리고 절망의 시대, 어둡고 긴 터널과도 같은 그 시대를 우리가 견뎌낸 것만으로도 고마워하자.

누구는 말했다. "닭의 모가지를 비틀어도 새벽은 온다"고. 그렇게 해서 맞이한 문민의 시대. 긴급 조치 위반, 집시법 위반 등의 혐의로 감옥에 갇혀 있는 민주인사들에게 사면령이 내려졌음은 너무도 당연한 일이다.

그런데 만약 재판 도중에 사면령이 내리면 재판은 과연 어찌 되는가?

① 무죄 석방한다.

② 집행 유예로 석방한다.

③ 면소 판결로 석방한다.

법관이 내리는 판결은 유무죄의 판결만 있는 것은 아니다. 그 밖에도 관할 위반의 판결, 공소 기각의 판결, 면소 판결이라는 것도 있다. 이들 판결은 형사소송법에 정한 일정한 사유가 있으면 그에 따라야 하는 것이고, 복잡하고 길고 긴 증거 조사, 심리 등을 거쳐야 하는 유무죄의 판결보다 훨씬 법관의 부담을 덜어 주는 판결이라고 하겠다.

법률로 정해진 면소 판결을 해야 하는 사유는 네 가지이다.

첫째는 기소된 사건에 관하여 그 이전에 동일 사실·사건에 대하여 법원의 확정 판결이 있는 때이다. 일사부재리의 원칙 때문에 당연히 요청된다.

둘째는 사면이 있는 때이다. 재판 진행 중에라도 대통령의 일반 사면을 받은 죄와 피고인에 대해서는 무조건 면소 판결을 해야 한다.

셋째는 기소된 공소 사실이 기소 전에 이미 공소 시효가 완성된 때이다. 공소 시효가 완성된 범죄에 대해서는 검사의 공소권이 없는 것임에도, 이를 간과하고 공소 제기가 된 경우 법원은 면소 판결을 하게 된다.

넷째는, 범죄 후 법령이 개정 또는 폐지로 인하여 형이 폐지된 때이다. 신법 우선의 원칙에 의하여 폐지된 구법으로 처벌해서는 안 되기 때문이다.

이러한 사유가 있으면 심리 결과 법관이 설사 무죄의 확신을 갖고 있어도 무죄 판결을 할 수 없고 면소 판결을 해야 한다. 면소 판결은 유죄라는 판결도 아니고, 그렇다고 무죄라는 뜻의 판결도 아니다.

◯ 결론

대통령의 사면(일반 사면만이 해당됨)이 있으면 법원은 더 이상 심리할 수 없고 면소 판결을 해야 한다. 면소 판결을 할 사유가 있는데 굳이 무죄 판결을 하는 것은 위법이고(대법원 1969. 12. 30.) 피고인도 무죄를 주장하여 상고할 수 없다.(대법원 2005. 9. 29.)

100. 두 번씩이나 무죄를 선고해?

샤일록은 억울하였다. 안토니오가 돈을 빌려가고 갚지 않아 사기죄로 고소하였더니, 이상한 재판장이 무죄를 선고하는 것이 아닌가? 유태인이라고 인종 차별을 한 것이 틀림없다.

그러나 샤일록이 누구인가? 피도 눈물도 없는 고리대금업자에, 끈질긴 것으로 말하자면 고래 힘줄에 비유되지 않던가? 그래서 이번에는 "안토니오가 돈을 빌려가면서, 잘 보관하고 있다가 두 달 후에는 틀림없이 돌려주겠다고 하고서 돌려주지 않으니 횡령죄로 처벌해주시오"라고 고소를 하였다.

아, 글쎄 이번엔 같은 유태인 재판장이었는데도 무죄를 선고하는 것이다. 분통이 터진 샤일록이 소리쳤다.

"대체 이유가 뭐요?"

정말 이유가 무엇일까?

① 유죄의 증거가 없다.

② 같은 사실로 두 번 재판할 수 없다.

③ 재판장 마음이므로 억울하면 항소해야 한다.

　"판결이 확정되면 동일 사건에 대해서는 재차 기소, 심리, 판결하는 것이 허용되지 아니한다"라는 원칙이 있다. 이것을 '일사부재리(一事不再理)의 원칙'이라고 한다. 헌법 제13조 제1항은 "모든 국민은 … 동일한 범죄에 대하여 거듭 처벌받지 아니한다"라고 규정하고 있는데 바로 일사부재리의 원칙을 선언, 확인하고 있는 것이다.

　형사소송법에서는 명시적인 규정은 없지만 당연한 원칙으로 받아들이고 있으며, 학자들은 이것을 '판결의 기판력'이라는 문제로 설명하고 있다. 일사부재리의 원칙이 적용되는 '판결'은 유죄, 무죄의 판결은 물론, 면소 판결도 해당된다. 여기서 판결의 '확정'이란 더 이상 불복할 수 없는 상태를 말한다.

　또 이 원칙은 당연히 그 판결을 받은 당사자인 피고인에 대해서 미치게 되고, 적용되는 '사건'은 확정된 공소 사실과 동일성이 인정되는 사실의 전부에 대해서 미친다. 예를 들어 살인죄의 공소 사실에 대해 법원의 무죄 판결이 확정된 경우에, 동일한 살인의 사실을 이번에는 업무상 과실 치사죄로 공소를 제기하더라도 이 원칙에 의하여 면소 판결을 받게 된다. 즉 이 원칙에 위반하여 동일한 범죄 사실을 다시 공소 제기한 경우에 법원은 면소 판결로 소송을 종결해야 한다. 만일 고의나 실수로 면소 판결을 선고하지 않고 유무죄의 판결을 선고한 경우에는 상소 이유가 되어 상급심에서 자연히 시정하게 된다.

　일사부재리의 원칙은 우리가 같은 죄로 두 번 이상 처벌받는 위험으로부터 벗어나게 한 소중한 장치가 아닐 수 없다.

🔍 결론

"돈을 빌려가고 갚지 않았다"는 사실에 대해 사기죄로 기소되어 무죄 판결을 받아 확정된 경우, 다시 그 사실을 횡령죄로 보아 기소, 처벌하는 것은 일사부재리 원칙에 위반된다. '동일한 사실'이기 때문이다(사례에서는 재미를 위하여 무죄를 선고하는 것으로 구성했으나, 정답은 면소 판결이다).

101. 시작도 못 하고 끌려 갔는데

천하의 한량 이춘풍은 서양 말로 하면 '카사노바'이다. 돈 많고, 키 크고, 호탕하고, 테크닉 좋고….

평양으로 출장을 갔다가, 평양 제일의 미인이라는 기생 국향이와 동침하려는데, 갑자기 그녀의 서방이라는 자가 들이닥쳐 불문곡직하고 관가로 끌고 가는 것이 아닌가? 도리 없이 간통죄로 평양지방법원에 기소되었는데, 다행히 마누라가 명변호사를 선임해주어 변론을 잘해준 덕에 무죄 판결이 났다.

그런데 무죄 이유가 불만이다. "동침한 것은 사실이지만, 국향이가 유부녀인 줄은 몰랐으므로"라는 것이다. 이춘풍은 국향이와 정을 통하기도 전에 끌려가지 않았던가?

무죄 판결을 받은 피고인이 상소할 수 있는가?

① 할 수 있다. 무죄의 이유에 승복할 수 없으므로.
② 할 수 없다. 무죄 판결을 받은 자는 상소할 이익이 없다.

법관이 법정에서 유죄 판결을 선고한 뒤 반드시 알려주는 말이 있다. "이 판결에 대해 승복할 수 없으면 일주일 내에 이 법원을 통해 상소(항소나 상고)할 수 있다"라는 안내가 그것이다. 그렇다면 무죄를 선고받은 경우에도 피고인이 상소할 수 있을까?

무죄 판결에 대하여 공소를 제기한 검사가 상소하는 것은 당연하지만, 가장 유리한 최상의 판결을 선고받은 피고인이 상소한다는 것은 상식적으로도 납득이 가지 않을 것이다. 원래 상소는 이른바 '상소의 이익'이라는 것이 있어야 한다. 유죄 판결에 대해서는 당연히 상소의 이익이 있다고 본다. 상급심에서 무죄의 선고를 받거나 유죄라고 하더라도 원판결보다 더 가벼운 형을 선고를 받는 것이 상소의 이익이라고 간주하기 때문이다.

그러나 벌금형은 징역형보다 가벼운 형벌인데, 가령 벌금 1,000만 원을 선고받은 피고인이 자신은 경제적 능력이 없으니 징역형의 집행 유예 선고를 구하는 상소는 어떨까? 이 역시 상소의 이익이 없다고 본다. 상소의 이익이 없는 상소는 상급심에서 기각되는 것이 보통이다.

다시 제기된 사례로 돌아가보자. 무죄 판결에 대한 피고인의 상소는 상소의 이익이 없어서(그보다 더 유리한 판결이 없으므로) 허용되지 않는다고 보는 것이 통설이다. 피고인이 무죄 판결이 아닌 유죄의 판결을 구하는 상소도 허용되지 않는다. 그러나 예를 들어 무죄 판결의 이유가 증거 불충분일 때, 피고인이 "자신은 기소된 범죄를 전혀 범한 바 없다"는 이유로 상소를 하는 것은 어떨까? 학자들은 이 경우에도 상소는 허용되지 않는다고 보고 있다.

🔍 결론

간통죄를 범하지 않았음에도 "증거가 불충분하다"는 이유로, 또는 "상대방이 기혼자인 줄 몰랐다"는 이유로 선고된 무죄 판결에 대한 피고인의 상소는 허용되지 않는다(는 학자들의 일치된 견해에 따라 ②번을 정답으로 한다).

102. 혹 떼려다 혹 하나 더 붙이다니

놀부란 놈이 동생 흥부를 비롯하여 뭇사람들에게 갖은 악행을 일삼자, 흥부는 참다 못해 놀부를 친족 학대죄, 상속 재산 횡령죄, 무단 축출죄 등으로 고소하였다.

1심에서는 징역 3년이 선고되었는데, 이놈이 뉘우치기는커녕, 억울하다고 2심에 항소하였것다. 2심 재판장이 가만 보아 하니 1심에서 선고한 징역 3년이 너무 가볍다고 생각하여 징역 5년을 선고하였다.

놀부는 완전히 혹 떼려다 혹 붙인 격이 되고 말았다.

자, 2심의 판결은 정당한가?

① 부당하다. 억울하다고 항소한 사람에게 더 불리하게 하였으므로.

② 정당하다. 2심 판사는 1심 판사와 다르게 형을 정할 권한이 있다.

③ 3심인 대법원 판결이 있을 때까지는 정당성 여부를 알 수 없다.

"혹 떼려다 혹 붙였다"는 속담도 있지만, 형사소송법은 그렇지 않다. 즉 1심 판결에 대해서 피고인이 억울하다고 항소나 상고를 한 경우에 항소심 또는 상고심에서는 1심 판결보다 불리하게 재판을 하거나 더 중한 형을 선고할 수 없다. 이것을 '불이익 변경 금지의 원칙'이라고 한다. 이 원칙이 인정되는 이유는 피고인의 상소권 행사를 보장하려는 데 있다. 따라서 피고인은 최소한 밑져야 본전이라는 격으로 안심하고 상소할 수 있는 것이다. 예를 들면 이 문제의 사례에서처럼 피고인이 1심에서 징역 3년의 형을 선고받고 항소한 경우에, 항소심은 1심 판결보다 중한 형을 선고할 수 없다.

불이익한 판결만이 금지되므로 유리한 판결(예컨대 무죄, 면소, 공소 기각의 판결 또는 1심 판결의 형기를 단축시키는 판결)을 하는 것이나, 상소를 기각하는 판결을 하는 것은 이 원칙과는 아무런 관계가 없다.

이 원칙과 관련한 구체적 사례 몇 가지를 살펴보자. '징역 1년에 3년간 집행 유예'의 1심 판결을 항소심이 '징역 10월'의 실형으로 변경한 경우, '징역 6월'을 선고한 1심 판결을 항소심이 '징역 8월에 2년간 집행 유예'로 변경한 경우, 1심의 선고 유예의 판결을 항소심이 벌금형으로 변경한 경우 등은 모두 불이익 변경 금지의 원칙에 위반된다.

이 원칙에 위반된 항소심의 판결은 법령 위반으로서 상고 이유에 해당한다. 이 원칙은 피고인이 상소한 경우에만 적용되고, 검사가 상소하거나 검사 및 피고인 쌍방이 상소한 경우에는 적용되지 않는다.

🔍 결론

1심의 징역 3년 판결에 대하여 피고인만이 항소한 경우, 항소심이 징역 5년으로 변경한 것은 불이익 변경 금지 원칙에 위반된다. 따라서 피고인이 상고하는 경우에 항소심 판결은 파기된다.

103. 법에도 눈물이 있다 하지 않소

1심 재판장은 엄하기로 소문이 났다. "마누라를 구타하는 놈은 가정 파괴범이다"라는 단죄와 함께, 술김에 마누라를 두들겨 팬 곤드레 씨에게 징역 5년을 선고하였다.

"아니, 마누라 몇 대 때렸다고 5년 징역이라니."

기가 탁 막힌 곤드레 씨는 너무 억울(?)해서 항소를 하였고, 2심 재판장은 반을 깎아 2년 6개월의 징역을 선고하였다.

곤드레 피고인은 곧장 대법원에 상고하였다. 상고 이유는 "2년 6개월도 너무 무겁습니다. 다시는 안 그러겠사오니 형을 낮추어 주십시오"였다.

대법원은 이런 경우에 어떻게 하는가?

① 무조건 기각한다.

② 정상을 참작하여 1년 정도로 가볍게 해줄 수 있다.

③ 2심 형량이 너무 무거우니 다시 재판하라고 2심에 보내는 판결을 한다.

하급심 판결에 대하여 검사나 피고인이 최종심인 대법원의 판단을 구하는 것을 상고(上告)라고 한다. 그런데 상고를 하려면 반드시 형사소송법이 정한 상고 이유가 있어야 한다. 상고 이유가 없는 상고는 기각되므로, 결국 대법원이라는 최고 법원의 문을 두드리기 위해서는 상고 이유의 존재가 절대 필요하다.

형사소송법 제383조가 정해 놓은 '상고 이유'의 유형은, 첫째는 하급심 판결이 헌법, 법률, 명령, 규칙을 위반한 때, 둘째는 하급심 판결 후 형이 폐지, 변경되거나 사면이 있는 때, 셋째는 재심 청구의 사유가 있는 때, 넷째는 하급심에서 사형, 무기 또는 10년 이상의 징역이 선고된 사건의 경우, '중대한 사실의 오인으로 판결에 영향을 미친 때, 또는 그 형이 심히 부당하다고 인정할 만한 현저한 사유가 있는 때'로 제한되어 있다.

넷째의 상고 이유를 뒤집어서 해석하면 "10년 미만의 징역이 선고된 사건에 대해서는 그 형이 너무 무겁다(이를 '양형 부당'이라고 한다)"는 이유로는 상고 이유가 되지 않음을 알 수 있다. 10년 이상의 장기형, 중한 형이 선고된 사건에 한하여 대법원이 그 형이 정당한지 여부를 심리하겠다는 취지이다.

대법원에 대한 상고를 이와 같이 제한하는 취지는 상고 권리 남용으로 인하여 대법원의 업무가 폭주하는 것을 막아보려는 이유도 있다.

◯ 결론

하급심에서 징역 10년 미만의 형을 선고받은 경우, 다른 상고 이유가 있지 않고 오직 그 형이 부당하다는 이유로는 대법원에 상고할 수 없다.

104. 정력에 좋다면

정력에 좋다면 사족을 못 쓰는 한국인들의 심리를 이용하여 바퀴벌레를 갈아 만든 정력제 '끝내줘' 환으로 삽시간에 돈방석에 앉은 변강쇠. 맹렬 여성들로 구성된 '한국인 자존심 지키기 전국 연합'은 그를 사기죄로 고소하였다.

그러나 그 약을 먹고 효험을 보았다는 50대 남성들이 변강쇠에게 유리하게 증언을 하는 바람에 1심은 무죄, 2심도 무죄였다. 검사가 마지막으로 대법원에 상고하였다. 대법원이 심리해보니 증언은 조작되었고, 약의 성분은 인체에 유해한 것이었다.

대법원이 변강쇠를 유죄로 판결하고 징역을 선고할 수 있는가?

① 그렇다. 대법원도 법원이므로 직접 판결할 수 있다.

② 그렇지 않다. 2심 판결을 깨고 다시 재판하라고 2심에 사건을 돌려보내야 한다.

대법원도 법원의 하나임에는 틀림없지만, 다음과 같은 특별한 성격을 갖고 있다. 첫째는 법률심이다. 1심, 2심은 피고인 신문, 증인 신문 등 증거 조사를 통하여 재판을 하지만 대법원은 사실심이 아니라 사실심인 1, 2심의 재판에 대하여 상고인의 상고 이유서에 나타난 사유의 타당 여부만을 법률적으로 심사한다. 즉 서면 심사가 원칙이다. 둘째는 최종심이다. 대법원의 판결에 대해서는 더 이상 시비를 가려보는 상소는 허용되지 않는다.

법률심, 최종심으로서 대법원이 판결하는 방식은 다음과 같다. 첫째, 상고가 이유 없다고 인정되는 경우에는 '상고 기각'의 판결을 한다. 이로써 법원의 판결은 최종적으로 '확정'된다. 둘째, 상고가 이유 있다고 인정되는 경우에는 원판결을 깬다. 이것을 '파기(破棄)'라고 한다.

원판결을 파기한 뒤에는 사건을 다시 재판하라는 뜻으로 원심 법원으로 되돌려 보낸다. 이를 '파기 환송'이라고 한다. 대법원이 원심 판결을 파기하는 경우에는 환송이 원칙이다. 파기 이유가 관할 위반인 경우에는 대법원이 스스로 관할권이 있는 하급 법원으로 이송한다(파기 이송). 다만 소송 기록과 증거에 의하여 판결하기에 충분하다고 인정한 때에는 예외적으로 대법원이 스스로 직접 판결할 수도 있다. 이것을 '파기 자판(破棄自判)'이라고 하는데 그 실례는 대단히 적다. 그리고 대법원이 원판결을 파기한 경우에 사건을 환송 또는 이송받은 법원은 대법원의 판결에 대하여 구속된다.

🔍 결론

대법원은 상고 이유가 인정되는 때에는 원판결을 파기하고 다시 재판하라고 사건을 돌려 보내는 파기 환송이 원칙이다. 따라서 ②번이 정답이나, 대법원은 예외적으로 파기 자판도 할 수 있으므로 ①번 역시 오답은 아니다.

105. 떡값의 기원

"재판장님께서도 아시다시피 우리 민족이 얼마나 인정이 많습니까? 옛날부터 명절에는 주위 사람들에게 떡을 돌리는 풍습이 있습니다. 도승지라는 자리에 앉고 보니 명절 때만 되면 재벌들이 앞을 다투어 떡값을 가져옵니다. 말릴 수도 없고…, 그 돈으로 진짜 떡을 해 먹었습니다."

피고인은 1억 원이 뇌물이 아니라 떡값이라고 강력하게 주장하였다. 1, 2심은 피고인 주장대로 '떡값＝미풍양속'이라는 이유로 무죄 판결을 받았다. 검사가 대법원에 상고하자 대법원은 떡값이 너무 많아 뇌물로서 의심이 간다고 하여 파기 환송했다.

그런데 2심은 액수가 많기는 해도 진짜 떡을 해 먹었으니 무죄라고 다시 무죄 판결을 하였다.

대법원의 판결에 따르지 아니한 2심 판결의 효력은?

① 정당하다. 재심리한 결과이기 때문이다.

② 말도 안 된다. 2심은 대법원 판결대로 판결해야 한다.

　대법원은 어느 나라를 막론하고 마지막 법원이고, 가장 높은 법원이다. 따라서 대법원의 판결은 최종적이고, 최종 판결인만큼 그 권위가 인정되어야 한다. 대법원의 판결 종류에 상고 기각 판결과 파기 환송 판결이 있다.

　대법원의 파기 환송 판결을 받은 하급 법원은 사건을 다시 재판해야 하는데, 이때 하급심은 대법원의 판단에 구속된다. 이것을 '파기 판결의 구속력'이라고 한다. 한 나라의 최고 법원의 판단을 하급심 법원이 무시하고 제멋대로 판결한다면, 대법원의 판결을 통해 법령 해석의 통일을 기하고 사회의 법적 안정성을 유지하려는 대법원의 역할이나 존재 이유가 유명무실해지기 때문이다.

　따라서 사례처럼 정치권과 공무원 사회에서 관행화(?)되어 있는 떡값을 뇌물성 금품이라고 판단하여 하급심 판결을 파기하였다면, 이 사건을 되돌려 받은 하급심 법원은 떡값의 성격에 대한 대법원의 판단에 구속되어 사건을 유죄로 판결하게 된다. 만일 하급심이 달리 판단하면 이는 법률 위반이 되어 상고 이유에 해당된다. 대법원 판결의 구속력은, 그 사건을 되돌려 받아 대법원의 판단대로 따른 하급심 법원의 판결이 다시 대법원에 상고된 경우에, 대법원도 파기 당시의 판단에 구속되고 이를 변경할 수 없다.

　대법원 판결의 구속력은 원칙적으로 '당해 사건'의 경우에만 적용되는 것이 원칙이나, 대법원의 파기 판결 이후에 하급심의 심리 도중에 법령이 변경되거나 새로운 증거가 발견되어 추가됨으로써 범죄 사실의 사실 관계가 변경된 경우에는 그 구속력이 배제된다.

🔍 결론

대법원의 파기 판결에 대해서는 하급심 법원은 이에 구속된다. 파기환송 판결을 받은 하급심 법원은 대법원 판결 취지대로 판결해야 한다.

106. 음란이냐, 예술이냐

작가 마공수 씨의 《사라의 변명》은 대담한 성 묘사와 파격적인 문체로 출간되자마자 화제 속에 베스트셀러 1위를 기록하였다.

서울지검에 보수적이기로 유명한 최도덕 검사는 우연한 기회에 이 책을 읽고는 마공수 씨를 음란 혐의로 전격 소환, 수사, 기소하였다. 다만 마공수 씨가 유명 인사라는 점을 고려하여 불구속으로 기소하고, 벌금 500만 원에 처해달라는 이른바 약식 기소를 하였다. 서울지법의 이근엄 판사도 검사의 청구대로 벌금 500만 원의 판결을 내렸다.

약식 기소와 약식 재판은 피고인의 간여 없이 서면 심리로 이루어진다. 마공수 씨는 이 때문에 자기 작품이 음란물이 아니라는 항변도, 증거 제출도 못 해본 상태에서 유죄가 되었다.

약식 판결을 받은 피고인이 여기에 불복하여, 잘못되었다고 생각하는 재판을 시정할 방법은?

① 상급 법원에 항소한다.

② 1심 법원에 정식 재판을 청구한다.

③ 검사 및 판사를 상대로 손해 배상 청구를 한다.

공소 제기권자인 검사가 법원에 형사 재판을 청구하는 방식은 두 가지가 있다. 하나는 기소하는 사건에 대해 법원이 피고인의 소환, 신문, 증거 조사 등 정식의 공판 절차에 따라 재판해줄 것을 요구하는 '정식 기소'이다. 또 하나는 사건에 대해 법원이 공판 절차를 밟을 필요 없이 검사가 제출하는 수사 기록, 증거 서류 등에 대한 서면 심리만으로 재판해줄 것을 요구하는, 이른바 '약식 기소(略式起訴)'이다. 약식 기소에 대해 법원이 그 청구대로 내리는 재판(판결) 제도를 '약식 명령'이라고 한다.

약식 기소, 약식 명령을 인정하고 있는 이유는 약식 기소의 대상인 '벌금, 과료에 처할 사건'에 대해서 서면 심리만으로 신속하게 재판을 하고, 또 이렇게 함으로써 장기간이 소요되는 공판 절차를 생략하여 피고인이 장기간 재판을 받게 되는 불이익과 고통을 덜어 주자는 데에 있다.

실무상으로는 약식 기소가 청구되면 법원은 거의 대부분 검사의 청구대로, 검사가 구하는 벌금에 처하는 약식 명령이 발부된다. 때문에 검사는 벌금 집행의 편의를 위해서 약식 기소 전에 피의자로부터 벌금을 미리 받아둔다. 구속된 피의자가 이 벌금을 미리 납부하면 약식 기소와 동시에 구속을 취소하고 피의자를 석방하는 것이 관행이다.

약식 기소, 약식 명령은 서면 심리를 원칙으로 하므로 자신의 주장을 펼칠 수 없거나 유무죄를 다툴 수 없게 된 피고인에게 정식 재판 청구의 길을 열어 두고 있다. 즉 법원의 약식 명령에 승복할 수 없는 피고인은 약식 명령의 고지를 받은 날로부터 1주일 이내에 법원에 정식 재판을 청구할 수 있다. 피고인은 이 공판 절차에서 자신의 주장이나 무죄의 소송 활동을 할 수 있다.

Q 결론

약식 명령에 대해 승복할 수 없는 피고인은 정식 재판을 청구할 수 있다.

107. 벌금 10만 원이 강아지 이름인가?

처녀가 애를 배도 할 말이 있는 법인데…. 즉결 심판소의 판사님은 해도 해도 너무하셨다. 최고집 씨의 불만은 이것이다. 회사 동료들과 1차를 한 뒤 노래방에 갔는데, 그날따라 최고집 씨가 남보다 마이크를 더 잡았다가 동료들과 우정어린 말다툼을 하게 되었다.

그런데 밖에서 이 소리를 들은 노래방 주인이 즉시 경찰에 신고한 것이 아닌가? 아니, 그게 무슨 '음주 소란 행위'란 말인가? 또 처자식 있겠다, 직장 있겠다, 이 정도 정상이면 판사님도 봐줄 만하지 않은가. 그런데 벌금 10만 원이 웬 말인가? 벌금 10만 원이면 월급의 20분의 1이나 된다. 10만 원이 누구네 집 강아지 이름인가?

그렇다면 최고집 씨가 이토록 불만이 많은 즉결 심판에 대해서 구제받는 방법은?

① 벌금이 많다고 생각되면, 깎아달라고 사정해본다.

② 1주일 이내에 정식으로 재판 청구를 하여 다투어본다.

③ 즉결 심판에 대해서는 이의나 항의할 수 없다.

형사 재판에는 정식 재판, 약식 재판, 그리고 즉결 심판이라는 세 가지 종류가 있다. 어느 재판이나 법원(판사)이 한다는 점에서는 같지만 재판의 청구권자, 증거 조사 여부, 재판의 대상 등에서 차이가 있다.

즉결 심판은 '판사가 경찰서장의 청구에 의하여 20만 원 이하의 벌금, 구류, 과료에 처할 경미한 범죄 사건에 관하여 정식의 공판 절차에 의하지 않고 행하는 심판 절차'를 말한다. 가벼운 범죄까지 검사가 기소하여 정식 공판 절차를 밟아 형사 재판을 하는 것은, 마치 닭 잡는 데 도끼를 빼어 드는 격처럼 비효율적이기 때문에 마련한 재판 제도이다.

즉결 심판은 정식 재판과 여러 가지 점에서 차이가 인정된다. 우선, 청구권자는 검사가 아닌 경찰서장이다. 이 점에서 즉결 심판 청구는 기소독점주의의 예외라고 할 수 있다. 즉결 심판이 청구될 수 있는 '가벼운 범죄 사건'은 가장 많은 사례가 경범죄 처벌법상의 경범죄이고, 그 밖에 20만 원 이하의 벌금에 처할 수 있는 사건, 구류나 과료에 처할 사건으로 정해져 있다.

즉결 심판이 청구되면 문자 그대로, 즉시 거의 청구 당일에 심판을 한다. 즉결 심판은 피고인의 자백도 임의성이 있으면 증거로 쓸 수 있고, 피해자나 참고인의 진술서도 진술자가 법정에서 확인해주는 절차 없이 증거로 쓸 수 있다는 증거 조사 절차상의 특례가 인정되고 있다.

유죄의 판결에 대해서 피고인이 불복하는 방법은 정식 재판의 청구이다. 청구는 선고 또는 고지받은 날로부터 1주일 이내에 하여야 한다. 피고인으로부터 정식 재판 청구가 있으면 그 사건은 제1심 법원의 단독 판사가 맡아 정식으로 제1심의 공판 절차가 다시 진행된다.

🔍 결론
즉결 심판에 대한 불복방법은 정식 재판 청구이다.

108. 임금님이 유죄

"작년에는 홍수, 금년에는 가뭄, 아무래도 우리가 임금을 잘못 뽑은 모양이여."

"아, 이 사람아, 천재지변이 어째서 임금 탓인가? 하늘 탓이지."

"그러면 임금님이 왜 모두가 본인의 부덕의 소치라고 대국민 사과문을 발표했겠나?"

별일도 아닌 것을 갖고 최 노인과 박 노인이 옥신각신 언쟁을 하다가 서로 주먹질로 발전하였다. 앞니가 부러진 최 노인이 박 노인을 고소하자, 박 노인은 상해죄로 불구속 기소까지 되었다. 최 노인도 이 치료비 100만 원만 물어주면 고소를 취소하고 싶은데, 기소가 되는 바람에 화가 난 박 노인이 돈을 물어줄 것 같지가 않다.

피해자가 배상을 받는 방법은?

① 손해 배상 청구 소송뿐이다.
② 박 노인을 재판하는 법원에 배상 신청을 한다.
③ 가해자와 합의하는 것뿐이다.

범죄의 피해자가 입은 피해는 제3자가 측량하기엔 너무나 크다고 할 수 있다. 생명을 잃은 경우가 가장 큰 피해이지만, 그 밖에도 신체의 손상, 재산의 상실, 정조의 침해, 명예의 훼손 등 그 피해는 다양하다. 또 공포, 경악, 불안 등 심리적 피해도 막심하다.

범죄의 피해자가 그 피해를 다소간에 회복하는 법적 수단은 물론 민사상의 손해 배상 청구이다. 그러나 민사 소송은 절차가 복잡하고, 비용이 들고, 장시간이 소요된다. 여기서 범죄 피해자가 가해자에 대하여 신속, 저렴, 간단한 방법으로 피해를 배상받는 제도가 필요하게 된다. 이것이 바로 '배상 명령 신청' 제도이다.

이 제도는 피해자가 별도의 민사상의 청구를 하지 않고도, 가해자가 받는 형사 재판 절차에서 법원(법관)에 피해를 배상하여 줄 것을 청구하는 제도이다. 다만 배상 명령을 신청할 수 있는 죄는 상해죄, 중상해죄, 상해 치사죄, 폭행 치사상죄 등과 같이 신체를 공격 대상으로 하는 범죄와 장물죄를 제외한 재산 범죄(절도, 강도, 사기, 공갈, 횡령, 배임 등)로 한정되고 있다. 그 밖의 범죄에 대해서는 피고인과 피해자 간에 손해 배상 합의가 있었던 경우에 한해서 피해자는 그 합의 내용대로 배상 명령을 해줄 것을 청구할 수 있다.

배상받을 수 있는 범위는 치료비 손해와 직접적인 재산상 손해이다. 이 신청은 가해자에 대한 공판의 변론 종결 전까지 하여야 한다. 배상 명령 신청이 이유 있다고 인정되면 가해자에 대한 판결 선고 시에 일정액의 배상 금액을 판결로 명하고, 이 명령은 피해자가 강제 집행할 수 있게 된다.

◌ 결론

상해죄의 피해자는 가해자에 대한 형사 재판 절차에서 배상 명령을 신청하여 구제받을 수 있다. 사례에서 배상 금액은 치료비이다.

109. 나는 무죄다

　평범한 회사원인 선량한 씨가 어느 날 회사로부터 공금을 횡령하였다는 이유로 고소를 당하였다. 수금을 하고도 입금하지 않았다는 내용이었다. 조사 중, 선량한 씨가 분명히 경리과에 입금을 하였는데 담당자가 컴퓨터 처리를 잘못하여 벌어진 착오였음이 밝혀졌다.

　물론 선 씨는 무죄 판결을 받았고 100여 일 동안 구속된 것에 대하여 국가로부터 보상금도 받았다. 그런데 문제는 주위 사람들이 이 사실을 모르고 공금을 횡령한 사람이라고 수군대는 것이다.

　"나는 무죄 판결을 받았다"고 일일이 알리고 다닐 수도 없고….

　선량한 씨가 억울함을 풀 수 있는 방법은 무엇인가?

① 무죄 판결에 만족하고 참아야 한다.

② 법원에 무죄 재판서를 인터넷 홈페이지에 게재해달라고 청구한다.

③ 회사를 상대로 손해 배상 청구를 한다.

19세기 말, 프랑스의 육군 대위였던 드레퓌스는 독일의 간첩이었다는 혐의로 기소되어 유죄 판결을 받았으나, 에밀 졸라를 비롯한 프랑스 지성인들과 사회의 노력으로 끝내 무죄 판결을 받는다. 이것이 유명한 '드레퓌스 사건'이다.

무죄의 판결을 받은 자에 대하여 국가는 보상 청구의 길을 마련해놓았다. 이를 '형사 보상'이라고 한다. 우리나라 헌법 제28조는 "형사 피의자 또는 형사 피고인으로서 구속되었던 자가 법률이 정하는 불기소 처분을 받거나 무죄 판결을 받은 때에는 법률이 정하는 바에 의하여 국가에 정당한 보상을 청구할 수 있다"라고 규정하였다. 형사보상 및 명예회복에 관한 법률은 이를 위해 제정된 것으로서 보상의 요건과 절차를 정한 법이다.

형사 보상금은 구금 일수에 따라 보상 청구의 원인이 발생한 연도의 최저 임금법상 1일 최저 임금액 이상 대통령령으로 정하는 금액 이하의 비율에 의한 보상금으로 한다고 되어 있다(형사 보상액이 너무 낮다는 느낌이다).

자, 금전적인 보상은 그렇다 치고, 유죄라는 이유로 구속되고 기소되어 그가 사회인으로 누리고 있던 온갖 명예에 대한 훼손은 어떻게 보상될 것인가? 세상 사람들은 그가 구속된 것만을 기억할 뿐 무죄 판결을 받은 것은 알지도, 기억하지도 못한다. 형사보상 및 명예회복에 관한 법은 무죄 판결을 받은 사람에 대해 무죄가 확정된 경우 그때로부터 3년 이내에 확정된 무죄 재판서를 법무부 인터넷 홈페이지에 게재하여줄 것을 청구할 수 있다.

🔍 결론

무죄 판결이 확정된 사람은 무죄 재판서를 법무부 인터넷 홈페이지에 게재해달라고 청구할 수 있다.

110. 호적의 빨간 줄

결혼을 앞둔 노총각 심약한 씨는 요즘 잠을 못 이룬다. 10년 전 20대 초반 혈기 방장한 나이에 술을 먹고 싸움을 하다가 징역 10개월을 복역한 일이 있는데, 그 사실이 혼인 신고할 때 들통 날까 걱정되기 때문이다.

심 씨는 출소 이후 대학에 진학하여 학업을 마친 후 현재의 직장에서 착실히 근무해왔지만, 호적에 그어진 빨간 줄은 그로 하여금 30세가 넘도록 노총각을 강요하는 족쇄가 되어 왔던 것이다.

심약한 군이 '전과의 공포'로부터 해방되는 길이 있을까?

① 있다. 법무부 장관에게 사면 신청을 한다.

② 있다. 법원에 형 실효 청구를 한다.

③ 있다. 검찰청에 전과 말소 청구를 한다.

④ 가만히 있어도 5년이 지났으므로 국가가 알아서 말소한다.

이른바 전과(前科)는 국가가 어떻게 관리하는 것일까?

유죄가 확정된 경우, 그 판결의 내용이 자격 정지 이상의 형이 선고된 때에는 검찰청은 그 사실을 '수형 인명부'라는 문서에 기록, 관리한다. 한편 그 형의 선고를 받은 사람의 본적지의 시, 읍, 면사무소에 '수형 인명표'라는 문서를 송부하여 이곳에서 이 문서를 관리토록 하고 있다. 또 경찰은 피의자를 입건할 때에 지문를 채취하여 이를 기록, 관리하게 되는데 이것을 '수사 자료표'라고 한다.

이처럼 검찰은 수형 인명부를, 시·읍·면 사무소는 수형 인명표를, 수사 자료표는 경찰이 각각 관리하게 된다. 범죄 경력, 즉 전과의 유무와 그 전과의 내용을 수사상 필요하여 알고 싶을 때는 경찰청이 기록, 관리하고 있는 수사 자료표라는 기록을 조회하면 금방 알 수 있게 된다. 그리고 경찰이 수사를 종료하여 수사 기록과 피의자를 검찰에 송치할 때에는 반드시 전과 조회, 즉 수사 자료표를 첨부하여 송치하도록 되어 있다.

그리고 위와 같은 세 종류의 전과 기록은 범죄의 수사, 재판 등의 목적에만 사용(조회 및 회보)할 수 있고, 그 밖의 다른 용도로는 사용할 수 없게 되어 있다. 그리고 이 수사 자료표를 관리하는 사람이나 이를 조회하는 사람은 수사 자료표의 내용을 누설해서는 안 되고, 누설할 경우 5년 이하의 징역이나 또는 2,000만 원 이하의 벌금형으로 처벌하도록 되어 있다.

그렇다면 본의 아니게 전과를 기록하게 된 경우에 이를 말소하는 것은 불가능할까?

가능하다. 방법과 절차는 두 가지이다.

하나는, 형의 실효 등에 관한 법률에 의해서이다.

이 법에 의하면 전과를 기록한 사람, 즉 수형인이 유죄 판결 확정 이후 자격 정지 이상의 형을 받음이 없이 형의 집행을 종료하거나, 그 집행이 면제된

날(예컨대 집행 유예의 선고)로부터 '일정 기간'이 경과되면 수형인 본인의 아무런 신청이 없더라도 자동적으로 형이 실효(효력의 상실)된다. 여기서 일정 기간은 선고받은 형에 따라 다른데, 3년을 초과하는 징역·금고를 선고받은 경우에는 10년, 3년 이하의 징역·금고를 선고받은 경우에는 5년, 벌금형을 선고받은 경우에는 2년이 경과되면 그 형은 실효토록 되어 있다. 형이 실효되면 본적지의 시, 읍, 면사무소가 보관하는 수형 인명표를 폐기하며, 검찰이 보관하는 수형 인명부는 해당란을 삭제하도록 되어 있다.

또 하나는, '형법'에 의한 형 실효의 신청 제도이다. 징역이나 금고의 형을 선고받은 경우에 그 집행을 마치거나 또는 그 집행이 집행 유예의 선고로 면제된 사람이, 첫째, 피해자가 있는 경우에 그 피해를 배상하고, 둘째, 다시 자격 정지 이상의 형을 선고받음이 없이 7년을 경과한 때에는, 판결을 한 법원에 형 실효 신청을 하여 자기가 선고받았던 형의 실효 선고를 구할 수 있다.

법원이 이 신청을 심사하여 이유 있다고 받아들인 경우에 집행하는 수형 인명표의 폐기, 수형 인명부의 해당란 삭제 조치는, 형의 실효 등에 관한 법률에 의해 일정 기간이 경과된 경우에 국가가 취하는 조치와 같다.

다만 어느 방법에 의하든 경찰이 보관하는 수사 자료표상의 전과 기록은 폐기, 삭제, 말소할 수 없다(그러나 이 수사 자료표는 엄격한 보안하에 관리되고 타용도로의 사용이나 그 내용의 누설이 금지되어 있으므로, 수형 인명부나 수형 인명표의 폐기, 삭제만으로도 전과 기록의 말소라는 목적은 어느 정도 달성할 수 있는 것이다).

이 밖에도 '사면법'에 의하여 대통령이 행하는 '일반 사면'의 경우에는 형의 선고의 효력이 상실되며, 특별 사면의 경우에는 원칙적으로 형의 집행이 면제되고, 특별한 사정이 있을 때에는 형의 선고의 효력을 상실하게 할 수 있다. 사면이 되면 본인에게 사면장이 송부되고, 검사는 보관 중인 판결 원본에 그 사유를 적도록 되어 있다. 따라서 사면이 있는 경우에 그 사면장은 형의 선고의 효력이 상실된 강력한 증빙이 된다.

Q 결론

조선 왕조 시대에는 절도범의 경우, 얼굴에 먹을 주입해 전과자임을 표시하여 평생 그 흔적을 몸에 지니게 하였다고 한다. 오늘날은 이러한 신체형은 폐지되고 다만 세 가지의 전과 기록만이 관리되고 있을 뿐이다. 이 기록도 형법과 형의 실효 등에 관한 법률에 의하여 형의 효력을 실효시킴으로써 사실상 전과 기록을 말소할 수 있다.

사례에서는 5년이 지났으므로, 이미 수형 인명부와 수형 인명표는 말소되었으니 걱정할 것이 없다. 그리고 상당수의 사람들이 잘못 알고 있는 것처럼, 전과 사실은 호적부(요즘은 가족관계등록부)에 기록되거나 그곳에 빨간줄이 처지는 것이 절대 아니다.

111. 양심선언

중종 때 무신인 남이 장군이 간신 유자광의 모함으로 대역 죄인으로 몰려 사약을 받고 처형되었음은 이미 잘 알려진 사실이다.

역사를 약간 바꾸어 이런 이야기를 가정해보자. 유자광에게도 양심은 있었는지라 속으로는 늘 괴로워했다. 새는 마지막 울음소리가 가장 처량하고, 사람은 마지막 말이 가장 선한 법. 유자광은 죽기 직전 남이 장군의 아들을 불러 "내가 자네 부친이 왕이 되려고 했다고 소문을 낸 것은 완전히 모함이었네. 용서해주게" 하며 최후를 마쳤다.

억울한 누명으로 대역 죄인으로 처형된 남이 장군에 대해서 그 후손이 '잘못된 판결을 바로 잡는 방법'은 무엇인가?

① 법원에 탄원을 한다.
② 국회에 국정 조사권 발동을 진정한다.
③ 헌법재판소에 구제 신청을 낸다.
④ 법원에 재심 청구를 한다.

'인간에 의한, 인간에 대한, 인간의 재판'은 아마도 인간이 소멸하지 않고 그 역사가 계속되는 한 오판의 가능성이 숙명적이라고 할 수밖에 없다. 그렇다면 오판에 대해서는 그저 '인간의 한계'라고 치부하고 체념해야 하는가? 그렇지 않다. 원래 1심, 2심, 3심을 통하여 심리되고 그 결과 판결이 유죄로 확정되면 같은 사건에 대해 재론하는 것은 허용되지 않는다. 법적 안정성을 유지하기 위해서 불가피한 것이다('일사부재리의 원칙'). 그러나 그 판결이 잘못된 경우에도 재론을 허용치 않는 것은 너무나 가혹하다.

이렇게 형사소송법은 확정된 판결에 대하여 원칙적으로 재론을 금지하면서도, 그 판결이 잘못된 경우에 한하여 예외적으로 다시 한번 재판해 볼 수 있도록 조치하고 있다. 바로 재심이 그것이다. 재심은 말하자면 제4심이라고 하겠다. 재심은 확정 판결에 잘못이 있음을 주장하고 증명하는 자에 대하여 법원이 기회를 주는 절차이다.

재심의 문을 통과하기 위해서는 우선 재심 사유가 있어야 하고, 다음 적법한 청구권자가 청구해야 한다. 청구권자는 원칙적으로 불리한 확정 판결을 받은 피고인이지만 검사도 잘못된 재판에 대하여 피고인을 위하여 재심을 청구할 수 있다. 또 재심 청구권자인 피고인이 사망한 경우에는 그 배우자, 직계 친족, 형제자매도 재심을 청구할 수 있다. 죽은 자의 명예 회복을 위해서이다.

🔍 결론

판결이 잘못되고, 그 판결이 확정된 경우에 이를 바로 잡는 방법은 법원에 재심 청구를 하는 것이다. 피고인이 사망한 경우에는 유족이나 형제자매도 할 수 있다. 최근 재심 청구가 받아들여지고 재심에 의해 무죄가 선고되는 경우가 늘어나고 있다 (예: 조봉암 사건, 인혁당 사건).

112. 베드로의 분발

예수는 빌라도 앞에서 침묵하였다.

은 30냥에 눈이 먼 가룟 유다는 "예수가 무리를 모아 유대 왕국의 재건을 시도하였다"고 위증을 하였다. 이렇게 해서 예수는 끝내 정치범으로 처형되었다(가정임).

베드로는 억울하였다. 원수를 사랑하라고 가르쳤고, 수많은 병자를 고쳐 준 사랑의 화신 예수가 로마에 대한 반역죄를 범하였다니…. 스승은 부활하여 승천하였지만, 베드로는 스승의 누명만큼은 벗겨야 한다고 생각하고, 로마 원로원에 예수에 대한 재판의 재심을 청구하기로 하였다.

재심을 위해 가장 필요한 조치는 무엇인가?

① 피고인(예수)의 재심 청구에 대해 유족의 동의를 받는 일.

② 유능한 변호사를 선임하는 일.

③ 유다가 위증을 하였다는 양심선언(자백)을 받는 일.

④ 유다가 아직 살아 있다면 유다를 고소하여 위증죄로 유죄 판결을 받도록 하는 일.

재심은 유죄 판결이 확정되었으나 그 판결이 잘못되었음을 주장하는 경우에 법원이 사건을 재심리하는 것인데, 예외적으로 인정되는 제도이다. 예외적인 제도이므로 재심의 청구는 반드시 '재심의 사유'가 있어야 한다. 형사소송법이 정해놓은 재심 사유는 크게 보아 두 가지이다.

하나는 원래의 판결이 잘못된 경우이다. 즉 원판결의 증거가 된 서류나 증거물이 위조 또는 변조된 것인 때, 원판결이 증거로 삼은 증언이나 감정 등이 허위인 때, 타인의 '허위 사실의 고소(무고)'로 인하여 유죄 판결이 확정된 경우 그것이 무고라고 증명된 때 등이다. 여기서 증거의 위조·변조, 증언·감정의 허위, 타인의 무고라는 점은 확정 판결로만 증명해야 재심을 청구할 수 있다. 예를 들어 타인의 허위 고소로 억울하게 유죄 판결이 확정된 경우에 재심을 청구할 수 있기 위해서는 그 타인의 무고죄가 역시 유죄 판결되고 확정되어야 한다는 것이다.

또 하나는 새로운 증거가 발견된 때이다. 즉 원래의 판결 절차에서는 발견하지 못하였거나, 발견하였더라도 이를 제출하는 것이 불가능하였던 증거를 새로 발견하거나, 이를 제출할 수 있게 된 경우이다. 그리고 이 새로운 증거는 확정 판결을 뒤집을 가능성이 고도로 인정될 수 있는 증거이어야만 한다.

이처럼 재심은 반드시 재심 사유가 있고 또한 이를 증명할 수 있어야만 청구할 수 있고 재심 절차가 개시된다. 굳이 비유하자면, 재심을 받는다는 것은 낙타가 바늘구멍을 통과하는 것보다 더 어렵다고나 할까.

🔍 결론

재심을 청구하기 위해서는 원판결에서 사용된 증거가 잘못되었음을 증명하거나 증거를 새로 발견하는 길뿐이다. 이 사건에서는 유다의 위증이 판결로 입증되고 또 그 판결이 확정되었을 것이 요구된다(참고로, 유족이 아닌 제3자는 재심청구권이 없다).

113. 몸으로 때워?

불경기가 닥쳐 오자 사람들은 가족과의 외식도 삼가하게 되었다. 그 바람에 콩나물 재배업자의 매출이 늘게 되었는데, 때마침 명퇴 바람으로 너도 나도 콩나물 재배업에 뛰어드는 통에 업체 간의 경쟁이 치열할 수밖에 없었다.

김선달 씨도 얼마 전에 콩나물 공장을 차렸는데, 사업의 성패는 남보다 빨리 콩나물을 숙성시키고, 싱싱해 보이게 하는 것에 달려 있었다. 김선달 씨는 눈 딱 감고 농약과 유해 색소를 사용하였다.

그러나 지금이 어느 때라고 이런 야만적 수법이 통한단 말인가? 결국 김선달은 적발되어 벌금 3,000만 원에 처해졌다.

김선달이 이 벌금을 내지 못한다면 어떻게 되는가?

① 낼 때까지 교도소에서 복역하게 된다.
② 낼 때까지 최대한 3년간 교도소에서 복역하게 된다.
③ 낼 때까지 사회 봉사 명령을 받는다.

유죄의 판결이 확정되면, 그다음 단계는 '형의 집행'이다. 형 집행의 절차는 형사소송법과 행의 집행 및 수용자의 처우에 관한 법률이 규정하고 있다.

형의 집행권자는 검사이다. 확정된 판결의 형이 사형인 경우에는 형이 확정된 날로부터 6개월 이내에 법무부 장관이 그 집행을 '명령'하면, 5일 이내에 교도소에서 교수의 방법으로 집행한다.

자유형(징역이나 금고의 형)이 확정된 경우에는 교도소에서 그 기간 동안 복역하게 된다. 불구속된 사람에 대한 형의 집행을 위해서는 검사가 '소환'을 하며, 소환에 응하지 아니한 경우에는 강제적인 소환을 위해 검사의 '형 집행장'이 발부된다.

벌금형에 대해서는 임의로 납부하지 아니하는 경우, 검사의 '집행 명령'에 의하여 피고인의 재산에 대해 강제 집행을 실시한다.

벌금형이 확정된 피고인이 이 벌금을 납부할 재산이 없는 경우에, 즉 검사의 강제 집행 실시에 의해서도 벌금을 징수하지 못할 경우에 대비하여 판결 선고 시에는 대개 "벌금을 납입하지 아니하는 경우에는 하루에 얼마씩으로 환산한 기간 동안 피고인을 노역장(勞役場)에 유치한다"라는 '노역장 유치'가 선고된다.

그런데 노역장 유치 기간은 최대 기간이 3년으로 정해져 있다. 가령 벌금 1,000만 원이 선고되면서 하루에 10만 원으로 노역장 유치 기간이 환산, 선고된 경우에 이 피고인의 노역장 유치 기간은 100일(벌금10,000,000원÷100,000원=100일)이 되는 것이다.

노역장의 장소는 대개 구치소나 교도소이다. 벌금형에서 벌금액이 아무리 많다고 하더라도 이를 노역장에 유치한다는 선고를 할 경우에 그 유치 기간의 상한선이 3년이므로 1일로 환산되는 벌금은 벌금형을 선고받은 사람에 따라 차이가 나게 마련이고, 이 때문에 법원이 재벌이나 고위 정치인을 봐주었다는 오해를 불러일으키고 있는 것이다.

노역장 유치는 해마다 증가 추세여서 연평균 3만 5,000~4만 명에 달한다고 한다. 그런데 벌금형을 선고받고 벌금을 내지 못하여 피고인을 노역장에 유치하는 경우에 그 최대 유치 기간은 3년 이하로 정해져 있어서(형법 제69조 제2항), 많은 벌금형이 선고되어도 이 최대 유치 기간 3년의 제한에 따라 1일 환산 벌금 금액은 이 3년의 기간 내에 맞추어 정해지게 되는데, 그 결과 벌금형의 액수에 따라 1일 환산 금액이 달라지게 되는 모순적 문제는 2014년 초 사회 문제가 되지 않을 수 없었다.

즉 전 모 그룹의 허 모 회장은 2011년 12월 벌금 254억 원이 선고되었는데 그중 미납액은 249억 원이어서 1일 환산 금액은 5억 원이 될 수밖에 없었다. 판결대로 한다면 피고인은 50일(245억 원÷5억 원(1일))만 노역하면 벌금을 납부한 것이 되고 마는 것이었다.

이 사건은 이른바 '황제 노역'으로 알려져 사회로부터 공분을 사게 되자 국회는 2014년 5월 14일 부랴부랴 형법을 개정하였는데, 개정 형법 제70조 제1항에 의하면 벌금·과료를 선고할 때에는 납입하지 않을 경우에 (노역장) 유치 기간을 정하여 동시에 선고하여야 하며(제1항), 선고하는 벌금이 1억 원 이상 5억 원 미만인 경우에는 300일 이상, 5억 원 이상 50억 원 미만의 경우 500일 이상, 50억 원 이상인 경우는 1,000일 이상의 유치 기간을 정하도록 하여(제2항), 종전의 최대 유치 기간 3년의 제한을 풀었다. 이로써 황제 노역이라는 노역장 유치 제도의 모순은 다소 완화되었다고 할 수 있다.

한편 국가는 2009년 3월 25일, 벌금 미납자의 무조건적인 노역장 유치에 따른 폐해를 줄이기 위해 '벌금 미납자의 사회봉사 집행에 관한 특례법'을 제정하여 벌금 미납자가 노역장 유치 대신 일정한 사회봉사를 검사에게 청구하면, 검사가 법원에 그 허가를 얻어 사회봉사에 종사하는 것으로 대체하는 제도가 시행되고 있다.

Q 결론

"벌금을 내지 못하면 노역장에 유치된다"가 정답이다. 또 벌금을 낼 수 없는 경우에는 사회봉사 허가를 받아 벌금 납부로 대체할 수 있다.

114. 가해자는 무일푼

정의감 씨는 하루 벌어 하루 먹고 사는 일용 노동자이다. 그가 늦은 밤 귀가하는데 골목길에서 "사람 살려!" 하는 고함이 들리더니 곧 이어 건장한 청년 하나가 황급히 도망가는 것이 아닌가?

순간 강도범임을 직감하고 뒤쫓아가 격투 끝에 그를 체포하였으나, 그도 강도범이 휘두른 칼에 크게 다치고 팔 하나를 못 쓰게 되었다. 가해자인 강도범은 무일푼. 정의감 씨는 노동 능력 상실로 생계 유지가 막막하다.

정의감 씨를 위한 당신의 법률적 조언은?

① 국가를 상대로 배상 청구한다.

② 국가를 상대로 구조 요청한다.

③ 가해자를 상대로 배상 명령 신청한다.

④ 강도범에게 손해 배상 청구한다.

범죄의 피해자가 범죄로 인하여 입게 된 물심양면의 손해는 가해자(범죄
자)가 배상하는 것이 원칙이다. 그러나 이렇게 생각해볼 수는 없을까? 즉 범
죄의 예방은 국가의 책임임에 틀림없다. 그런데도 범죄로 피해자가 생겼다
면 이 피해는 범죄를 막지 못한 국가의 책임이므로 국가가 그 배상 책임을 지
게 하는 것이 합리적이지 않느냐 하는 것이다.

우리나라는 현재 범죄 피해에 대한 국가의 배상 책임은 인정하지 않고 있
다. 다만 일정한 경우에 국가가 범죄의 피해자를 구조하는 구조 책임은 인정
하고 있다(그래서 이름도 범죄 피해자 '배상'법이 아니고, 범죄 피해자 '보호'법
이다). 2005년 12월 23일 제정된 '범죄 피해자 보호법'은 이러한 목적을 위해
서 제정되었다.

이 법에 의하면 모든 범죄의 피해가 구조되는 것은 아니고, 생명 또는 신체
를 해하는 범죄(예컨대 살인죄, 상해죄 등)로 인한 피해만이 구조의 대상이 되
고 있다. 뿐만 아니라 위 피해로 말미암아 피해자가 생계 유지가 곤란하게 되
고, 또한 가해자의 행방불명이나 재산 능력이 없어서 배상할 수 없는 경우로
한정된다. 이렇게 구조의 요건에 해당되는 피해자는 국가(지방 검찰청에 설치
된 범죄 피해자 보호 위원회)에 금전적 구조를 신청할 수 있다.

한편, 범죄의 피해자를 구조하거나 천재지변, 수재, 화재시에 남을 돕다가
사망 또는 부상하게 된 사람은 '의사상자보호법(義死傷者保護法)'에 의하여
국가로부터 보상금 또는 의료 보호 등 각종 보호를 신청할 수 있게 되어 있다.

🔍 결론
생명·신체에 대한 범죄의 피해자는 범죄 피해자 보호법의 구조 요건에 해당되는 경
우에 구조금 지급을 신청할 수 있다.

115. 내 아내와의 동침을 허하라

장길산이 동에 번쩍, 서에 번쩍하며 관가의 재물을 털어 빈민들에게 나누어주자 백성들로부터 인기가 하늘을 치솟았다. 하지만 그도 행운이 다하여 체포되어 징역 10년의 형을 선고받았다.

문제는 그다음부터이다. 그는 5대째 독자였고 체포되기 직전 혼인을 하였는데 처가 아직 임신하지 않은 상태이다. 그의 노모는 워낙 고령인데다 충격으로 곧 돌아가실 형편이다.

장길산의 노모가 형조판서에게 간곡한 장문의 탄원서를 올렸는데, "집안의 대를 잇기 위해 며느리를 한 달에 한 번씩 아들과 감옥에서 동침하게 해달라"는 눈물겨운 것이었다.

자, 이렇게 생각해보자. 형이 확정되어 교도소에서 복역하는 자에게는 아내와의 동침의 자유도 박탈당하는 것인가?

① 그렇다. 수형자에게는 아내와의 동침의 자유도 박탈된다.

② 아니다. 수형자는 신체의 자유만 박탈될 뿐, 아내와의 동침과 같은 행복추구권마저 박탈된 것은 아니다.

③ 수형자의 아내와의 동침 허용 여부는 교도소장의 권한에 속한다.

이 사례는 필자가 친지로부터 질문을 받고 만들어본 것이다.

형이 확정되어 교도소에서 복역이 시작되면 그에게 제한 또는 박탈되는 자유와 권리는 어디까지인가? 다시 말해 수형자는 교도소에서 자기의 아내와 정기적으로 동침할 권리는 없는 것일까?

필리핀의 상원 의원 아키노가 독재자 마르코스에 의하여 투옥되었는데, 아키노 의원의 부인(나중에 필리핀의 대통령이 된 코라손 아키노 여사)이 투옥 중에 정기적으로 남편을 방문하여 그 사이에 딸을 얻은 사례도 있다.

2007년 12년 21일 자로 종전의 행형법은 전면 개정되어 이름조차 '형의 집행 및 수용자의 처우에 관한 법률'로 바뀌었고, 내용도 혁명적으로 바뀌었지만, 재소자에게 아내와의 동침을 허용하고 있는 규정은 발견할 수 없다.

다만 위 법 제77조에 의하면 교도소장은, 6개월 이상 복역한 수형자로서 그 형기의 3분의 1(21년 이상의 유기형 또는 무기형의 경우에는 7년)이 지나고 교정성적이 우수한 사람에게 1년 중 20일의 귀휴(歸休)를 허가할 수 있다고 하고 있다. 그러므로 현재로서는 교도소장의 배려로 이루어지는 귀휴 제도를 이용하여 5대 독자는 대를 이을 기회를 가질 수 있을 것이다(그러나 필자의 생각으로는 재소자에게도 아내와의 동침권을 허용하는 것이 교정 목적에도 부합되는 것이라고 생각하고 싶다).

Q 결론

형이 확정되어 교도소에서 복역하는 수형자에게는 현재로서는 아내와의 동침이 허용되지 않는다.

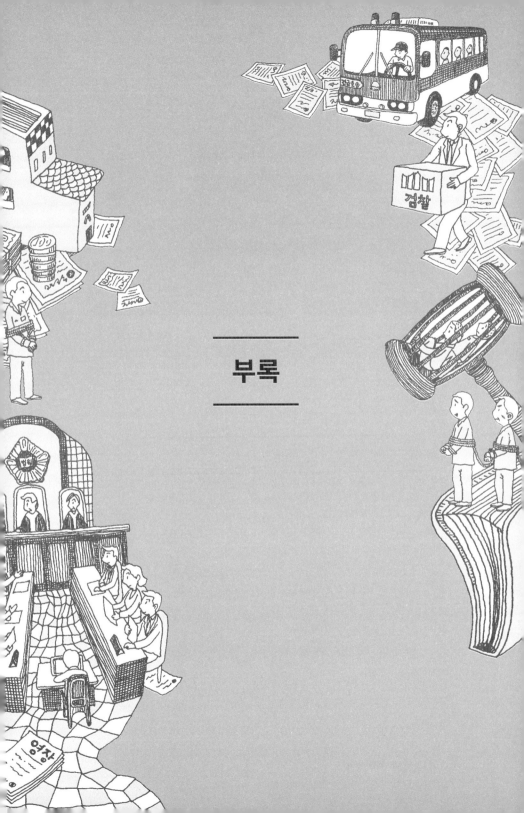

부록

부록 1. 형사 소송 절차 흐름도

부록 2. 형사 공판 절차 개요도

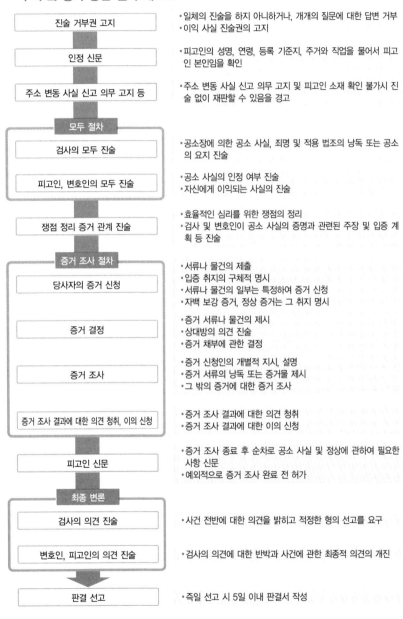

진술 거부권 고지	• 일체의 진술을 하지 아니하거나, 개개의 질문에 대한 답변 거부 • 이익 사실 진술권의 고지
인정 신문	• 피고인의 성명, 연령, 등록 기준지, 주거와 직업을 물어서 피고인 본인임을 확인
주소 변동 사실 신고 의무 고지 등	• 주소 변동 사실 신고 의무 고지 및 피고인 소재 확인 불가시 진술 없이 재판할 수 있음을 경고
모두 절차	
검사의 모두 진술	• 공소장에 의한 공소 사실, 죄명 및 적용 법조의 낭독 또는 공소의 요지 진술
피고인, 변호인의 모두 진술	• 공소 사실의 인정 여부 진술 • 자신에게 이익되는 사실의 진술
쟁점 정리 증거 관계 진술	• 효율적인 심리를 위한 쟁점의 정리 • 검사 및 변호인이 공소 사실의 증명과 관련된 주장 및 입증 계획 등 진술
증거 조사 절차	
당사자의 증거 신청	• 서류나 물건의 제출 • 입증 취지의 구체적 명시 • 서류나 물건의 일부는 특정하여 증거 신청 • 자백 보강 증거, 정상 증거는 그 취지 명시
증거 결정	• 증거 서류나 물건의 제시 • 상대방의 의견 진술 • 증거 채부에 관한 결정
증거 조사	• 증거 신청인의 개별적 지시, 설명 • 증거 서류의 낭독 또는 증거물 제시 • 그 밖의 증거에 대한 증거 조사
증거 조사 결과에 대한 의견 청취, 이의 신청	• 증거 조사 결과에 대한 의견 청취 • 증거 조사 결과에 대한 이의 신청
피고인 신문	• 증거 조사 종료 후 순차로 공소 사실 및 정상에 관하여 필요한 사항 신문 • 예외적으로 증거 조사 완료 전 허가
최종 변론	
검사의 의견 진술	• 사건 전반에 대한 의견을 밝히고 적정한 형의 선고를 요구
변호인, 피고인의 의견 진술	• 검사의 의견에 대한 반박과 사건에 관한 최종적 의견의 개진
판결 선고	• 즉일 선고 시 5일 이내 판결서 작성

부록 3. 개정법의 주요 내용

1. 서론

개정법은 피고인과 피의자의 방어권을 보장하고 수사 절차의 투명성을 제고하는 한편 공판중심주의를 강화하기 위하여 공판 절차에 관한 여러 규정들을 개정하는 등 형사 사법 제도 전반에 걸쳐 총 192개 조문의 광범위한 개정이 이루어졌다. 개정안의 논의 및 국회 입법 과정에서 많은 논란이 있었고, 그 과정에서 당초 내걸었던 기치가 다소 퇴색되거나 아쉽게 제도 도입이 무산된 부분도 적지 않다. 하지만 1954년 형사소송법이 제정된 이래 이번 개정만큼 광범위한 개정이 이루어진 적이 없다. 이번 개정으로 21세기 국제적 기준에 걸맞은 형사 사법 시스템을 구축하기 위한 기틀은 어느 정도 만들어졌다고 평가할 수 있겠다. 개정법은 피의자·피고인의 인권 보장과 형사 피해자 보호 방안을 중심으로 여러 가지 제도의 개선이 이루어졌는데, 아래에서 그 주요 내용을 간략하게 살펴보고자 한다.

2. 인신 구속 제도 및 압수·수색 제도의 개선

개정법 중 인신 구속 제도 및 압수·수색 제도에 관한 주요 개정 사항은 다음과 같다.

가. 구속의 사유(개정법 제70조)

개정법 제70조 제2항에서 "법원은 제1항의 구속 사유를 심사함에 있어 범죄의 중대성, 재범의 위험성, 피해자·중요 참고인 등에 대한 위해 우려

등을 고려하여야 한다"는 규정이 신설되었다. 이로써 구속의 사유 자체는 종래의 '피고인이 일정한 주거가 없는 때, 피고인이 증거를 인멸할 염려가 있는 때, 피고인이 도망하거나 도망할 염려가 있는 때'가 그대로 유지되면서, 그 사유를 심사하는 데 고려 사항이 위와 같이 신설되었다.

나. 구속 기간과 갱신(개정법 제92조)

개정법은 제1심에서 공소 제기 전의 체포·구인·구금 기간을 법원의 구속 기간에 산입하지 않는다고 규정하여, 제1심 구속 기간도 그만큼 연장되었다(개정법 제92조 제3항). 항소심과 상고심에서는 피고인 또는 변호인이 신청한 증거의 조사, 상소 이유를 보충하는 서면의 제출 등으로 추가 심리가 필요한 부득이한 경우에는 2회의 구속 기간 갱신 후에 1차에 한하여 추가로 갱신할 수 있게 되었다(개정법 제92조 제2항). 이는 구속 기간 제한으로 인하여 충분한 심리가 이루어지지 못한 상태에서 판결이 선고되는 것을 개선하기 위한 것이다.

다. 보석 제도의 개선(개정법 제94조, 제97조, 제98조, 제99조, 제100조, 제100조의 2, 제102조, 제103조, 제104조, 제104조의 2)

개정법은 불구속 수사 및 재판의 원칙을 구현하기 위하여 인신 구속 제도 중 특히 보석 제도의 획기적인 개선을 도모하였다. 그 주요 내용은 다음과 같다.

첫째, 보석에 관한 결정을 신속하게 할 수 있도록 하기 위하여 검사는 재판장의 보석에 관한 의견 요청에 대하여 지체 없이 의견을 표명하도록 하였다(개정법 제97조 제3항).

둘째, 보석 조건을 다양화하여, 법원은 보석을 허가하는 경우에는 필요하고 상당한 범위 안에서 개정법 제98조 제1호부터 제9호까지 9가지 보석 조건 중 하나 이상의 조건을 정하도록 하였다.

셋째, 보석 조건의 결정 시 고려 사항으로서 '피해자에 대한 배상 등 범행 후의 정황에 관련된 사항'을 추가하였다(개정법 제99조 제1항 제4호).

넷째, 법원은 보석 허가 결정에 따라 석방된 피고인이 보석 조건의 준수에 필요한 범위 안에서 관공서 그 밖의 공사 단체에 필요한 조치를 요구할 수 있는 근거 규정을 신설하였다(개정법 제100조 제5항).

다섯째, 보석 조건 중의 하나인 피고인 외의 자가 작성한 출석 보증서(개정법 제98조 제5호)의 실효성을 제고하기 위하여 피고인이 정당한 사유 없이 불출석하는 경우에는 법원은 출석 보증인에게 500만 원 이하의 과태료를 부과할 수 있도록 하였다(개정법 제100조의 2 제1항). 다만, 법원이 부과하는 과태료 처분에 대하여는 집행 정지의 효력이 있는 즉시 항고권을 인정하여 출석 보증인이 부당한 제재를 받지 않도록 하였다(개정법 제100조의 2 제2항).

여섯째, 보석 허가 결정 이후 법원은 직권 또는 보석 허가 청구권자의 신청에 따라 보석 조건을 변경하거나 일정 기간 동안 조건의 이행을 유예할 수 있게 하였다(개정법 제102조 제1항). 또한, 보석 조건 위반 행위에 대한 제재를 신설하여, 피고인이 정당한 이유 없이 보석 조건을 위반한 경우에는 결정으로 피고인에 대하여 1천만 원 이하의 과태료를 부과하거나 20일 이내의 감치에 처할 수 있도록 하였다(개정법 제102조 제3항).

일곱째, 보석 취소를 원인으로 한 보증금 몰취는 직권뿐 아니라 검사의 청구에 따라서도 할 수 있도록 하였다(개정법 제103조 제1항).

여덟째, 구속 영장의 효력이 소멸된 경우 피고인이 더 이상 보석 조건을 준수할 필요성이 없으므로, 별도의 결정 없이 자동적으로 보석 조건의 효력을 상실하도록 하는 규정이 신설되었다(개정법 제104조의 2 제1항).

라. 긴급 체포 제도의 개선(개정법 제200조의 3, 제200조의 4, 제200조의 5)

종래 "체포한 때로부터 48시간 이내에" 구속 영장을 청구하여야 한다는 규정이 개정법에서는 "지체 없이" 구속 영장을 청구하여야 한다고 개정되었다(개정법 제200조의 4 제1항).

또한 긴급 체포의 남용을 방지하기 위하여 수사 기관이 구속 영장을 청구하지 아니하고 긴급 체포한 피의자를 석방한 경우에는 30일 이내에 검사가 법원에 서면으로 일정한 사항을 통지하도록 하는 규정이 신설되었다(개정법 제200조의 4 제4항). 긴급 체포로 인한 위법 행위의 시정이나 배상을 구하는 데 사용될 수 있도록 하기 위하여 긴급 체포 후 석방된 자또는 그 변호인·법정 대리인·배우자·직계 친족·형제자매는 통지서 및 관련 서류를 열람하거나 등사할 수 있는 규정이 신설되었다(개정법 제200조의 4 제5항). 사법 경찰관은 긴급 체포한 피의자에 대하여 구속 영장을 신청하지 아니하고 석방한 경우에는 즉시 검사에게 보고하여야 한다는 규정도 신설되었다(개정법 제200조의 4 제6항).

마. 영장 심사 제도의 개선(개정법 제201조의 2)

개정법은 피의자의 법관 대면권을 보장함으로써 인신 구속에 대한 국제적 기준을 달성하기 위하여 체포된 피의자에 대하여 구속 영장을 청구받은 판사는 지체 없이 피의자를 심문하여야 한다고 규정함으로써 필요적 심문 제도를 도입하였다(개정법 제201조의 2 제1항). 또한 특별한 사정이 없는 한 구속 영장이 청구된 날의 다음 날까지 심문하여야 한다는 규정을 신설함으로써(개정법 제201조의 2 제1항 후문) 신속한 심문을 통해 영장 발부 여부를 결정하도록 하였다. 미체포 피의자에 대해서도 구인을 위한 구속 영장을 발부하여 피의자를 구인한 후 심문하되, 피의자가 도망하는 등의 사유로 심문할 수 없는 경우에는 심문 없이 구속 영장 발부 여부를 결정할 수 있는 예외 규정을 두었다(개정법 제201조의 2 제2항).

한편 개정법 제201조의 2 제6항은 "…피의자를 심문하는 경우 법원 사무관 등은 '심문의 요지' 등을 조서로 작성하여야 한다"고 규정하였다.

바. 체포와 구속의 적부 심사(개정법 제214조의 2)

개정법은 영장에 의하여 체포 또는 구속된 자 이외에 긴급 체포나 현행범으로 체포된 피의자 등에 대해서도 체포 적부 심사의 청구 대상으로 명시하였다(개정법 제214조의 2 제1항).

개정법은 체포 적부 심사와 구속 적부 심사의 심문 기일을 청구서가 접수된 때로부터 48시간 이내에 열어야 한다고 규정하였다(개정법 제214조의 2 제4항).

사. 긴급 압수·수색 제도의 개선(개정법 제217조)

종래에는 긴급 압수·수색·검증을 함에 있어 긴급성의 요건이 명시되어 있지 아니하여 긴급 압수·수색·검증의 남용을 방지할 제도적인 뒷받침이 되어 있지 않았으나, 개정법 제217조 제1항에서는 긴급성의 요건을 추가하여 긴급 압수·수색으로 인한 부당한 인권 침해의 소지를 최소화하려고 하였다. 또한 개정법은 구속 영장과는 별도로 압수한 물건을 계속 압수할 필요가 있는 경우에는 지체 없이 압수 수색 영장을 청구하되, 체포한 때부터 48시간 이내에 하여야 한다고 명시하고(개정법 제217조 제2항), 이를 발부받지 못하면 압수물을 즉시 반환하도록 하여 긴급 압수·수색의 남용으로 인한 인권 침해의 소지를 최소화하였다(개정법 제217조 제3항).

3. 수사 절차의 적법성 제고

개정법은 법원의 공판 심리에 있어 공판중심주의적 요소를 대폭 도입함과 아울러 수사 기관의 수사 절차에 있어서도 적법성과 투명성을 제고함으로써 피의자의 인권이 침해되지 않도록 여러 가지 제도적 개선을 추구하였다. 그 주요 내용은 다음과 같다.

가. 불구속 수사 원칙의 천명(개정법 제198조 제1항)

개정법 제198조 제1항에서 "피의자에 대한 수사는 불구속 상태에서 함을 원칙으로 한다"는 규정이 신설되었다. 이는 명문의 규정이 없었던 종래 형사소송법 아래에서도 이견 없이 기본 원칙으로 인정되어온 것을 명문화하였다는 데에 큰 의의가 있다.

나. 수사 과정에서의 변호인 참여권 보장(개정법 제243조의 2)

개정법은 구금되지 않은 피의자에 대하여도 조사 중임을 이유로 변호인의 접견권을 제한할 수 없음을 명시하였다. 또한 피의자, 변호인 등은 변호인이 피의자에 대한 신문 과정에 참여할 것을 신청할 수 있고, 수사 기관은 정당한 사유가 없는 한 피의자에 대한 신문에 참여하게 하여야 한다(개정법 제243조의 2 제1항). 신문에 참여한 변호인의 의견 진술은 원칙적으로 신문 후에 하도록 하되, 신문 중이라도 부당한 신문 방법에 대하여는 이의를 제기할 수 있고, 검사 또는 사법 경찰관의 승인을 얻어 의견을 진술할 수 있도록 규정하였다(개정법 제243조의 2 제3항). 변호인이 독자적으로 피의자 신문에 관한 의견을 진술한 경우에는 그 조서에 기명 날인 또는 서명하여야 한다(개정법 제243조의 2 제4항).

다. 진술의 영상 녹화(개정법 제221조, 제244조의 2)

개정법은 '조사의 개시부터 종료까지의 전 과정 및 객관적 정황'을 영상 녹화하도록 하되, 피의자에게 미리 영상 녹화 사실을 고지만 하고서 영상 녹화할 수 있도록 규정하였다(개정법 제244조의 2 제1항). 당초 개정안에서는 "검사 또는 사법 경찰관 앞에서의 피고인의 진술을 내용으로 하는 영상 녹화물은 공판 준비 또는 공판 기일에 피고인이 검사 또는 사법 경찰관 앞에서 일정한 진술을 한 사실을 인정하지 아니하고, 검사·사법 경찰관 또는 그 조사에 참여한 자의 공판 준비 또는 공판 기일에의 진술 그 밖에 다른 방법으로 이를 증명하기 어려운 때에 한하여 증거로 할 수 있다"는 규정을 두고 있었다(개정안 제312조의 2). 그러나 국회 논의 과정에서 학계나 시민 단체 등에서 영상 녹화물의 본증 사용은 공판중심주의를 형해화시킬 수 있다는 위험성이 제기되었고, 논의 끝에 이 개정 조항을 삭제하였다. 또한 개정법은 영상 녹화물은 탄핵 증거로도 사용하지 못하도록 제한하고, 다만 피고인 또는 참고인의 기억 환기용으로만 사용할 수 있도록 그 사용을 제한하였다(개정법 제318조의 2 제2항). 이에 따라 개정법 아래에서 영상 녹화물은 조서의 실질적 진정 성립을 인정하는 보조 자료(개정법 제312조 제2항, 제4항)와 피고인 또는 참고인의 기억 환기용(개정법 제318조의 2 제2항)으로만 사용할 수 있게 되었다.

한편 피의자가 아닌 참고인에 대하여도 동의를 요건으로 영상 녹화를 할 수 있는 근거 규정이 신설되었다(개정법 제221조 제1항).

라. 진술 거부권의 고지(개정법 제244조의 3)

개정법은 검사 또는 사법 경찰관은 피의자에 대한 조사 또는 신문에 들어 가기 전에 피의자는 일체의 진술을 하지 않거나 개개의 질문에 대하여 진술 을 하지 않을 수 있으며, 진술을 하지 않더라도 불이익을 받지 않는다는 것, 피의자가 한 일체의 진술은 법정에서 유죄의 증거로 사용될 수 있다는 것을 구체적으로 설명하도록 규정하였다(개정법 제244조의 3 제1항).

마. 수사 과정의 기록(개정법 제244조의 4)

개정법에서는 수사 과정의 투명화, 적법화를 위하여 수사 과정 기록 제 도를 도입하였다. 즉, 검사 또는 사법 경찰관은 피의자가 조사 장소에 도 착한 시각, 조사를 시작하고 마친 시각, 기타 조사 과정의 진행 경과를 확 인하기 위해 필요한 사항을 피의자 신문 조서에 기록하거나 별도의 서면 에 기록한 후 수사 기록에 편철하도록 하였다(개정법 제244조의 4 제1항). 수사 과정 기록 제도는 피의자뿐만 아니라 참고인을 조사하는 경우에도 마찬가지로 적용된다(개정법 제244조의 4 제3항).

4. 재정 신청 제도

개정법은 피해자의 권리 보호를 위하여 재정 신청 제도를 획기적으로 개선하였다. 그 주요 내용은 다음과 같다.

가. 재정 신청 대상 범죄의 확대(개정법 제260조 제1항)

개정법은 대상 범죄에 제한 없이 모든 고소인이 재정 신청을 할 수 있도록 하여 대상 범죄를 전면 확대하였다. 고발인은 형법 제123조 내지 제125조의 죄에 대하여 고발을 한 자 또는 특별법에서 재정 신청 대상으로 규정한 죄의 경우에 한하여 재정 신청이 인정된다(개정법 제260조 제1항).

나. 검찰항고전치주의(개정법 제260조 제2항)

재정 신청이 전면 확대됨에 따라 우려되는 남신청의 폐해를 줄이고 재정 신청 제도의 효율성을 도모하기 위하여 검찰청법 제10조에 따른 검찰 항고를 거치는 검찰항고전치주의를 그대로 유지하였다(개정법 제260조 제2항).

다. 재정 신청의 방식(개정법 제260조 제3항)

재정 신청인은 항고 기각 결정을 받은 날로부터 10일 이내에 서면으로 재정 신청을 하도록 하였다(개정법 제260조 제3항). 다만 항고전치주의의 예외에 해당하여 항고 절차를 거칠 필요가 없는 경우에는 다시 불기소 처분의 통지를 받거나 또는 항고 신청 후 3개월이 경과한 날부터 위 기간을 기산하고, 공소 시효 임박을 이유로 하는 재정 신청은 공소 시효 만료일 전날까지 재정 신청서를 제출할 수 있도록 하였다(개정법 제260조 제3항).

라. 관할 법원(개정법 제260조 제1항)

재정 신청 사건의 관할 법원은 종래와 마찬가지로 불기소 처분을 한 검사 소속의 지방 검찰청 소재지를 관할하는 고등 법원으로 규정하였다(개정법 제260조 제1항).

마. 경과 조치(부칙 제5조)

개정법의 재정 신청에 관한 개정 규정은 개정법 시행 이후 최초로 불기소 처분된 사건, 개정법 시행 전에 〈검찰청법〉에 따라 항고 또는 재항고를 제기할 수 있는 사건, 개정법 시행 당시 고등 검찰청 또는 대검찰청에 항고 또는 재항고가 계속 중인 사건에 대하여 적용한다. 다만, 개정법 시행 전에 동일한 범죄 사실에 관하여 이미 불기소 처분을 받은 경우에는 그러하지 아니하다(부칙 제5조 제1항). 그리고 개정법 시행 전에 지방 검찰청 검사장 또는 지청장에게 재정 신청서를 제출한 사건은 종전의 규정에 따른다(부칙 제5조 제2항).

한편 개정법 제260조 제3항의 개정규정에도 불구하고 개정법 시행 전에 대검찰청에 재항고할 수 있는 사건의 재정 신청 기간은 개정법 시행일부터 10일, 대검찰청에 재항고가 계속 중인 사건의 경우에는 재항고 기각 결정을 통지받은 날부터 10일로 한다(부칙 제5조 제3항).

바. 재정 신청 사건의 심리와 결정(개정법 제262조)

개정법은 심리의 충실 및 피의자의 장기간의 지위 불안의 해소와 심리의 신속 등을 조화롭게 달성하기 위하여 심리 기간을 현실성이 있게 3개월로 규정하였다(개정법 제262조 제2항). 재정 신청의 남발을 방지하고, 특히 민사 사건의 형사 사건화 및 재정 신청을 민사 사건에 악용하는 것을 방지하기 위하여 재정 신청 사건의 심리는 특별한 사정이 없는 한 공개하지 아니한다는 규정도 신설되었다(개정법 제262조 제3항).

사. 재정 신청 사건 기록의 열람·등사 제한(개정법 제262조의 2)

재정 신청 사건의 심리 중에는 관련 서류 및 증거물을 열람 또는 등사할 수 없다는 규정이 신설되었다(개정법 제262조의 2 본문). 다만, 재정 신청 절차에서 법원이 작성한 서류나 당사자가 제출한 서류 등에 대해서는 서류의 전부 또는 일부의 열람 또는 등사를 허가할 수 있도록 하였다(개정법 제262조의 2 단서).

아. 재정 신청의 비용 부담(개정법 제262조의 3)

재정 신청의 남용을 방지하기 위하여 재정 신청이 기각된 경우 결정으로 재정 신청인에게 신청 절차에 의하여 생긴 비용의 전부 또는 일부를 부담하게 할 수 있다(개정법 제262조의 3 제1항). 또한 법원은 직권 또는 피의자의 신청에 따라 재정 신청인에게 피의자가 재정 신청 절차에서 부담하였거나 부담할 변호인 선임료 등 비용의 전부 또는 일부의 지급을 명할 수 있다(개정법 제262조의 3 제2항).

자. 공소 유지 변호사 제도의 폐지 및 공소 취소의 제한(개정법 제262조 제6항, 제264조의 2)

개정법은 재정 법원의 부심판 결정에 의한 공소 제기 의제와 법원이 지정하는 변호사에 의한 공소 유지 제도를 폐지하고, 법원의 공소 제기 결정과 검사에 의한 공소 제기 제도를 채택하였다(구법 제265조 삭제, 개정법 제262조 제6항). 즉 종래의 재판상 준기소 절차를 폐지하고 독일 형사소송법을 모델로 기소 강제 절차를 도입하였다. 기소 강제 절차의 실효성 확보를 위하여 법원이 재정 신청에 대하여 이유 있다고 인정하여 공소 제기를 결정한 때에는 검사가 공소 취소를 할 수 없다는 규정이 신설되었다(개정법 제264조의 2).

5. 공판 준비 절차와 증거 개시 제도

가. 의견서 제출 제도(개정법 제266조의 2)

개정법은 공소 사실에 대한 피고인의 입장을 조기에 확인함으로써 심리 계획의 수립을 용이하게 하고, 피고인으로서도 공소장에 대응하는 의사 표시를 할 기회로 활용함으로써 방어에 도움이 되도록 하기 위하여 의견서 제출 제도를 도입하였다(개정법 제266조의 2). 즉, 피고인 또는 변호인은 공소장 부본을 송달받은 날로부터 7일 이내에 공소 사실에 대한 인정 여부 등을 기재한 의견서를 법원에 제출하도록 하였고, 피고인이 진술을 거부하는 경우에는 그 취지를 기재한 의견서를 제출할 수 있다(개정법 제266조의 2 제1항).

나. 증거 개시 제도(개정법 제266조의 3, 제266조의 11)

개정법은 피고인의 방어권을 충실히 보장하고 신속한 재판을 가능하도록 하기 위하여 피고인 또는 변호인이 공소 제기된 사건과 관련된 서류나 물건을 열람·등사할 수 있도록 하는 규정을 신설하였다(개정법 제266조의 3). 이에 대응하여 검사도 피고인 또는 변호인이 공판 기일 또는 공판 준비 절차에서 현장 부재·심신 상실 또는 심신 미약 등 법률상·사실상의 주장을 한 때에는 피고인 또는 변호인이 증거로 신청할 서류 등에 대하여 열람·등사 또는 서면의 교부를 요구할 수 있다(개정법 제266조의 11).

다. 공판 준비 절차(개정법 제266조의 5 내지 10, 제266조의 12 내지 15)

개정법은 효율적인 공판 기일의 진행을 위하여 공판 준비 절차의 규정을 신설하여 검사나 피고인, 변호인으로 하여금 그 주장 및 입증 계획 등을 서면으로 준비하게 할 수 있고, 쟁점의 정리와 검사나 피고인, 변호인의 주장 및 입증 계획의 협의 등을 위해 공판 준비 기일을 열 수 있도록 하였다. 검사나 피고인 또는 변호인은 공판 준비 절차에서 법률상·사실상 주장의 요지 및 입증 취지 등이 기재된 서면을 법원에 제출할 수 있고(개정법 제266조의 6 제1항), 재판장은 이러한 서면의 제출을 명할 수 있다(개정법 제266조의 6 제2항). 법원은 공판 준비 절차에서 ① 공소장의 보완과 변경, ② 쟁점의 정리, ③ 증거의 신청 및 채부, ④ 검사나 피고인 또는 변호인이 증거 개시에 관한 신청의 당부를 결정하거나, 공판 기일의 지정 또는 변경, 그 밖에 공판 절차의 진행에 필요한 사항을 정할 수 있다(개정법 제266조의 9). 개정법은 공판 준비 절차의 실효성을 담보하기 위하여 실권효 규정을 신설하였다(개정법 제266조의 13).

6. 공판중심주의적 법정 심리

가. 증인의 출석 확보

개정법은 증인의 출석 확보를 위하여 소환장의 송달 이외에 전화나 전자우편 그 밖에 상당한 방법으로 증인을 소환할 수 있도록 하였고, 증인 신청인으로 하여금 증인이 출석하도록 합리적인 노력을 할 의무가 있다는 원칙을 선언하였다(개정법 제150조의 2). 또한 그 실효성 확보를 위하여 증인이 정당한 사유 없이 출석하지 아니한 때에는 법원은 결정으로 당해 불출석으로 인한 소송 비용을 증인이 부담하도록 명하고, 500만 원 이하의 과태료를 부과할 수 있도록 하였다. 만일 증인이 이러한 과태료의 재판을 받고도 정당한 사유 없이 다시 출석하지 아니한 때에는 결정으로 7일 이내의 감치에 처하도록 규정하였다(개정법 제151조 제1항, 제2항).

나. 집중 심리

개정법은 "공판 기일의 심리는 집중되어야 한다"는 규정을 신설하였다. 심리에 2일 이상이 필요한 경우에는 부득이한 사정이 없는 한 매일 계속 개정하여야 한다(개정법 제267조의 2 제2항). 재판장은 부득이한 사정으로 매일 계속 개정하지 못하는 경우에도 특별한 사정이 없는 한 전회의 공판 기일로부터 14일 이내로 다음 공판 기일을 지정하여야 한다(개정법 제267조의 2 제4항).

다. 모두 절차

개정법은 검사로 하여금 '기소의 요지'를 진술하게 할 수 있던 것을 '공소장에 의하여 공소 사실, 죄명 및 적용 법조를 낭독'하게 함으로써 검사의 모두 진술을 필수적인 절차로 규정하였다(개정법 제285조). 다만, 사안에 따라 재판장은 검사에게 '공소의 요지'를 진술하게 할 수 있도록 하였다(개정법 제285조 단서). 피고인은 진술 거부권을 행사하지 않는 이상 검사의 모두 진술이 끝난 뒤 공소 사실의 인정 여부를 진술하여야 한다(개정법 제286조 제1항).

재판장은 피고인의 모두 진술이 끝난 다음에 피고인 또는 변호인에게 쟁점의 정리를 위하여 필요한 질문을 할 수 있고, 증거 조사를 하기에 앞서 검사 및 변호인으로 하여금 공소 사실 등의 증명과 관련된 주장 및 입증 계획 등을 진술하게 할 수 있다(개정법 제287조 제1항, 제2항).

라. 증거 조사 절차

개정법은 피고인 신문을 원칙적으로 증거 조사가 끝난 후에 실시할 수 있는 것으로 하고(개정법 제296조의 2), 증거 조사는 개정법 제287조에 따른 재판장의 쟁점 정리 및 검사·변호인의 증거 관계 등에 대한 진술이 끝난 다음 실시하도록 하였다(개정법 제290조). 또한 검사가 신청한 증거를 먼저 조사한 후 피고인 또는 변호인이 신청한 증거를 조사하고, 법원은 검사와 피고인 또는 변호인이 신청한 증거에 대한 조사가 끝난 후에 직권으로 결정한 증거를 조사하도록 하였다(개정법 제291조의 2 제1항, 제2항). 다만, 법원은 직권 또는 검사, 피고인 또는 변호인의 신청에 따라 증거 조사의 순서를 변경할 수 있다(개정법 제291조의 2 제3항).

개정법은 증거 서류의 내용을 법정에 현출하는 주체를 원칙적으로 당해 증거 내용을 잘 알고 있는 증거 신청인으로 규정하고, 증거 조사의 방법도 원칙적으로 증거 신청인이 이를 낭독하도록 하였다(개정법 제292조 제1항). 그러나 낭독보다 내용의 고지나 열람이 더욱 효과적인 증거 조사 방법이 되는 경우 재판장은 내용을 고지하거나 증거 서류를 제시하여 열람하게 하는 방법으로 증거 서류를 조사할 수 있다(개정법 제292조 제3항, 제4항, 제5항).

법원은 검사·피고인 또는 변호인이 고의로 증거를 뒤늦게 신청함으로써 공판의 완결을 지연하는 것으로 인정할 때에는 직권 또는 상대방의 신청에 따라 결정으로 이를 각하할 수 있다(개정법 제294조 제2항).

마. 피고인 신문 절차

검사 또는 변호인은 증거 조사 종료 후에 순차로 피고인에게 공소 사실 및 정상에 관하여 필요한 사항을 신문할 수 있다. 다만, 재판장은 필요하다고 인정하는 때에는 증거 조사가 완료되기 전이라도 이를 허가할 수 있다(개정법 제296조의 2 제1항).

바. 판결 선고 기일

개정법은 판결의 선고를 원칙적으로 변론을 종결한 기일에 하여야 하되, 다만 특별한 사정이 있는 때에는 따로 선고 기일을 지정할 수 있고, 이 경우에도 변론 종결 후 14일 이내로 지정하여야 한다고 규정하였다(개정법 제318조의 4 제1항, 제3항). 변론을 종결한 기일에 판결을 선고하는 경우에는 판결의 선고 후에 판결서를 작성할 수 있다(개정법 제318조의 4 제2항).

7. 증거 법칙

가. 증거재판주의 및 위법 수집 증거 배제의 원칙

개정법은 범죄 사실의 인정은 합리적인 의심이 없는 정도의(beyond reasonable doubt) 증명이 있어야 한다는 원칙 규정을 신설하였다(개정법 제307조 제2항). 또한 "적법한 절차에 의하지 아니하고 수집한 증거는 증거로 할 수 없다"는 위법 수집 증거의 배제 원칙이 신설되었다(개정법 제308조의 2).

나. 검사 작성 피의자 신문 조서의 증거 능력

개정법은 검사가 피고인이 된 피의자의 진술을 기재한 조서의 실질적 진정 성립의 인정 방법을 '피고인의 공판정에서의 진술' 이외에 '영상 녹화물 기타 객관적인 방법'에 의해서도 증명될 수 있도록 하되, 종래 학설과 판례에 의하여 인정되어 온 가중 요건설을 명시하여 조서의 진정 성립과 특신 상황은 별개의 요건임을 규정하였다(개정법 제312조 제1항). 조서의 실질적 진정 성립을 인정하기 위한 "영상 녹화물"은 개정법 제244조의2에 신설된 피의자 진술의 영상 녹화의 요건을 갖추어야 할 것이다.

다. 기타 수사 기관이 작성한 피의자 신문 조서의 증거 능력

검사 이외의 수사 기관이 작성한 피의자 신문 조서는 적법한 절차와 방식에 따라 작성된 것으로서 공판 준비 또는 공판 기일에 그 피의자였던 피고인 또는 변호인이 그 내용을 인정할 때에 한하여 증거로 할 수 있다(개정법 제312조 제3항).

라. 참고인 진술 조서의 증거 능력

개정법은 참고인 진술 조서의 실질적 진정 성립을 인정하는 요건으로서 '원진술자의 공판 준비 또는 공판 기일에서의 진술' 이외에 검사 작성 피의자 신문 조서와 마찬가지로 '영상 녹화물 기타 객관적 방법'에 의하여 증명할 수 있도록 하였다. 참고인 진술 조서의 증거 능력이 인정되기 위해서는 ① 적법한 절차와 방식에 따라 작성되어야 하고, ② 실질적 진정 성립이 인정되어야 하며, ③ 반대 신문권의 기회가 보장되어야 하고, ④ 특신 상황이 인정되어야 한다는 요건이 요구된다(개정법 제312조 제4항).

마. 진술서, 검증 조서의 증거 능력

피고인 또는 피고인이 아닌 자가 수사 과정에서 작성한 진술서에 대해서는 수사 기관이 작성한 조서와 동일하게 취급하였다(개정법 제312조 제5항). 검사 또는 사법 경찰관이 검증의 결과를 기재한 조서는 적법한 절차와 방식에 따라 작성된 것으로서 공판 준비 또는 공판 기일에서의 작성자의 진술에 따라 그 성립의 진정함이 증명된 때에는 이를 증거로 할 수 있다(개정법 제312조 제6항).

바. 전문의 진술(조사자 증언 제도)

개정법은 조사 경찰관 등이 증인으로 나와 위증죄의 부담을 안고 피고인측의 반대 신문을 받으면서 한 증언에 증거 능력을 부여함으로써 실체적 진실 발견과 피고인의 방어권 보장 사이에 조화를 도모할 목적으로, 제316조 제1항에서 피고인이 아닌 자에 "공소 제기 전에 피고인을 피의자로 조사하였거나 그 조사에 참여하였던 자를 포함한다"는 규정을 신설하였다.

사. 영상 녹화물의 사용

원래 탄핵 증거는 진술의 증명력을 다투기 위하여 사용되는 증거이므로 전문 법칙이 적용되지 않는다는 것이 통설과 판례의 입장이다. 그런데 개정법은 제318조 제2항에서 "제1항에도 불구하고 피고인 또는 피고인이 아닌 자의 진술을 내용으로 하는 영상 녹화물은 공판 준비 또는 공판 기일에 피고인 또는 피고인이 아닌 자가 진술함에 있어서 기억이 명백하지 아니한 사항에 관하여 기억을 환기시켜야 할 필요가 있다고 인정되는 때에 한하여 피고인 또는 피고인이 아닌 자에게 재생하여 시청하게 할 수 있다"고 규정하였다. 이로써 영상 녹화물은 개정법 제318조 제1항에 따른 탄핵 증거로도 사용할 수 없고, 오로지 개정법 제312조 제2항 및 제4항에 따라 조서의 실질적 진정 성립을 인정하기 위한 자료 또는 개정법 제318조 제2항에 따라 피고인이나 참고인의 기억 환기용으로만 사용할 수 있게 되었다.

8. 피해자 보호 제도

가. 신뢰 관계자의 동석

개정법은 증인 신문 과정에서 피해자의 심리적 안정을 유지하는 등으로 제2차적인 정신적 피해를 막기 위하여 종래 성폭력 피해자 등에게만 인정되었던 "신뢰 관계 있는 자의 동석 제도"를 일반 범죄의 경우에까지 확장하였다(개정법 제163조의 2). 또한 ① 피고인이 신체적 또는 정신적 장애로 사물을 변별하거나 의사를 결정·전달할 능력이 미약한 경우, ② 피고인의 연령·성별·국적 등의 사정을 고려하여 그 심리적 안정의 도모와 원활한 의사소통을 위하여 필요한 경우에는 직권 또는 피고인·법정대리인·검사의 신청에 의하여 피고인과 신뢰 관계에 있는 자를 동석하게 할 수 있다(개정법 제276조의 2).

나. 비디오 중계 방식에 의한 신문

성폭력 범죄의 피해자 이외의 범죄 피해자에 대해서도 피고인의 면전에서 증언할 경우 심리적, 정신적 압박과 고통을 받을 수 있으므로, 개정법은 비디오 중계 방식에 의한 증인 신문 방식을 도입하였다(개정법 제165조의 2).

다. 피해자의 법정 진술권

개정법은 피해자 법정 진술권의 신청 주체를 피해자 이외에 법정 대리인, 피해자가 사망한 경우에는 배우자·직계 친족·형제자매를 포함하도록 확대하였다(개정법 제294조의 2 제1항). 피해자 진술권의 배제 사유에서 '수사 절차'에서 충분히 진술하여 다시 진술할 필요가 없다고 인정되는 경우를 제외함으로써 현행법보다 피해자 진술권을 폭넓게 인정하였다.

그리고 피해자의 법정 진술권을 실질적으로 보장한다는 취지에서 피해자 진술의 비공개 규정을 신설하였다(개정법 제294조의 3).

라. 피해자의 기록 열람·등사

개정법은 일반적으로 피해자 등의 소송 기록에 대한 열람 또는 등사 신청권을 인정하되, 재판장은 피해자 등의 권리 구제를 위하여 필요하다고 인정되거나 그 밖에 정당한 이유가 있는 경우에 범죄의 성질, 심리의 상황 기타 사정을 고려하여 상당하다고 인정하는 때에는 열람 또는 등사를 허가할 수 있도록 하였다(개정법 제294조의 4 제1항, 제3항).

9. 기타

가. 확정 기록의 열람·등사

개정법은 누구든지 권리 구제·학술 연구 또는 공익적 목적이 있는 경우 재판 확정 기록의 열람 또는 등사를 신청할 수 있도록 하였다(개정법 제59조의 2 제1항).

나. 무죄 판결과 비용 보상

국가는 무죄 판결이 확정된 경우에는 당해 사건의 피고인이었던 자에 대하여 그 재판에 소요된 비용을 보상하여야 한다는 규정이 신설되었다(개정법 제194조의 2). 비용 보상의 범위는 피고인이었던 자 또는 그 변호인이었던 자가 공판 준비 및 공판 기일에 출석하는데 소요된 여비·일당·숙박료와 변호인이었던 자에 대한 보수에 한한다. 이 경우 보상금액에 관하여는 〈형사소송비용 등에 관한 법률〉을 준용하되, 피고인이었던 자에 대하여는 증인에 관한 규정을, 변호인이었던 자에 대하여는 국선 변호인에 관한 규정을 준용한다(개정법 제194조의 4 제1항).

다. 피고인의 서류·증거물에 대한 열람·등사

개정법은 변호인 이외에 피고인, 법정 대리인, 보조인 등에게도 소송 계속 중의 관계 서류 또는 증거물에 대한 열람·등사권이 있음을 명시하였다(개정법 제35조).

라. 공판 조서의 정리

개정법은 "공판 기일 후 5일 이내"로 하던 공판 조서의 정리 시한을 삭제하고, "공판 기일 후 신속히" 작성하는 것으로 개정하였다(개정법 제54조 제1항).

다음 회의 공판 기일까지 전회의 공판 조서가 정리되지 아니한 때에는 조서에 의하지 아니하고 공판 심리에 관한 주요 사항의 요지를 고지할 수 있다(개정법 제54조 제2항).

마. 공판정에서의 속기·녹음 및 영상 녹화

개정법은 현행법에 규정된 공판정에서의 속기·녹음 이외에 영상 녹화를 추가하였고, 검사나 피고인 또는 변호인의 신청이 있는 때에는 특별한 사정이 없는 한 공판정에서의 심리의 전부 또는 일부를 속기하게 하거나 녹음 또는 영상 녹화하여야 한다고 규정하였다(개정법 제56조의 2 제1항).

* 부록 1, 2, 3은 대법원 법원행정처의 승낙을 얻어 《새로운 형사재판의 이해》라는 책에서 인용·전재하였습니다. 협조에 감사드립니다.